Dr Pierre BERTIN-ROULLEAU

ARCHIVISTE DE LA SOCIÉTÉ ARCHÉOLOGIQUE DE SAINT-ÉMILION
LAURÉAT DE L'ACADÉMIE NATIONALE
DES SCIENCES, BELLES-LETTRES ET ARTS DE BORDEAUX

SAINTE-FOY-LA-GRANDE

VIEILLES MAISONS

VIEUX DOCUMENTS

FÉRET & FILS

Éditeurs

9, rue de Grassi, BORDEAUX

—

1927

Dᵣ Pierre BERTIN-ROULLEAU

ARCHIVISTE DE LA SOCIÉTÉ ARCHÉOLOGIQUE DE SAINT-ÉMILION
LAURÉAT DE L'ACADÉMIE NATIONALE
DES SCIENCES, BELLES-LETTRES ET ARTS DE BORDEAUX

SAINTE-FOY-LA-GRANDE

VIEILLES MAISONS

VIEUX DOCUMENTS

« Employer toute son énergie, toute sa passion,
toute sa santé à rendre plus complète la
connaissance de l'histoire de son pays, de
ses institutions, de ses monuments, est une
belle manière de l'aimer et d'ajouter à
sa gloire ».

« ÉCHO DE PARIS », 23 Mai 1926.

FÉRET & FILS
Éditeurs
9, rue de Grassi, BORDEAUX
—
1927

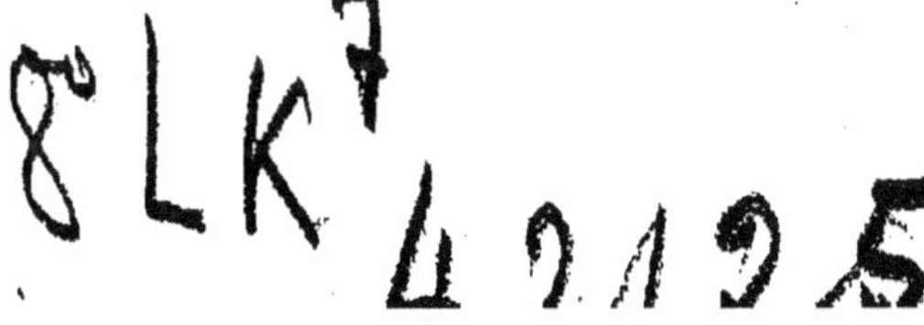

A MES ENFANTS CHÉRIS

Jan et Jack

Afin qu'ils connaissent mieux l'histoire
de leur ville natale, pour trouver
dans l'ardent amour de la petite
patrie des raisons de chérir encore
davantage la grande.

SAINTE-FOY-LA-GRANDE

VIEILLES MAISONS

VIEUX DOCUMENTS

CHAPITRE PREMIER

Le Début des temps historiques à Sainte-Foy

ORIGINE DE SAINTE-FOY-LA-GRANDE. — LA « MA-
JESTÉ » DE SAINTE-FOY DU TRÉSOR DE CONQUES.
— LE PRIEURÉ DE SAINTE-FOY FONDÉ PAR LES
BÉNÉDICTINS DE L'ABBAYE DE CONQUES EN ROUER-
GUE. — HUGUES DE PAYENS ET L'ORDRE DES
TEMPLIERS. — LES HOSPITALIERS DE SAINT-
JEAN-DE-JÉRUSALEM. — PIÈCES DU PROCÈS AU
SUJET DE LA NOBILITÉ DES FONDS DE LA COMMAN-
DERIE DE SAINTE-FOY-LA-GRANDE.

L'origine de Sainte-Foy se perd dans la nuit
des temps et les ténèbres de l'histoire. C'est là
le sort commun à de nombreuses vieilles villes de
notre région pour ne pas dire à la presque totalité.

Cette indigence de preuves, ce défaut de documents sont dûs à la très haute antiquité de leur
établissement et aux bouleversements sans nombre dont elles furent, périodiquement, les victimes, à l'origine.

A Saint-Emilion, une gracieuse et poétique légende — fraîche et limpide comme un feuillet enluminé de la Légende Dorée — attribue la fondation de la ville au pieux ermite breton Emilion, qui vint s'ensevelir au creux d'une ravine sauvage et rocheuse dans la sombre et farouche forêt d'Ascumbas, pour s'y mortifier, pleurer et prier.

A Sainte-Foy, les textes et la légende demeurent également muets. L'histoire et la fiction sont ici confondues dans l'épaisse brume opaque de l'imprécis et de la supposition. Il semblerait donc que la création de Ste-Foy fut enveloppée d'un impénétrable mystère et qu'aucun rais de lumière ne soit capable de dissiper les ténèbres qui enveloppèrent sa naissance.

La découverte, dans les Annales de l'ordre de St-Benoît, du savant Mabillon, d'une simple phrase, nous mit sur le chemin de la vérité. Au tome II, livre XXVIII, n° 2, à la page 401 de l'édition in folio de l'année 1704, le savant Bénédictin écrit : « L'abbaye de Conques en Rouergue fut autorisée dès l'année 812 à avoir des établissements religieux sur les bords de la Dordogne »..... Nous prétendons qu'avant le début du X° siècle les Bénédictins de Conques avaient fondé, là où s'élève aujourd'hui Ste-Foy, un établissement religieux qui peut être considéré comme l'embryon de la cité future que nous verrons, pleinement, s'épanouir aux XIII° et XIV° siècles, pour atteindre un complet développement cent ans plus tard et resplendir d'un vif éclat dans la dernière partie du XVI° siècle.

*
* *

L'abbaye de Conques en Rouergue, dédiée à Ste-Foy, la jeune martyre Agenaise jouit, à juste titre, d'une remarquable célébrité. Le trésor de l'abbaye possède des pièces du plus haut intérêt dont la plus remarquable, la plus curieuse, la plus étonnante est, sans contestation possible, cet étrange reliquaire qui a nom : « la majesté de Ste-Foy ».

A l'Exposition Universelle de Paris, en 1900, des milliers de visiteurs défilèrent devant cette espèce de *xôana* ; depuis cette époque le dessin, la gravure et la photographie sont venus populariser l'effigie de la « majesté » de Conques protectrice tutélaire de notre cité.

Louis Gillet dans une remarquable étude sur la sculpture au Moyen-Age écrit au sujet de cette statue :

.....« Au milieu d'un des ravins les plus âpres du Plateau Central, s'élève la vaste église d'une abbaye romane où la piété de ces âges avait accumulé de miraculeux trésors : c'est l'abbaye de Sainte-Foy de Conques. On y venait vénérer les reliques de la Sainte, enfermées dans son image qui se voit encore. Cette image est célèbre.....

C'est là-bas qu'il faut avoir contemplé cette fille sauvage de la sauvage Auvergne. C'est moins une statue qu'une idole, un billot de bois habillé de feuilles d'or battu, imitant grossièrement une apparence humaine ; un espèce de bonnet d'or coiffe sa tête en forme d'œuf, aux yeux stupides d'émail blanc ; elle a pour bras des ailerons qui se terminent en forme de peignes. De gros pieds chaussés d'escarboucles sortent de la robe d'or, ruisselante de pierreries ; car ne pouvant la faire belle l'artiste l'a faite riche. Le dos de la statue s'ouvrait et servait d'armoire aux reliques.

C'est ce curieux fétiche, ou bien un modèle tout semblable, que vit dans les premières années du XI⁰ siècle un clerc angevin, nommé Bernard, accompagné de Bernier, écôlâtre de Chartres. La première fois que nos pèlerins aperçurent à Aurillac un simulacre de cette espèce, celui qu'on appelait la « *majesté* » de St-Geraud (c'est le nom qu'on donnait à ce genre de reliquaires), ils en sont tout scandalisés. Bernard ne peut retenir un sarcasme, la pitié de l'homme supérieur en présence d'une coutume barbare. Il se tourne vers son compagnon : « Qu'en dis-tu ? Que ferait-on de plus pour Mars, pour Jupiter ? ».

Il fut tout de même plus prudent avec la « *majesté* » de Ste-Foy. La sainte était vindicative et ne plaisantait pas avec les incrédules. Les prodiges dont il fut témoin achevèrent sa conversion. Et il revint à Chartres proclamant la vertu de l'image de Ste-Foy de Conques ».

Ce n'est pas par hasard que nous avons rapproché du texte de Mabillon la description de la « majesté de Conques ». Nous y voyons, au contraire, une filiation.

En Rouergue, les Bénédictins ont un culte spécial pour la jeune martyre Agenaise, l'abbaye de Conques est placée sous son invocation. Des multitudes de pèlerins se rendent au couvent pour vénérer les reliques de la sainte enfermées dans cette étrange chasse qui les étonne, les surprend, les émeut.....

Au neuvième siècle, le chapitre de Conques est autorisé à avoir des établissements religieux sur les bords de la Dordogne. Il essaime sur cette région, ouverte à son bienfaisant apostolat, des équipes de moines. Sur la rive gauche du fleuve, un relief plus accusé, limité à l'est et à l'ouest par deux gros ruisseaux, modestes affluents de la Dordogne, leur plaît par sa situation. Ils s'y installent. Les fils de St-Benoit abattent les arbres, débroussaillent ; travaillent la terre, la labourent, l'ensemencent et élèvent un établissement à la gloire de leur ordre dont la chapelle est dédiée à Ste-Foy en souvenir de la Sainte protectrice de leur couvent de Conques, dont ils viennent, et à cause aussi de la proximité de ce pays d'Agenais — très voisin — où l'héroïne céleste subit les affres d'un épouvantable martyre.

Telle est, vraiment, l'origine de Ste-Foy aux temps historiques.

Nous ne nous leurrons pas du fol espoir de convaincre, d'emblée, tous nos lecteurs. Quelques esprits chagrins trouveront notre argumentation par trop spécieuse et marquée plus au coin de l'imagination que de la raison pure. Que ces fanatiques de la vérité se rassurent ! Certes, il ne nous est pas permis d'indiquer la date exacte de l'installation des Bénédictins de Conques sur l'emplacement de ce qui devait devenir plus tard la ville de Ste-Foy. Il nous manque, pour celà, la charte de cette pieuse fondation, disparue comme tant d'autres pièces intéressantes, dans cette énorme et impressionnante lacune des Archives Municipales de la ville qui va du début des temps historiques à la seconde moitié du xvie siècle. Mais la matérialité du fait de la création d'un établissement religieux — embryon de la ville de Ste-Foy — par les Bénédictins de Conques n'est pas niable, attendu qu'ils y eurent un prieur jusqu'en 1561.

De plus les registres de délibération des Consuls en Jurade abondent de décisions ayant pour objet les difficultés s'élevant, périodiquement, entre le curé de Ste-Foy et le chapitre de Conques que nous verrons possesseur des 2/3 des revenus de la dime des paroisses de Ste-Foy et Pineuilh son annexe. Au chapitre VIII nous publions d'abondants documents historiques, extraits des Archives Municipales, qui prouvent la prééminence des droits du Chapitre de Conques, qui ne s'explique qu'en vertu d'usages loyaux, légaux et constants, preuve tangible et irréfutable de l'antiquité de la création d'un établissement religieux à Ste-Foy-en-Agenais par les Bénédictins de l'abbaye de Ste-Foy de Conques en Rouergue.

*
* *

C'est en Champagne que les Templiers — cet ordre si curieux de moines soldats — avaient divulgué leur rêve ; c'est là qu'ils trouvèrent, par la suite, leurs premiers et plus solides appuis.

Entre le 1er novembre 1119 et le 12 janvier 1120 le Champenois Hugues de Payens et le Flamand Godefroy de St-Omer avaient jeté les bases de cet ordre belliqueux, destiné à combattre l'infidèle et à protéger les pèlerins ; et tout de suite, Baudouin II, roi de Jérusalem, les avait établis dans son propre palais.

Hugues de Payens et plusieurs de ses Templiers avaient repassé la mer, en 1127, pour soumettre au pape et aux évêques de France les statuts de leur ordre qu'une légende tenace veut avoir été inspirés pas St-Bernard.

Le concile de Troyes en 1128 légalisa leur existence.

C'est après cette date que s'élevèrent en France de nombreuses maisons de cet ordre dont le souvenir ou les ruines abondent en toutes les provinces.

Ste-Foy eût sa Commanderie des Templiers à la fin du XIIe siècle, sensiblement à la même époque que St-Emilion. Dans cette dernière ville, sur la place du Cap du Pont, au-devant du Couvent des Cordeliers, il reste de l'immeuble deux jolies fenêtres romanes géminées, avec colonette monolithe au tailloir finement historié, séparées par un massif contrefort plat. Un chemin de ronde en saillie et une tourelle d'angle en encorbellement terminent l'édifice dont les caves offrent une invraisemblable quantité de silos creusés dans le fin calcaire St-Emilionnais. *La Commanderie des Templiers de Ste-Foy* est située au nord de l'Eglise Notre-Dame et à l'est de la place de l'Hôtel-de-Ville. Elle est séparée de la rue de la République — autrefois la Grand'Rue faisant communiquer la porte du Cimetière à la porte des Frères ou de Bergerac — par les immeubles occupés par un bureau de tabac et la parfumerie-salon de coiffure Hébrard. Elle a la forme d'un rectangle. La chapelle du St-Esprit qui s'y élevait a disparu depuis des siècles. Il ne reste plus qu'une massive construction sommée d'un toit à quatre pentes dont la jolie charpente est recouverte de tuiles plates.....

Au-dessus du moutonnement des toitures de Ste-Foy, le clocher moderne de l'Eglise Notre-Dame, mince, svelte, aérien — une véritable dentelle de pierre — porte à 62 mètres de hauteur le signe de la mort et de la rédemption. Cet élégant fuseau de pierres ajourées, jailli du cœur de la cité, s'élève vers les cieux comme un long cri de foi, d'espérance et d'amour. Tout près, la Tour des Templiers, ainsi que l'a nommée, dès la plus haute antiquité, la tradition populaire, profile sur l'azur du ciel sa massive et inélégante silhouette, semblant écraser les constructions voisines humblement groupées à sa base. Ce n'est pas sans raison que nous juxtaposons dans le texte ces deux choses si proches sur le terrain et si dissemblables dans leur forme et dans leur esprit. Ce rapprochement a la valeur d'un vivant symbole.....

L'une de ces constructions — pour aussi moderne qu'elle soit — parle au cœur le clair langage de l'âme ; l'autre s'adresse à l'intelligence et n'éveille en notre esprit qu'un lointain écho.

Les documents écrits sur la Commanderie des Templiers à Ste-Foy-la-Grande nous manquent. Cette lacune n'a rien qui puisse nous surprendre ou nous étonner ; c'est la règle en pareille matière. Les Commanderies de St-Emilion et de Ste-Foy, comme celles de Catusseau, de Pomerol, n'échappent pas à la loi commune : des ruines, des souvenirs ; des documents écrits, point. Quoiqu'il en soit, il ne saurait venir à l'idée de personne de nier que Ste-Foy eût une Commanderie. La force, la persistance et la durée de la tradition

ent, aux yeux des plus sceptiques, une incontestable valeur historique que viendront confirmer les pièces officielles extraites des Archives Municipales que nous publions un peu plus loin.

Les Templiers « soldats de Dieu, devaient faire face à l'Islam : hors de leurs cantonnements de Chypre, Syrie, Palestine, cette fonction n'était plus remplie ; Dieu, lui-même, en laissant l'infidèle reprendre la Palestine, avait paru licencier sa milice. Mais dans leurs commanderies fortifiées, ces retraités du service du ciel devenaient, de plus en plus, les banquiers de la terre ; cela leur coûta cher. Innombrables étaient leurs détracteurs. Les princes les trouvaient trop riches ; les mendiants trop quêteurs ; le peuple trop buveurs ; les évêques trop indépendants en leurs allures. Le secret de leurs assemblées donnait lieu à d'abominables bruits ».

C'est Philippe-le-Bel, ainsi que nous l'apprend l'histoire, qui porta à l'ordre des Templiers le coup fatal. Ils furent arrêtés, emprisonnés, torturés. Le 12 mai 1310, cinquante-quatre d'entre eux furent brûlés à Paris et, quatre ans plus tard, le 13 mars 1314, le grand maître Jacques Molay et Geoffroy de Charnai périrent sur le bûcher.

Le 3 avril 1312, le pape Clément V avait prononcé la dissolution de l'ordre des Templiers et leurs biens remis aux Hospitaliers de St-Jean-de-Jérusalem. La Commanderie des Templiers de Ste-Foy devint la *Commanderie des Hospitaliers* ; mais pour la population il ne fut jamais question et il ne sera jamais question que de : *La Tour des Templiers.*

Nous avons indiqué plus haut le manque de documents écrits sur la Commanderie de Ste-Foy. Un examen très attentionné des Archives municipales nous a fait découvrir les seules pièces suivantes que nous résumons :

Une liasse des archives municipales, sous la côte E suppl. 5104 — C C 100 — nous montre toute une série de pièces au sujet d'un procès concernant la nobilité des fonds de la Commanderie de Ste-Foy.....

Le 25 mars 1779, c'est une concession et inféodation par frère François-Louis de Lattaignan, comte de Bainville, chevalier honoraire de Malte, chevalier profès, commandeur et grand trésorier des ordres de N.-D. du Mont Carmel et de St-Lazare, en faveur de Pierre-Hyacinthe Paris d' « un emplacement situé dans la ville de Ste-Foy-sur-Dordogne, où était autrefois édifiée une chapelle vulgairement appelée *la Commanderie*, sur partie duquel emplacement il existe encore une masure bâtie en briques, tombant de vétusté » et d'un pré appelé le pré de la Commanderie situé dans la paroisse de Pineuilh.

A la date du 3 Juillet 1782, Pierre Paris présente une requête à l'élection d'Agen, afin d'être exempt de la taille pour les biens que lui a accordés le Comte de Bainville.

L'année suivante, le 8 Mai 1783, Paris, présente une nouvelle requête à l'élection d'Agen, la première n'ayant pas donné de résultat. Il y expose, notamment que « Il ne peut, d'ailleurs être « contesté que tous les biens généralement quel- « conques que l'ordre de St-Lazare possède, tant « en deça qu'au delà des mers, sont de leurs natu- « res nobles, immunes, libres et ne sont sujets à « aucune taille, vingtième et autres ».

Le 4 Juillet de la même année, un jugement de la cour de l'élection d'Agen reconnaissait la nobilité des biens inféodés au sieur Pierre Paris : les dits biens ne seront pas compris dans les biens roturiers, et les sommes perçues jusqu'à ce jour pour la taille seront remboursées.

Dans le registre contenant la correspondance des Consuls de 1764 à 1770 sous les désignations E suppl. 5002 — BB 16, à la date du 16 Novembre 1769, une lettre à M. de Walingford, commissaire du Roi à Toulouse, commuant les biens situés dans la juridiction, qui dépendent du prieuré du St-Esprit de l'Hôpital de Montpellier, réuni par bulle d'union à l'ordre de St-Lazare indique : « Une grange ou chay et jardin attenant où étoit anciennement la chappelle du St-Esprit, dont il n'i reste d'autres vestiges qu'une partie de muraile, où paroit encore une porte ronde faite à l'antique, le tout situé dans la ville et sur la rue Notre-Dame.

CHAPITRE II

Sainte-Foy aux XIIIe et XVe siècles

Alphonse de Toulouse et d'Agenais. — Bastides françaises et bastides anglaises. —
— Sainte-Foy-la-Grande au XIIIe siécle. —
Maisons et souvenirs de cette époque. — Le
siège de Sainte-Foy en 1424. — Vieilles Maisons a pans de bois. — Les huchiers du
Moyen-age. — Une jolie maison du XVe siècle : la maison Martin, 94-96 rue de la République. — Une restauration de bon gout :
l'immeuble Sabletout.

L'origine de Ste-Foy se perd dans la nuit des
temps et les ténèbres de l'histoire, avons-nous
déjà dit. Il est certain que Ste-Foy fut calquée sur
le plan bien connu des bastides qui foisonnent dans
le midi de la France. D'aucuns accolent au mot de
bastide la désignation d'*anglaise ;* et de fait, de
très nombreuses bastides reconnaissent les rois
d'Angleterre ducs de Guienne sinon comme leurs
fondateurs, du moins comme leurs plus grands
bienfaiteurs desquels, avec statuts, droits et privilèges elles reçurent des directives pour la construction — ou reconstruction — de leur cité sur
un plan dont Libourne et Sauveterre dans notre
région sont le type le plus achevé. D'autres font
remonter la création des bastides dans le midi à
Alphonse de Poitiers, comte d'Agenais et de Toulouse, frère de Saint-Louis, et leur donnent le
nom de *bastides françaises.* Une tradition locale
prétend reconnaître le frère de Louis IX comme
fondateur de la ville de Ste-Foy, c'est pure
légende. Néanmoins, il serait contraire à la vérité

historique de céler que Alphonse de Poitiers (ayant épousé en 1241, Jeanne, fille de Raymond VII, le Jeune, comte de Toulouse, devint à la mort de son beau-père possesseur des Comtés de Toulouse et d'Agenais), seigneur de Ste-Foy, combla cette ville de grands privilèges que renouvelèrent par la suite les rois d'Angleterre Edouard Ier en 1292, Edouard II et Edouard III.

Nous nous refusons de reconnaître le frère de Saint-Louis comme fondateur de Ste-Foy pour la raison bien simple que Ste-Foy existait très avant la naissance d'Alphonse de Poitiers — nous l'avons démontré dans un précédent chapitre — mais, nous n'avons aucune peine de déclarer que ce seigneur fut un des grands bienfaiteurs de la cité... peut-être bien le premier en date, et que la tradition a attaché — abusivement — son nom à la fondation de la ville.

Quoiqu'il en soit, il n'en est pas moins vrai qu'à la fin du XIIIe siècle, Ste-Foy est, après Libourne, la plus forte bastide des rives de la Dordogne.

La ville, de forme quadrangulaire, située sur la rive gauche de la Dordogne, est limitée à l'est et à l'ouest par deux gros ruisseaux, le Rance et le Veneyrol, modestes affluents du fleuve.

De hautes murailles de cinq pieds d'épaisseur flanquées de dix tours cylindriques, enceignent la ville divisée en quatre quartiers : d'Imbert, du Bourguet, de Lajonie et Leymarie. Un fossé large et profond bordait extérieurement les murailles qui, du côté du nord, baignaient leurs assises dans la Dordogne lors des crues ou des hautes eaux. Quatre portes principales : du Cimetière, Perrine, de Bergerac ou des Frères, et de Pardaillan donnaient accès dans la ville ; elles étaient flanquées, chacune, de deux tours rondes crénelées, sommées de hourdages ; ces portes avaient aussi, herse, pont dormant et pont-levis.

A l'ouest de la ville, sur le ruisseau le Veneyrol,

une digue et chaussée supportait les constructions d'un moulin communal.

Tel était Ste-Foy à la fin du XIIIe siècle. De cette époque nous sont parvenus avec des restes importants de murailles, quatre tours cylindriques et la tour des Templiers qu'on appelle encore La Commanderie.

Les deux eaux-fortes de Léo Drouyn dont nous donnons une reproduction en hors-texte nous restituent la curieuse et pittoresque physionomie de deux maisons du XIIIe siècle que la pioche du démolisseur a jeté bas il n'y a guère plus de dix lustres. Nous le déplorons vivement. Néanmoins nous sommes heureux de désigner trois épaves échappées, par miracle, à la manie destructrice de nos concitoyens. Au numéro 57 de la rue Alsace-Lorraine, une petite fenêtre du début du XIIIe siècle subsiste encore. Dans le local occupé par l'Ecole maternelle, à l'angle des rues Elisée-Reclus et Waldeck-Rousseau, deux belles fenêtres géminées à colonette monolithe — malencontreusement badigeonnées de chaux vive ces dernières années — attestent la présence d'une belle et riche construction du XIIIe siècle.

*
* *

Le 7 décembre 1423 les consuls de Bergerac annoncèrent que les troupes anglaises de Ste-Foy marchaient sur la ville avec l'intention de s'en emparer.

Le 2 janvier 1424 l'ordre fut donné aux habitants de faire soigneusement le guet, la ville paraissant menacée.

C'est alors que le Sénéchal du Périgord Armand de Bourdeille, du parti français, vint au secours de Bergerac et repoussa les Anglais.

Avec le capitaine Beauchamp qui commandait les troupes de Bergerac, le sénéchal vint mettre le siège devant Ste-Foy le 28 mars 1424.

Les consuls de Bergerac envoyèrent au capitaine Beauchamp, pour l'entretien de ses troupes, 9 barriques de vin et 300 miches de pain, et ils décidèrent qu'il serait fait gracieusement un présent au capitaine pour sa bonne conduite. Ste-Foy fit peu de résistance ; après quatre jours de siège, elle rentra en négociation, et le lundi 3 avril, Beauchamp fit un traité avec le capitaine de Ste-Foy et le sénéchal anglais de Bordeaux.

Une *bonne sufferte* mit fin à la guerre entre les deux villes.

La paix devait durer jusqu'à la fête de la Saint-Jean. Les divers articles du traité furent lus sous les murs de Ste-Foy en présence des habitants, et dix notables de Ste-Foy vinrent jurer, au nom de leur ville, devant le capitaine de Bergerac, d'observer toutes les clauses de la sufferte.

Les pièces suivantes, extraites du registre des Jurades de Bergerac, se réfèrent au siège de Ste-Foy. Nous en donnons le texte patois d'après l'ouvrage de Charrier édité en 1892. Nous pensons qu'il n'est pas besoin de le traduire, nos concitoyens le comprendront aisément.

1423

7 décembre. — A qui meys, los dichs, senhors cossols (consuls) mostreren als dichs senhors juratz, que aquet de Senta-Fé, se perforsan cum prenham la vila, e fan gran amas ; et si bolen que lo gach, que es ordenat, se fassa en la manieyra que es ordonat, que les cartels son fach.

1424

2 avril. — A qui meyseh, los dichs senhors cossols, mostreren als dichs senhors juratz que Monsgr lo senescal *avia fach metre lo seti* (siège) *devan la vila de Senta-Fe*, e y era à qui nostre cappni Beuchamps, e, cum ilhs savian, om y a trames los companhos de la vila de Bragayrac ; e sy lor semlava, que om lor trameses de biox ; e

que lo loctenen avia dich, que lo capitani se fiava,
que our li dones, à si, e a sa gens pa, evi, e
sivada.

Paix traitée avec les habitants
de Sainte-Foy

3 avril. — Lo tert jorn del mes dabril, lan de
nostre senhor mil e quatre cens vint et quatre,
qu eera en dilus, que nostre capitani Beuchamps
era devan la vila de Senta-Fe, am los gens de
monsgr. lo senescal, aquel meteys jorn, e an, le
dich nostre capitani fet i acort am lo capitani
loctenen de la dicha vila de Sante-Fe, e habitans,
en loqual acort, fezen et antregeren, et doneren à
monsgr lo senescal de Guiayna, una *bona suf-
ferta*, sagelada, que durara del jor duy entro, à
la festa de Sent-Johan-Batista, e de la dicha festa
entro, a lautra prodonament festa de Pasquas, et
por tot lau revolut ; et per semlans maniere,
monsgr lo senescal lor due trametre, a lor, la *suf-
ferta*, e furen ligit aleus articles davan la dicha
vila de Senta-Fe, de las convensas, entrepresas,
entre lor, sobre las *suffertas* e convenensas presas.
Los quals articles e convenensas, jureren e prou-
vezen tener, observar, e complir X homes de la
dicha vila e habitans de Sante-Fe, en enpresensa
del dich nostre capitani, e de Ramont del Pout e
de plus autres.

Les noms dels dichs habitans, que jureren, de
Santa-Fe, son los qui sen segnen : e prumeyra-
men jureren, si cum fu reportat John del Pleys,
Martin de Tripiana, Joh de Codeyraut, Amanieu
de La Glia, Guiz del Puech Ceyset, Garrel, P.
Cugal, Colan, Richat, Q. Conelo.

Dépenses faites pour le siège
de la ville de Sainte-Foy

A xxviii jour de martz, veut lo capitani messire Johan Beuchamps, am gran companhia de
gens, que monsgr lo senescal los avia mandat, de

per totas las garnisos, que venguenan a luy lendema, que for lo darnier joru de martz. Aret, lo dich capitani, per comissio de Monsgr lo senescal, am gran companhia de gens de la vila de Bragayrat, *metre lo seti devan la vila de Senta-Fe ;* et baylen equ'ils qui anèrent am luy xxxvi michas de 1 ardit la michas montan xv sols.

	Livres	Sols	Deniers
....	»	15	»
Le lendemain deux pipos de vin, qui coûtèrent	8	»	»
Item — Deux cents miches à un esterlis chacune	2	8	4
Le 30, il fut envoyé au siège de Ste-Foy trente-deux hommes, ils y restèrent quatre jours, à trois sols et quatre deniers par jour	17	1	8
48 miches à un blanquet (le blanquet valait 2 deniers 1/2)	1	»	»
Au batelier pour les conduire....	1	10	»
Pour le gabarot	»	10	»
Pour une gabare et un gabarot avec quatre hommes qui restèrent trois jours	2	»	»
Pour un gabarot	»	10	»
Pour une autre gabare et quatre hommes qui restèrent deux jours..	1	16	8
Pour un gabarot	»	6	8
Pour trois sacs qui se perdirent..	1	10	»
Pour une barrique de vin achetée à M. Pomarède	2	»	»
On envoya à Ste-Foy un gabarot pour y conduire Jean de la Beaume, Guilhamot de Cadillac, le fils de Maudo Galhart, qui emmenaient le fils de Tequonet Mengo auprès du capitaine. Ils restèrent deux jours..	1	10	»
Pour 12 cordes emportées par le capitaine	2	»	»
Après la réduction de la ville	42	18	4

Il est incontestable que chaque vieille ville présente une physionomie bien particulière qui lui donne un cachet de puissante originalité.

St-Emilion par exemple — et nous prions nos lecteurs de nous pardonner si nous faisons ainsi fréquemment allusion à cette antique filleule de Bordeaux pour la comparer à Ste-Foy..... nous aimons également les deux villes, dans l'une nous sommes né, dans l'autre nous avons trouvé le bonheur — St-Emilion, disons-nous, offre un cachet de mélancolique austérité, de fierté un peu dédaigneuse, de mysticisme troublant avec ses émouvantes et prodigieuses ruines ; Ste-Foy, au contraire, c'est la joliesse affinée et poétique avec la grâce incomparable du sourire de ses jolies maisons à pans de bois des XVe et XVIe siècle.

Combien on a dit avec raison de ces antiques constructions qui foisonnent dans toutes les rues de Ste-Foy : « On s'est, très souvent, contenté d'un seul étage de pierre, supportant des étages supérieurs en bois. Il y avait à cet usage de grandes raisons d'économie. Il y en avait une autre : c'est que la charpente permettait des licences que la pierre interdit.

Ainsi les maisons de bois s'évasent à chaque étage, en débordant sur le nu de l'étage inférieur, si bien que dans les rues étroites elles arrivaient presque à se toucher par le haut. Elles sont toutes plus minces à la base qu'au sommet, comme les vieux arbres dont elles sont faites. Du reste, les jambages internes en forme d'N ou d'X, qui forment ce qu'on appelle les panneaux ou *pans de bois*, maintiennent la bâtisse en assurant une suffisante rigidité. Mais la véritable raison est peut-être une raison morale. Je pense que c'est le besoin d'art, le plaisir de l'œil, l'amusement de se décorer à peu de frais, qui ont rendu si populaire cette méthode de construction. Chaque poteau cornier, chaque lambourde, chaque sablière pouvait d'un coup de ciseau se profiler en moulure, chaque corbeau pouvait s'animer d'une grimace, d'un magot, d'un marmouset, d'un angelot, d'une scène de *Renart* ou de l'*Ysopet*.

La passion de sculpture qui venait de créer la statuaire des cathédrales et le monde infini des mascarons et des gargouilles, envahit encore la rue, grimpe aux façades bourgeoises comme une plante vivace.

C'est un ouvrage de huchier qui ne coûte que quelques coups de gouge ou de varlope ».

Les maisons à pans de bois des XIV° et XV° siècles abondent à Ste-Foy. Il suffit pour s'en convaincre de musarder par les rues de la ville et de prêter attention aux architectures modestes des maisons qui s'élèvent tout au long des artères rectilignes de la cité. Même dans les ruelles les plus calmes, les plus retirées, les plus désertes, les jambages en N ou en croix de St-André mettent aux façades de nombreuses maisons en torchis le sourire de leurs entrecroisements. De fin et fier cœur de chêne, les pans de bois ont résisté aux assauts conjugués du temps et à la manie destructrice des gens.

Nous avions, un moment, songé à faire, rue par rue, l'inventaire de maisons à pans de bois de Ste-Foy. Cette énumération pour aussi intéressante qu'elle eût été, aurait nécessité un grand nombre de pages. Contrairement à ce que pensent nos concitoyens, elles sont extrêmement abondantes les demeures des XIV°, XV° et XVI° siècles, mais la plupart cachent, soigneusement — comme une affreuse plaie sous un pansement protecteur — leurs indestructibles pans de bois sous un commun et inélégant crépissage singeant de très loin le mouchetis tyrolien.

Ce n'est pas, croyons-nous, le souci d'une plus grande solidité qui ait incité les propriétaires des immeubles en question à maquiller ainsi les façades ; c'est un sentiment de sot orgueil qui a présidé à ce « ravalement » inesthétique et égalitaire.

A côté des immeubles en pierre, ces humbles et coquettes maisons — quelquefois un peu disjointes et branlantes, mais fermes et indestructibles sur leurs pans de bois — avaient un air vieillot. Leurs pans de bois, comme des rides sur une antique physionomie prêtaient à rire. Les possesseurs de ces reliques du passé de notre chère cité les affublèrent du masque trompeur d'un épais crépissage pour les mettre au goût du jour. C'est ce qui explique pourquoi il faut l'esprit averti de l'observateur pour déceler à Ste-Foy le très grand nombre de maisons à pans de bois, Sur d'autres immeubles, le crépissage se boursoufle, s'écaille, tombe et montre l'ossature des jambages en N ou en X du chêne dur. Notre concitoyen, indifférent, passe devant ces vestiges d'un autre âge dont il n'apprécie pas le charme parce qu'on ne lui a pas montré la valeur historique et documentaire de ces vieux immeubles qui évoquent, pour nous, tant de souvenirs où palpitent l'âme de nos ancêtres.

Nous avons pensé faire œuvre pie en ressuscitant, tout au long de ces chapitres, l'âme des générations disparues, pour que nos concitoyens aiment mieux leur petite patrie et chérissent davantage la grande.

Sainte-Foy est comme un précieux écrin qui ne contiendrait plus que des joyaux recouverts d'une épaisse gangue de boue et d'argile.....

De tout notre cœur, nous appelons de tous nos vœux l'instant béni, où, l'initiative de la municipalité secouerait l'apathie de nos concitoyens pour faire restituer à notre chère cité sa jolie physionomie de jadis, avec le clair sourire de ses pimpantes maisons à pans de bois. Un concours d'antique façades verrait — peut-être — le zèle averti de nos concitoyens porter sur le malencontreux et uniforme crépissage recouvrant les façades des immeubles des XIV°, XV° et XVI° siècles, les coups de marteau libérateurs. Alors, mais alors seulement, nous serait-il possible de comparer notre Ste-Foy à quantité de villes anglo-normandes qui offrent aux visiteurs, émerveillés, quelques spécimens, seulement, de ces jolies maisons à pans de bois dont nous possédons plus de cent exemplaires.

« Ce qu'elles avaient de charmant, ces vieilles demeures de nos pères, c'est qu'elles étaient individuelles, c'est qu'elles avaient de la fantaisie. Chacune ne cherchait pas à singer sa voisine. On les reconnaissait, on les nommait comme des personnes ; au lieu de numéros, chacune était connue par un trait de physionomie, signalée par un sobriquet......

Je ne finirais pas, s'il fallait dénombrer ces vieux logis adorables, distingués par une sculpture, un motif, un tympan, une « enseigne », une figure de sainte placée dans une niche, devant laquelle brûlait une lampe ; c'était alors tout l'éclairage des voies publiques. La nuit se confiait à la garde des saints et des étoiles.

Faut-il rappeler à Reims la maison des Musiciens, la maison du Combat-de-l'Ours, celle des Amoureux ? A Chartres les charmantes maisons du Parvis Notre-Dame, et à St-Antonin la maison de l'Amour ? Au Mans la délicate boiserie appelée de la Reine Bérangère, tant d'autres encore un peu partout, particulièrement en Normandie, ou certaines rues de Rouen ou de Lisieux ressemblant à des enfilades d'antiques et branlantes armoires. »

Les lignes qui précèdent empruntées à Louis Gillet dans son Histoire de l'Art, s'appliquent, remarquablement, semble-t-il, à la jolie maison du XVe siècle située en face de notre demeure dans la Grand'Rue.

Nous ne la décrirons pas ; nul de nos concitoyens ne l'ignore. Nous dirons simplement que les montants sculptés sont l'œuvre d'un côté d'un « buchier » de talent qui travaillait finement et

avec délicatesse ; de l'autre le sculpteur anonyme
a laissé sa fantaisie rabelaisienne se donner libre
cours avec beaucoup plus de réalisme que de
talent.

Parmi les autres maisons des XIVe et XVe siècles
à Ste-Foy, les plus dignes d'être citées, nous nom-
merons, au hasard de nos souvenirs, le vieil
immeuble à l'angle des rues Chanzy et Victor-
Hugo dont un corbeau en pierre nous apprend la
date de construction en 1393.

Rue Victor-Hugo et rue Waldeck-Rousseau,
la maison d'angle du XVe offre un intéressant
poteau cornier en pierre et un imposant développement en façade sur les deux rues où se voient
des pans de bois, nombreux en X et en N. L'immeuble appartenant à M. Chaudeborde, mercier,
mérite une mention spéciale. Cette maison est, à
notre avis, une des plus intéressantes de Ste-Foy,
avec celle qui lui fait face et dont nous parlerons
plus loin au sujet des immeubles du XVIe siècle.
Les moins avertis distinguent sous le crépissage
un remarquable travail de bois, finement assemblés, avec une robustesse qui n'exclue pas l'élégance.

« Elles se font rares, du reste, ces touchantes
demeures du passé. Elles meurent comme la
feuille qui tombe. Chaque jour en emporte quelqu'une ; chaque jour un nouveau prétexte, une
rue à percer, un boulevard à élargir, une raison
d'hygiène ou de progrès, abat un de ces menus
chefs-d'œuvre, où nos pères avaient mis tant de
grâce et de gentillesse. On ne consent plus guère
à vivre dans ces vieilles bâtisses. Disjointes, un
peu vermoulues, déjetées parfois comme des gens
qui ont beaucoup servi ; elles étaient bonnes
encore, du moins pour quelque temps ; elles
tenaient par l'habitude, c'est nous qui ne voulons plus d'elles. Elles ne sont plus à la mode... »
a écrit avec mélancolie un amoureux des vieilles
pierres et des vieilles maisons. Nous partageons

sa manière de voir. Aussi, est-ce pour nous une joie de signaler à nos concitoyens le geste du propriétaire de l'immeuble faisant l'angle des rues Elisée-Reclus et d'Alsace-Lorraine n° 23 — qu'on appelle dans le pays « l'immeuble Sabletout » — qui a fait arranger cette vieille maison du xv° siècle en lui conservant son cachet et son caractère. Cette restauration a été faite, nous semble-t-il, avec autant d'amour que de talent. Nous formulons des vœux pour que cet exemple soit suivi par nos concitoyens avertis. Ste-Foy y gagnerait en charme et en joliesse. Dans sa pimpante coquetterie, elle saurait, de ce fait, attirer — et retenir — chaque année un nombre de plus en plus grand de visiteurs.

CHAPITRE III

Statuts et Privilèges de la ville de Sainte-Foy

Charte de Louis XII en 1438. — Confirmations par François Ier en 1520. — Henri II en 1548 et 1552. — Henri III en 1560. — Le bayle. — — 24 prud'hommes. — Un juge. — Un greffier. — Un sergent. — Le procureur syndic. — Six consuls choisis annuellement le jour de l'Ascension parmi les Prud'hommes. — Droit de passage sur la rivière. — Exonération des droits sur le sel, etc... etc...

Dans la liasse des Archives Municipales de Ste-Foy, E suppl. 4985. AA. I, se trouvent les plus vieilles pièces — documents d'une rare importance — qui soient venues jusqu'à nous.

C'est, tout d'abord un parchemin en date du 29 octobre 1478, reconnaissant au roi Louis XI, par les Consuls de Ste-Foy, les biens qu'ils tiennent de lui : un moulin, les fossés, la place, l'emplacement de l'Eglise, la maison commune.....

Un registre de 12 feuilles de parchemin de 0 m. 20 sur 0 m. 30 contient les « Coutumes et privilèges de la ville de Ste-Foy, confirmés par le roi Louis XII en décembre 1438 à Montreuil-Bellay ».

Enfin, le document le plus intéressant est celui qui a pour titre : « *Extrait des privilèges de la ville de Ste-Foy* ». C'est un registre, formé de 14 feuilles de parchemin fort de 0 m. 25 sur 0 m. 36 écrites au recto et au verso, daté de 1595.

Cette pièce — capitale — est la copie de la charte de Louis XII contenant les privilèges de la ville de Ste-Foy confirmés en 1520 par François Ier ; en 1548 et en 1552 par Henri II ; en 1560 par François II.

Cette pièce, longtemps inédite, fut publiée pour la première fois par Guinodie en 1876 dans son « Histoire de Libourne » (2e édition, t. II, p. 553). L'ouvrage de Guinodie n'est, certes pas, introuvable, mais il est assez difficile de se le procurer. Nous avons pensé qu'il était utile, pour ne pas dire indispensable, de publier, à notre tour, ce document excessivement intéressant. Nos lecteurs nous en sauront gré. Les 61 articles qui composent les statuts et privilèges de la ville et juridiction de Ste-Foy sont d'une minutie remarquable, prévoyant tout, ne laissant aucune place à l'incertitude ou à l'indécision. C'est, si l'on veut, le code administratif et judiciaire de la ville de Ste-Foy au Moyen-Age, nous restituant, jusqu'en ses moindres détails, un tableau de la vie municipale de notre chère cité aux xve et xvie siècles.

*
* *

Louis, par la grâce de Dieu, roi de France, faisons savoir à tous présents et à venir, nous avoir reçu l'humble supplication de nos chers et bien aimés les *consuls, bourgeois, manants et habitants de Ste-Foy*, en la sénéchaussée d'Agenais, contenant que de grande ancienneté leur ont été, par nos prédécesseurs, octroyés les privilèges et franchises, libertés, prérogatives, prééminences, constitutions et ordonnances qui s'en suivent : — *Et premièrement ;* que le jour de l'Assomption Nostre-Dame, ils pourront, eux assemblés, choisir et retenir *12 prud'hommes* de la dite ville et d'iceux élire et choisir 6 prud'hommes suffisants pour le fait de nous et de la communauté de la dite ville, *lesquels six prud'hommes*, habitants de la dite ville, *seront consuls pour un an* et auront le gouvernement d'icelle ville, terre et juridiction de Ste-Foy, de la chose publique, lesquels seront tenus de faire serment, au *bayle* de la dite ville, de bien et loyalement régir et gouverner la dite ville, terre et juridiction de Ste-Foy, et aussi les dits habitants seront tenus faire serment aux dits consuls de bien et loyalement les conseiller et leur donner conseil, confort et aide au profit de la dite communauté et pareillement *sera tenu* le dit *bayle* faire serment de *fialement gouverner* le profit commun de la dite ville, terre et juridiction, et les garder et observer leurs libertés.

II. Item — que les dits *consuls pourront choisir* et élire l'un d'eux, ou autre homme de la dite ville pour être *juge* des affaires d'icelle ville et habitants d'icelle terre et juridiction.

III. Item — pourront faire et créer un *greffier* et un *sergent* pour les servir la dite année.

IV. Item — que les dits *consuls pourront porter livrée* comme *chaperon mi partie de noir et rouge* et pourront mettre et asseoir deniers pour payer la dite livrée, et seront appelés, et 24 jurats à icelle asseoir.

V. Item — lesquels consuls pour les conseiller pourront choisir et élire *24 prud'hommes*, habitants de la dite ville, qui seront du secret et seront tenus venir au conseil et consulat pour conseiller et donner conseils, avis des négoces et affaires de la dite ville, terre et juridiction, dont les dits consuls leur parleront, et ce qui sera dit et accordé entre eux, sera tenu et accompli, excepté que *pour* légalement et *assiette des tailles et impôts les dits habitants seront appelés;* et pour icelle taille, députeront et commetteront aucun prud'homme qui feront serment en la présence de dits consuls d'égaler les dites tailles et impôts bien et justement, le fort portant le faible.

VI. Item — aussi les dits consuls appelés, la communauté de la ville et les 24 jurats pourront mettre et asseoir sur les dits, pour les négoces et affaires de ladite ville, ce que sera avisé et délibéré entre eux, et lesquels consuls lèveront et fairont lever les dites sommes que, ainsi, seront assurées, et à icelles payer, seront contraints les contredisants pour leur part, par toutes voies et remèdes de justice comme pour chose jugée.

VII. Item — et si à cause de ce qu'est, aucun débat ou contredit, les dits consuls en connaîtreront et ordonneront ainsi qu'il sera de raison en première instance.

VIII. Item — que ceux qui défailleront à l'assignation devant les dits consuls, payeront 15 deniers pour défaut et les dépends tels que de raison.

IX. Item — que les dits habitants et chacun d'eux pourront vendre, donner, aliéner tous leurs biens, meubles ou immeubles à qui ils voudront, excepté que les choses immeubles, mouvants de nous, ne pourront aliéner à églises, religieux, chevaliers, ni autres personnes prohibées de droit, et par quoi nous y puission perdre notre droit et denier. Et aussi pourront les dits habitants, quand ils voudront marier leurs fils et filles, et aussi ordonner à l'ordre du clergé.

X. Item — aussi pourront arrenter et bailher à temps et perpétuel, leurs fiefs et terres qu'ils tiennent en nous ainsi que bon leur semblera, en nous payant les cens, oblies et autres droits et devoirs à nous pour ce dû.

XI. Item — que *le bayle* de la dite ville *ne prendra homme, habitant en ville terre et juridiction*, ne saisira ses biens, pourvu que le dit homme veuille être et fournir à droit *si non pour meurtre* ou pour mort, *mutilation* ou *autre crime,* par quoi son bien et corps dussent encourir **envers** nous et justice.

XII. Item — que le dit bayle sera tenu appeler dits criminels, et les dits consuls seront tenus assister et être présents quand le dit procès sera fait, et si les dits consuls étaient négligents ou contredisants de y venir, le dit bayle pourra faire le dit procès sans eux.

XIII. Item — que *nul* des dits *habitants ne sera mis en prison* criminelle *pour* aucun *batte-ment* ou excès, mais tant seulement en arrêt à l'hôtel communal de la dite ville, sinon qu'il eût fait cas de prendre mort ou perdition de membre.

XIV. Item — que *tout homme qui frappera* ou périra, l'un l'autre, *du poing de la paume ou du pied* malicieusement, s'il n'y a sang et ne soit faite clameur, *payera cinq sous* d'amende envers nous, et amende à partie offensée selon raison et à ordonnance de justice. Et *s'il y a sang et cla-meur* en *soixante sous* envers nous et amende à partie à l'ordonnance de la justice. Et *si aucun occit un autre, sera jugé* par homicide et par juge-ment de *notre cour*, et les biens de lui à nous appliquer jusqu'à la valeur de 10 livres pris pre-mièrement, et le surplus sera aux héritiers de celui qui sera exécuté. Et si aucun profère contre autre, parole injurieuse, opprobre ou vilenie de courage, s'il en fait clameur sera condamné par le dit bayle à 2 sous 6 deniers et amendera le tout à celui qui aura proféré la vilenie.

XV. Item — si aucun devant le dit bayle en tenant sa cour dit injures, sera condamné envers nous à 5 sous et à celui qu'il aura injurié à l'or-donnance de justice.

XVI. Item — que quiconque .... ou em-pêchera nos baux et sauvegarde ou de notre bayle, encourra 30 sous d'amende envers nous, et qui retiendra ou dérobera notre droit de leyde, sera condamné en 10 sous d'amende envers nous.

XVI bis. Item — Et si aucun est pris en *adultère* si clameur est faite et prouvée par homme, digne de foi, et que de ce il soit convaincu *sera condamné en 100 sous* envers nous *et à courir la ville tout nu.*

XVII. Item — et qui *couteau ou glaive* esmoulu, en courroux, *tirera* contre autre personne, *sera condamné en 10* sous envers nous et amendera le tort à partie à l'ordonnance de la justice.

XVIII. Item — et qui *dérobera* aucune chose de jour ou de nuit, qui vaille deux sous, *courra la ville* le furt pendu au col, et envers nous sera *condamné en 5 sous* et retournera le furt à celui à qui il l'aura pris, excepté furt de fruicte.

XIX. Item — et si la chose vaut plus de 5 sous, *sera signé et marqué par justice en un de ses membres* et condamné envers nous en 60 sous.

XX. Item — et si aucun de jour ou de nuit entre en jardins, vignes ou prés d'autres, et y prend aucun fruit, foin ou paille payera d'amende 2 sous 6 deniers qui seront reçus par les dits consuls pour mettre et employer au profit communal pour la réparation des rues, fontaines, murailles de la dite ville.

XXI. Item — et si *bœuf vache ou autre gros bétail entre aux jardins, prés, vignes* d'autrui, *payera* pour chaque bétail aux dits, *6 deniers* ; et pour porc et truie, 3 deniers ; mouton chèvre ou bouc deux deniers, et amendera le dommage à qui il sera fait. Et si à cause des dits dommages il y a débat ou controverse, la connaissance en appartiendra aux dits consuls en première instance.

XXII. Item — et qui *fausse aune* ou *fausse mesure*, ou *faux poids* tiendra et en sera convenu en justice et par devant les dits consuls en première instance, et *payera*, si de ce il est convaincu *cinq sous d'amende* envers les dits consuls pour la réparation et entretien de la dite ville.

XXIII. Item — et si aucun tombe en défaut à jour assigné devant le dit bayle, payera à nous pour le dit défaut, 2 sous 6 deniers et aux dépends de partie adverse.

XXIV. Item — que *le marché* de la dite ville *sera tenu* pour *chaque semaine*, le jour de *samedi*, et pour chaque veau, vache, porc, truie, cheval ou jument, mule ou mulet, d'un an au plus, qui seront vendus, payera le vendeur pour chacun deux deniers, et, s'ils sont moindre d'un an, n'en payera rien. Et pour brebis, mouton ou chèvre ou bouc, une malhe pour la réparation de la dite ville.

XXV — que sur la dite ville seront, pour chaque année, *quatre foires* et pour taulage et terrage payera, le vendeur pour chacune fois, c'est à savoir les marchands qui déploiront et vendront dans la dite ville, chacun pour taulage, six ardits qui seront reçus par les dits consuls pour mettre et convertir aux réparations et entretien de la ville.

XXVI. Item — pourront les dits consuls remuer les foires de rue en rue afin que la dite ville mieux se peuple et s'entretienne en meilleur état.

XXVII. Item — *chaque habitant* de la dite ville pourra *tenir four* en sa maison *pour cuire le pain* pour hotelerie et son ménage.

XXVIII. Item — chacun des dits habitants pourra acquérir et tenir, de tout homme qui voudra vendre bien meubles ou immeubles, cens, rentes, oblies et autres droits sans en faire avertissement, en nous faisant et payant les droits et les devoirs qu'il appartiendra et pourront tenir et bâtir garennes et colombiers.

XXIX. Item — que les *bouchers* jurés de la

dite ville fairont *maisons* sous leurs mazelz et les tiendront *honnêtes* à ce que *aucun immondice ne tombe sur leurs chairs*, et de chaque veau, vache, qui sera vendu et détaillé sera payé deux deniers ; de porc ou de truie un denier, et de mouton mealhe ; et ne pourront les dits bouchers vendre, aux dits mazelz aucune truie, brebis, bouc ni autres chairs mezelles, et s'ils font le contraire encourront en 2 souls 6 deniers pour les dites réparations, et *seront tenus les dits consuls faire la dite visitation*, et seront, les délinquants, privés et suspendus du dit état par les dits bayles et consuls le cas premièrement connu et les dites chairs ainsi prohibées qui seront trouvées aux dits étalages, seront données aux chiens ou seront arcés, excepté chair sauvagine, agneaux, chevreaux, volatiles et vacons salés, lesquels ils pourront vendre là ou ailleurs dedans la dite ville là où bon leur semblera.

XXX. Item — et pour chacune place de 4 canes de largeur et de douze de long en ladite ville de Ste-Foy seront payés six deniers d'oblies à chaque fête de Ste-Foy.

XXXI. Item — et de chacune place de même largeur et longueur qui est dehors les murailles et dedans les *detz* de la dite ville nous seront payés 3 deniers.

XXXII. Item — et des choses non meubles estant dedans la dite ville et juridiction, qui seront vendues, l'acheteur nous payera de vente 12 deniers l'un de la chose qui sera vendue. Et pareillement de autre chose non meuble qui sera dedans la dite ville et juridiction sera tenu de nous payer, l'acheteur, au prix ci-dessus dit.

XXXIII. Item — que chacun des *habitants de la dite ville et juridiction*, sa famille et ses serviteurs, *pourront passer et repasser à notre port sur la rivière de Dordogne* libéralement, en *payant* à nous, pour chacun hôtel le jour de Noël, *un jacqueys.*

XXXIV. Item — pour chacune charge de verigne que les dits habitants passeront au dit port nous payeront deux deniers tournois.

XXXV. Item — que chacun des dits *habitants,* pour son service et de la maison, *pourra tenir gabarre* et gabarrot *pour passer et repasser* sur la dite rivière, sa personne et sa mesnye en bétail, besogne, ses voysins, et pauvres demandant pain pour Dieu, sans aucun contredit ; et si aucun de la dite ville et juridiction passe homme ou femme étranger ou bétail ou autre chose doit *prendre le droit du pontonnier* et le rendre au dit pontonnier dedans le midi après qu'il l'aura reçu et s'il fait le contraire encourra 5 sous d'amende envers nous et payera doublement le droit du dit pontonnier.

XXXVI. Item — si aucun des dits habitants veut passer de l'une rive en l'autre dé la dite rivière de Dordogne, blés, bûches, bétail et autres choses, et voudra louer gabarres et gens pour se passer, eui sera permis et se pourra faire sans aucun contredit.

XXXVII. Item — que *le pontonnier* pourra *lever les droits* du dit *passage,* et qui payer ne les voudra, le dit passager le pourra dégager de son autorité jusqu'à ce qu'il sera satisfait de son droit de vendre le dit gage pris.

XXXVIII. Item — que les habitants de la dite ville et juridiction pourront *acheter et vendre sel* et *le charger en gabarre* et autres vaisseaux et bateaux, et *le mettre en la sole* des dits gabarres et *faire mener et conduire le long de la dite rivière* la Dordogne jusqu'à notre port de la dite ville.

XXXIX. Item — quand le dit sel et gabarres seront arrivés au dit port, les dits consuls et habitants pourront décharger les dits sels, mettre à terre en leurs maisons ou ailleurs, dedans la dite ville pour le vendre et revendre, bailler, comme bon leur semblera, le mesurer et palager en palle, comme il est de coutume de faire en ville de Bergerac et de Libourne assises sur la dite rivière de Dordogne, sans de ce faire demander licence à aucun, ni payer aucun denier.

XL. Item — et si les habitants veulent acheter ou vendre sel pour leurs maisons ou autrement le pourront et icelui porter ou faire porter et charrier sur chevaux et bêtes chevalines, et mener ou faire mener par terre, sans aucun contre-dit, pour ainsi qu'ils seront tenus de payer les péages et autres devoirs à qu'ils seront tenus et accoutumés payer.

XLI. Item — que les habitants de la dite ville pourront tenir salines, boutique ouverte ou barrée dedans la dite ville pour vendre sel à détail ou en gros, ainsi que bon leur semblera à leur utilité, sans payer aucun devoir.

XLII. Item — que les acheteurs étrangers qui viendront acheter sel en la dite ville payeront 1 denier de péage pour soumade de chaque bête portant sel.

XLIII. Item — pour gabarre naviguant sur la dite rivière de Dordogne portant un muid de sel quatre deniers, et si la dite gabarre est de deux muids ou de plus payera du plus ou du moins, moins.

XLIV. Item — seront les dits habitants de la dite terre et juridiction francs de tous péages en tout le dit territoire et juridiction de Ste-Foy.

XLV. Item — et pour que la dite ville de Ste-Foy est située en vignobles et sont, les habitants, fondés en vigne et souvent cultivant assez de vin, leur avons octroyé que nul homme ou femme habitant en la dite ville ou autres étrangers, ne pourront *mettre vin dedans la dite ville après que la fête Saint-Martin d'hiver sera passée, sinon qu'il fut du crû des vignes des dits habitants;* et s'il advient que après la dite fête de St-Martin aucun de son autorité, de nuit ou de jour, mette en dedans la dite ville, le cas connu, les dits habitants, de leur autorité pourront prendre les dits vins et vaisseaux et les porter en la place publique où le dit vin et vaisseaux sera publiquement défoncé, et le dit homme ou femme condamné envers nous à 10 sous.

Item. XLVI — pourront, les dits consuls et habitants, *mettre vin dedans la dite ville tant de leur vin que d'ailleurs, du temps de vendanges jusqu'à la dite fête de St-Martin,* en *payant aux* dits consuls *pour chaque tonneau* de vin qui *ne sera de leur crû,* durant le dit temps, *12 ardits.*

XLVII. Item — pour chaque tonneau de vin qui sera vendu et tiré hors les portes et murs de la dite ville, celui qui le voudra tirer et emmener payera aux dits consuls 4 ardits pour l'issue.

XLVIII. Item — pourront les dits consuls, manants et habitants, en toute saison de l'an, vendre leur vin en gros et en détail en la dite ville.

XLIX. Item — pareillement les dits consuls quand bon leur semblera, feront ordonner de vendre leur dit vin par taverne et mettre la dite taverne en telle rue qu'il sera avisé par les dits consuls, et durant le temps qu'il sera ordonné, la dite taverne être en ladite rue, nul autre rue en détail, et qui fera le contraire sera condamné en cinq sols à la réparation de la dite ville, excepté toutefois hostes publics, qui en pourront vendre et bailler aux hôtes étrangers allant et venant tout seulement.

L. Item — que tous et chacun des *boulangers* faisant pain à vendre en détail en la dite ville *seront tenus de faire serment* aux dits consuls, une fois par an, *de faire le pain bon et grand selon* le marché du blé, et pourront les dits consuls, visiter, ou faire visiter, chaque semaine une fois, les dits boulangers et le pain qu'ils trouveront être plus petit qu'il ne devra être selon le prix, le pourront prendre et donner aux pauvres pour Dieu, ou autrement le distribuer à leur discrétion ; et pourront, les dits consuls, priver les dits boulangers qui seront pertinax et désobéissants, de non plus vendre pain en la dite ville.

LI. Item — attendu que les dits consuls et habitants de la dite ville ont fait bâtir, à leur propre coût et dépends (au XIVe siècle comme en font foi plusieurs titres) *un moulin à blé en l'écluse qui est près du cimetière* de la dite ville, *sur le ruisseau de Veneyral,* pourront les dits consuls et habitants, tenir et posséder le dit moulin, et prendre les dits profits et émoluments qui en ysteront en nous payant, ou à notre receveur d'Agenais, les rentes, oblies, ainsi qui est de coutume.

LII. Item — pourront les dits consuls et habitants *faire halle à marchander et maison commune* dedans la dite ville et *églises; et tenir fossés et murailles* en nous *payant* de rentes et oblies, *chaque année,* pour les dites églises et . maison commune, *65 sous* comme il est de coutume.

LIII. Item — que les dits consuls et habitants de la dite ville ne pourront assembler pour traiter des affaires et négoces de la dite ville et communauté, et d'y mettre bonne police et ordonnance telle que au cas appartiendra et de faire statuts et ordonnances concernant le bien de la chose publique d'icelle ville selon le conseil des dits 24 Jurats.

LIV. Item — pareillement pourront faire constituer et ordonner, *procureur-syndic* un ou plusieurs, selon forme de droit pour les négoces et affaires qui toucheront le profit et utilité de la dite ville et communauté d'icelle.

LV. — Item, que les dits consuls feront curer *et nettoyer les rues* de la dite ville de tout immondice, et si aucun des dits habitants était refusant de ce faire, payera aux dits consuls cinq sous d'amende pour mettre et convertir à la réparation de la dite ville et rues d'icelle.

LVI. Item — que les dits consuls pourront faire commande aux dits habitants de les accompagner aux négoces de la dite ville, et si aucun est contredisant, les dits consuls, de leur autorité, les pourront prendre comme rebelles et mettre ou faire mettre en la dite maison communale, et pour la dite rébellion condamner en cinq sous à la réparation de la dite ville, excepté toutefois qu'il y ait cause ou exemption légitime.

LVII. Item — que les dits consuls de leur autorité pourront réparer et faire réparer les murailles, leurs fossés, et autres réparations nécessaires à la dite ville.

LVIII. Item — pourront les dits consuls, prendre et lever des dommages que le bétail, gros et menu, aura fait aux prés, jardins, vignes et possession d'autrui. C'est assavoir : pour chaque bête bovine, pour chaque fois que sera trouvée en dommage sur le maître qu'elle sera, six deniers tournois; sur chaque cheval ou bête chevaline, autres six deniers tournois ; pour porc ou truie, deux deniers ; pour chèvre, trois deniers ; et pour brebis ou moutons un denier, et à réparer les dits dommages à celui qui l'aura souffert à l'ordonnance des dits consuls ou de leurs commis.

LIX. Item — et si à cause des dits dommages, en est procès, les dits consuls en auront la première connaisance et décision, selon raison et justice.

LX. Item — pourront prendre et lever sur chaque boisseau de blé qui sera vendu en la halle de la dite ville, c'est à savoir : sur le vendeur, un denier, pour ainsi que les dits consuls seront tenus de tenir au point les mesures de la dite halle couverte.

LXI. Item — que les dits consuls et autres habitants de la dite ville qui auront pris et levé deniers et autres choses appartenant à la dite ville, après serment par eux fait, seront tenus en rendre bon et loyal compte.

C'est à savoir : les consuls qui auront été l'an devant aux consuls nouveaux dedans 15 jours après qu'il faudrait de leur consulat, et à ce seront contraints, les dits consuls, bien préjudiction de peines, prises de corps et biens et autres remèdes que de raison ; et à l'audition des dits comptes les dits consuls nouveaux pourront élire d'autres gens de bien en ce experts, et le reliquat converti à la réparation et affaires de la dite ville, tours, murailles, pour fontaines, pavage, et affaires d'icelle ; et les comptes ouïs et clos, pourront, iceux consuls nouveaux, donner quittance à ceux qui auront rendu les dits comptes de ce qui sera reçu, compté et justement employé.

Desquels privilèges, franchises et libertés, prééminences, statuts et ordonnances, les dits suppliants et leurs prédécesseurs ont toujours, et de tel à ce longtemps qu'il n'est mémoire de contraire, joui et usé comme encore font de présent nous humblement requérants que, pour perpétuelle mémoire et sûreté d'eux et leurs successeurs, il nous plaise iceux leur confirmer, ratifier et approuver, et sur ce impartir notre grâce. Par quoi, nous, ces choses considérées, mêmement la bonne loyauté et obéissance que les dits suppliants qui sont assis ès frontière de notre royaume ont toujours eu envers nous et nos prédécesseurs, et les grands dommages qu'ils ont plusieurs fois soutenus et soufferts à résister aux ennemis de nos prédécesseurs et de notre royaume, désirant pour ce les traiter favorablement à ce que toujours de plus en plus ils soient tenus et enclins. préserver et continuer en leur bonne loyauté et obéissance, tous et chacun, les dits privilèges, droits, usages, franchises, libertés, statuts, ordonnances, prérogatives et prééminences dessus déclarées, avons, aux dits suppliants confirmé, loué, gréé, ratifié et approuvé, et par la teneur de ces présentes, de notre grâce spéciale, pleine puissance et autorité royale, louons, grééons, confirmons, ratifions, et approuvons, voulons et nous plaît que, eux et leurs successeurs, en jouissent et usent dorénavant, pleinement et paisiblement, tant est qu'avant que eux et leurs prédécesseurs en ont par ci-devant dûment joui et usé, et qu'ils en jouissent et usent de présent.

Si donnons en mandement, par ces présentes au sénéchal d'Agenais, et à tous autres justiciers et officiers ou à leurs officiers présents et à venir, et à chacun d'eux, si comme à lui appartiendra, que de nos présentes grâce, confirmation, ratification, approbation, et tout le contenu en ces dites présentes, ils fassent, souffrent et laissent les dits suppliants et leurs successeurs jouir et user pleinement et paisiblement, sans leur mettre ou donner ne souffrir être fait, mis ou donné ores ne pour le temps à venir aucun destorbier ou empêchement au contraire ; lequel si fait leur avait été mis ou donné, le mettent ou fassent mettre incontinent et sans délai à pleine délivrance et au premier état de dû...

Donné à Montreal Belay, au mois de décembre, l'an de grâce mil quatre cent quatre-vingt-dixhuit, et de notre règne le premier.

Ainsi signé par le roy à la relation de son conseil Amyer.

(Archives Municipales de Ste-Foy E suppl. 4985. AA. I.)

CHAPITRE IV

La Réforme en France et à Sainte-Foy

L'humanisme de Lefèvre d'Etaples et le Cénacle de Meaux. — Le Luthérianisme. — Jean Calvin et l'Institution chrétienne. — Le développement du protestantisme. — La répression. — Les premières guerres civiles. — M. de Burie et les protestants de Sainte-Foy. — Publication de l'Edit de pacification. — Inauguration du Grand Temple en 1587. — Les alarmes de 1621 et 1622.

La Révolution qui, au XVI° siècle brisa l'unité catholique — La Réforme — fut provoquée, d'un côté, par l'affaiblissement de la discipline dans l'Eglise, le relachement dans les mœurs et de nombreux abus ecclésiastiques, d'autre part par le développement de l'Exégèse et l'application de l'esprit critique et de libre examen aux Livres Saints. Ce sont là les causes déterminantes de la Réforme ou, du moins, celles que l'on considère, généralement, comme essentielles.

Toutefois, il ne faut pas perdre de vue que la crise du XVI° siècle — qui va de pair avec cette période d'activité et création brillantes dans les lettres et les arts qu'on a, improprement qualifié du nom de Renaissance italienne en France — n'est pas uniquement religieuse. Elle eût des causes politiques et sociales profondes que nous énumérerons rapidement sans insister, ce qui nous entraînerait trop loin et nous ferait sortir du

cadre, volontairement restreint, de ce chapître :
Absolutisme monarchique, constitution de la
classe bourgeoise, création de la richesse mobi-
lière, transformation de la vie économique.

C'est ce qui explique pourquoi dans chaque
pays la Réforme eût un caractère nettement particulier, empruntant à chaque nation son génie
propre. C'est pour cela qu'il est impossible de ne
pas différencier le luthérianisme affublé du masque de l'Allemagne du protestantisme de Jean
Calvin. Néanmoins, luthériens ou réformés, ces
confessions ont une base, un principe essentiel
commun : « le salut ou la justification par la foi,
en opposition au mérite des œuvres ; l'autorité
souveraine de l'Ecriture interprétée par la raison
individuelle en opposition avec les définitions
données par les papes et les Conciles » (1).

C'est le 31 octobre 1517 que frère Martin Luther avait affiché à la porte de l'Eglise de Wittenberg ses fameuses quatre-vingt-quinze propositions et que le feu avait été ainsi mis, de cette
main de moine, à la Chrétienté. Deux ans après,
les doctrines de Wittenberg s'infiltraient en France y excitant la curiosité.

L'humanisme de Lefèvre d'Etaples et du Cénacle de Meaux était de la délicate poésie auprès
de la violence des phrases de Luther excitant à la
révolte par de furieuses diatribes contre le Pape
et l'Eglise Romaine. La Sorbonne avait condamné Luther avant la bulle Exurge Domine de
Léon X ; le Parlement et l'Université prirent position contre sa doctrine. Mais François Ier ne
voyait pas d'un œil mécontent les progrès du protestantisme ; ne le vit-on pas accorder sa protection à Erasme, à Louis de Berquin et à tant
d'autres... Zwingle lui dédiait un de ses ouvrages... Bref, la Réforme récoltait de nombreux
adhérents, faisait des adeptes résolus et gagnait,

____

(1) Maxime Petit.

peu à peu, toutes les provinces. Cette conquête pacifique du royaume se faisait lentement mais sûrement.

Mais, comme l'a si justement indiqué Georges Goyau : « Il n'y a pas de société plus hétérogène « que celle que forment entre eux les premiers « agents d'un mouvement révolutionnaire. La « Réforme Française n'échappe pas à cette loi. « Elle fit scintiller un idéal et alluma des con- « voitises. Elle séduisit des mystiques que des « abus scandalisaient, et qui aimaient se blottir « directement aux pieds du Chist, au-delà et au- « dessus de toutes les impuretés humaines. Mais « elle exposa les biens d'église aux appétits sei- « gneuriaux ou municipaux, aux instincts « *par-* « *tageux* » de la foule. Et derrière ces deux caté- « gories d'adeptes : consciences nobles et pures, « en quête du règne de Dieu, consciences esclaves « de Mammon, en quête d'un enrichissement, sur- « venait on ne sait quelle tourbe suspecte : moines « défroqués, prêtres lassés du célibat, tout heu- « reux que les défaillances mêmes de leurs mœurs « les acheminassent vers la gloire inespérée d'être « de purs disciples du « *pur Evangile* » en même « temps que vers les joies du mariage ; hier en- « core ils se fussent regardés comme des épaves, « et désormais, ils se flattaient que le Christ lui- « même, retrouvé par Luther, relevait leur chair « mortifiée ».

François Lambert et Guillaume Farel furent les théoriciens de l'action directe contre « *l'idola-* *trie romaine* ». Leurs disciples devinrent de farou- ches iconoclastes. A Metz en 1525, à Paris en 1528 avaient lieu des bris de madones. Pendant ce temps l'hérésie progressait en Picardie, gagnait Lyon, touchait la Normandie, la Provence, le Languedoc, Toulouse, Narbonne, le Poitou, l'Au- nis, la Saintonge, la Guyenne, Paris même. Le zèle des néophytes s'accroit avec le succès. Une sorte de « *messianisme prophétique* » s'empare de tous les récents convertis. Une foi profonde inspire, exalte, fait délirer apôtres et fidèles qui semblent déjà appeler le martyre de tous leurs vœux.

« On commence à brûler les livres, avait dit Erasme, on finit par les personnes ». Déjà s'allument les bûchers que la stupide *affaire de placards* ne fait que raviver. C'est au milieu de ces tristesses que se révèle, pour la première fois, dans la harangue du recteur Cop la forte personnalité de Calvin qui affirme bientôt sa foi et sa doctrine dans son ouvrage « *L'Institution Chrétienne* ».

La répression vint, terrible. L'Edit de Fontainebleau (1er juin 1740) aggrave la législation antérieure contre les hérétiques. Le cardinal de Tournon obtient de la faiblesse et de la lassitude de François Ier l'ordre de faire appliquer la tragique sentence du Parlement d'Aix rendu le 18 novembre 1540. C'est, en 1545, l'épouvantable extermination des Vaudois ; vingt-deux villages des Alpes mis à feu et à sang et 3.000 personnes égorgées. De 1547 à 1549 les Cinq cents arrêts de la Chambre Ardente ; en 1551 le code de chasse contre les hérétiques, en 1557 l'édit de Compiègne. Les exécutions succèdent aux exécutions. Le sang de ces martyrs est une nouvelle semence qui fait germer de splendides moissons. L'hérésie ne cesse de grandir et à mesure qu'elle conquiert toutes les provinces du Royaume elle fait des adeptes au Parlement et à la Cour.

Ce sont les adhésions nobiliaires qui vont donner au caractère éminemment religieux de la Réforme en France, une tournure politique et dresser les uns contre les autres, dans une épouvantable guerre fratricide, les fils de notre beau pays de 1560 à 1595.

La critique historique a fait justice de cette prétention de ne voir dans les guerres dites de religion qu'une affaire de doctrine. Déjà, dès après la première guerre, Montluc écrira : « Si la

« royne et Monsieur l'amiral estoient en ung
« cabinet et que le prince de Condé et Monsieur
« de Guise y fussent aussi, je leur ferois confesser
« *qu'autre chose que la religion les a menés à faire*
« *entretuer trois cents mille hommes.* »

Au nom et sous couleur des intérêts de Dieu
partout sévissait l'anarchie.

Ici, le sang catholique ruisselait ; là le sang protestant coulait à flots. Le meurtre, le pillage, l'incendie étaient les arguments au nom desquels pa-
pistes et réformés prétendaient confondre et convertir leurs adversaires, oubliant que les armes et
la violence peuvent bien faire des hypocrites,
mais non des convaincus.

De bonne heure Ste-Foy fut conquis à l'hérésie
qui se développa avec une extraordinaire rapidité, faisant de nombreux adeptes tant à la ville
qu'à la campagne, parmi manants et bourgeois,
mais plus particulièrement parmi la noblesse du
pays. Mais, les religionnaires de Ste-Foy ne tardèrent pas à substituer à la douceur des « collo-
ques » et à la force du raisonnement, l'énergie
meurtrière de la violence et la brutalité de l'assassinat.

Les documents accusateurs ont, mystérieuse-
ment, disparu. C'est dans l'Histoire générale et
non dans les Archives Municipales qu'il nous a
fallu les prendre pour l'édification de nos lecteurs (1).

Toutefois, les curieuses pièces suivantes que
nous avons soigneusement notées rattachent l'histoire de notre chère cité à cette tragique période
où l'homme fut vraiment un loup pour l'homme.

Les ordonnances de M. de Burie et sa venue à
Ste-Foy sont en relation avec ce que l'on a coutume d'appeler le 1re guerre de religion. Nous
verrons qu'à l'instigation des Farrel et des Lam-

---

(1) Nous les donnerons plus loin au chapitre consacré à
Sainte-Foy au XVIe siècle.

bert, les religionnaires ont fait bon marché de
« l'idolâtrie romaine » ce que Messieurs de Montpensier et Montluc leur firent sentir avec poigne
et rudesse.

Dans un ciel de tourmente et d'orage l'*Edit de
Pacification*, conséquence du traité de Nérac, publié à Ste-Foy en 1579, n'est qu'une accalmie
dans la tempête.

Le grand Temple de Ste-Foy, inauguré le 28
juin 1587 en reconnaissance de la miséricorde
divine, sollicitée de mettre fin à la *guerre civile*, à
la peste et à la famine qui désolait le pays, a à sa
tête le pasteur Lambert.

Les années 1621 et 1622 qui voient la révolte
des Soubise et des Rohan à la tête des protestants
amène une violente réaction de Louis XIII contre les religionnaires. C'est ce qui est la cause des
alarmes des habitants de la ville et juridiction de
Ste-Foy, dont les Archives nous ont conservé un
fidèle souvenir.

*
* *

Le 30 avril 1561. — Réception d'une lettre de
M. de Burie, mandant : « qu'on fit publier les
arrestz que Messieurs de Parlement envoyent, et
néanmoingtz..... *qu'on empeschât les ministres
de prescher.*

Il a été arresté qu'on escripera à M. de Burie
qu'on ne sçaurait empescher les ministres de prescher, veu la multitude du peuple qui les suyvent
à leurs presches et veu qu'ils ne preschent que
l'Esvangille ».

En Jurade, le 3 octobre de la même année, il
est fait mention de l'arrivée à Agen de M. de
Burie, lequel doit : « faire faire justice contre
ceulx qui se sont eslevés et qui baptent comme
moynes ou prebstres et aussi qui ont rompu
ydolles et abaptu autielz. »

Une antique maison de Ste-Foy
aujourd'hui disparue

d'après une eau-forte de Léo Drouyn

Le 8 décembre 1561, dans le même registre de délibérations de la Jurade, inventorié sous les désignations suivantes : E. suppl. 4987. BB. 1. (Registre in-4° 429 feuillets) on lit que :

« M. de Burie avec un grand nombre de gens d'armes c'est randu aulx champs pour pugnir les malfaicteurs qui ont brisé et ronpé les esglises et *ydolles* (1) qui estayent en ycelle. »

Le 23 juin 1562 : Délibération concernant *la relseption à faire à la Reine de Navarre* qui doit arriver vendredi ou samedi prochain en compagnie de Monsieur de Burie, de sa femme et de Monsieur de Duras.

Ordre de fermer les portes de ville, à cause de violences commises dans les environs ; on n'ouvrira qu'un *portanet* à la Porte de la Mer et un autre du côté des Frères ou de la Porte Perine.

— Le 23 octobre de la même année :

Arrivée d'une garnison de 40 gendarmes envoyés par les Sieurs de Montpensier et de Burie.

« Ledict de Montpensier a faict contre la présent ville grands menasses, mesme de faire mectre le feu aux quatre coings d'icelle au premier reproche qu'il y aura en ladite ville : a été arresté que ne sera permys à aulcuns personnages estrangiers et aultres, les jours de marchés, de lever les bledz au dit marché et iceux emporter ; que sera faict response au dit marquis qu'il devoyt garder les habitantz de la dite ville d'oppressions et faisoyt tout au contrère qu'estoyt de mener *les foriens* en la dite ville faire plusieurs despenses, parce aussi a-(t)-il promys que en 500 escutz qu'il a receuz, il devoit impétrer ung pardon à la faveur des habitantz de la dite ville, que n'a tenu compte faire, par quoy et parce qu'il n'a tenu promesse, aussi les dits habitans ne sont tenuz tenir de promesse. »

---

(1) Le mot *ydolles* a été biffé et remplacé dans l'interligne par le mot *image*.

Le 17 novembre 1562 il est donné lecture en Jurade, d'un mémorial envoyé par M. de Montluc indiquant la conduite que l'on doit tenir à Ste-Foy pour que la Compagnie de 100 hommes du Capitaine Tilladet en garnison dans la ville depuis le 28 octobre, puisse quitter les lieux :

« Il faut vivre sellon l'ordonnance du Roy et vivre sellon l'Esglise catholique et garder que personne n'e (m) pesche que les prebstres et moynes ne fassent leur office, et que aulcun ne leur fasse aulcune extorxtion et, pour ce faire, que les consulz, juratz et aultres principaulx de la présente ville s'en obligeront à ce fère. »

Dans le registre des délibérations de la Jurade, de 1564 à 1588, à la date du 15 novembre 1564, il est rendu compte d'une visite des consuls à M. de Burie qui est à Bergerac. Le dit seigneur leur aurait défendu de

« permectre que aucuns presches ne exercisse de relligion se peust en ladite ville et juridiction que premièrement ilz n'eussent présenté les lettres de permission du dict exercisse de relligion au seneschal d'Agen à qui elles sont adressantes, et ce, à peyne de dix mille livres ».

*
* *

Le 23 novembre 1578. — Dans le registre des délibérations de la Jurade, de 1564 à 1588, E suppl. 4988 B B 2 (Registre) In-4° 420 feuillets, on lit la relation de ce que :

« Monsieur de Chauffepied, nostre ministre, a esté mandé de se trouver au signode provincial de Sainctonge, qui se doict tenyr le premier jour du mois prochain à Barbasieulx, et... qu'il est à craindre qu'il soyt redemandé par l'esglize de Marennes.

Il est décidé que les consuls et le consistoire écriront au synode :

« aux fins de retenir ledit sieur de Chauffepied s'y fère se peult, et pour leur payement, tant de ses gages que de ceulx de Monsieur Finet, seront contrainctz les habitants... par toutes voyes et mesures par exécution de leurs biens ou d'emprisonnement de leurs personnes.

Le 21 juillet 1579, publication à Ste-Foy de *l'Edit de Pacification.*

Le 21 juillet 1579, assemblée des consuls, jurats et principaux habitants « tant catholiques que *de la Religion* pretandue *refformée* » (1) en présence du Sieur de Bajaumont, sénéchal d'Agenais et Gascogne, et du sieur de Pujolz, gentilhomme ordinaire de la Chambre du Roi de Navarre, députés pour l'exécution de l'Edit de Pacification. Les dits députés font jurer aux dits habitants :

« de garder et observer entièrement chacung en son endroict, ledit dernier édict de pacification faict au moys de septembre 1577 ensemble de ce qui a esté dernièrement advizé et rezoleu en la conférence tenue à Néral (Nérac). »

Plusieurs mois après le 2 novembre de la même année il est fait mention d'une délibération de la Jurade concernant la levée d'une imposition extraordinaire de 725 livres sur la ville de Ste-Foy, Pineuilh et « *St-Félix* » pour St-Philippe...

« pour le nouriture et entretènement des ministres de la parolle de Dieu en la présent ville. »

Le 11 septembre 1580, dans le même registre, il est fait mention de la *démolition du temple d'Eynesse* en vertu d'une commission du Roi de Navarre.

*
* *

Le 4 novembre 1581, relation de ce que les ministres :

____

(1) Les mots en italique ont été biffés.

« veulent demander leur congé à cause que ilz ne peuvent estre payés de leurs gages et aussy pour ce qu'*il n'y a poinct de temple.* »

Le 14 novembre 1584,, achat d'une maison de la ville à raison de 300 écus :

« *pour l'édiffication d'ung temple !* »

Relation de l'inauguration du temple de Ste-Foy-la-Grande en 1587 :

« *La guerre civille* continuant et commençant à sortir de *la peste* qui commença en ceste ville le xii[e] de juillet an mil v[c] quatre-vingt-six, et *la famine* commençant à nous poursuivre, fîmes révolution, *en recoignoissance* de ce qu'il plaisoit à nostre Dieu monstrer s'apaisser sur nous pour raison de la dite maladie pestifère, *de bastir le temple.*

Ce qu'aïant esté arresté, Monsieur Lambert, ministre de la parolle de Dieu en ceste église, y aïant été receu au commencement de la dite année 1587, print charge de conduire et advenir de son pouvoir ledit affaire... ; lequel temple fust en tel poinct le xxviiie de juing audit an 1587 que on commença à y prescher et administrer les sacrements de la Cène et de Batesme. »

*
* *

L'année 1621 fut une année fertile en alarmes de toutes sortes. Dès le 10 janvier, la Jurade s'inquiète du sort des habitants de Ste-Foy. Les Consuls proposent de fortifier la ville :

« attendu que le commung populaire tient pour certain qu'on veut entreprendre sur les villes quy font profection de la religion réformée, comme nous faisons ».

Trois jours plus tard, une assemblée générale des habitants de la juridiction extraordinaire convoquée, écoute les *exhortations de Daniel de Ségur, seigneur de Ponchact et de Lestaing, conseil-*

ler de la Province et du colloque du Bas-Agenais,
qui enjoint à la population de défendre la ville et
à la maintenir dans l'obéissance au Roi.

Le 13 janvier, à la suite de la réception d'une
lettre des Députés des Eglises Réformées de France et de Béarn, assemblés à La Rochelle, invitant
les consuls à fortifier la ville, la Jurade prend une
héroïque décision : On traitera avec un maître-
fondeur de la ville pour avoir des pièces d'artillerie.

A vrai dire, la ville possède bien un canon qui
fut déjà réclamé en vain aux consuls le 31 mai
1562 par lettre écrite ce jour au nom :

« des personnaiges qui sont au devant la ville
de La Reolle, par laquelle leur est mandé leur
fère tant de bien que de prester un canon de la
présente ville. Il est décidé ne pas envoyer le dit
canon attendu que la dite pièce n'est comode
pour abaptre meurs ne pourvues de piarres et
poudre. »

Mais, en cette année 1621, la Jurade décide :

« comme le gros canon qu'ilz ont est d'une telle
grosseur qu'il est du tout inutile, on trouve bon
qu'il soict refondeu et d'icelluy en soict faict
d'autres pièces. On demande de la mitraille pour
faire plusieurs pièces d'artillerie.

Les consuls approuvent, le 21 mars, le calibre
des dites pièces : une partie sera du calibre d'une
balle de 4 livres, et l'autre partie du calibre d'une
balle de 2 livres.

Le 12 avril, la Jurade reçoit une *demande de
secours par M. de Loupodarieu, député des Eglises Réformées de Béarn,* lequel représente :

« l'affliction quallamiteuse en laquelle est de
présent ledict pays de Béard et ung chacung d'i-
celluy en particulier, et ce à cause de la relligion
réformée, de laquelle ils font profection. »

La jurade décide de régler son action sur celle
des autres églises de la province en conformité

des résolutions prises dans l'assemblée générale convoquée à La Rochelle.

Peu de temps après, il y eut à Ste-Foy une assemblée générale des principaux habitants en présence de MM. de Rouhan, de Théobon et de Monpoilhan.

M. de Rouhan représente que le Conseil du Roi :

« *est résolu de traicter mal ceux de la Religion et les esglises réformées qui sont en France.* »

Il est décidé qu'on tâchera de réconcilier M. de la Force avec M. de Pardailhan et M. de Théobon avec M. de Monpoilhan.

Dans le même intéressant registre de délibérations de la Jurade, de 1621 à 1636, côté E suppl. 4989 B B. 3. Registre in-f° 298, feuillets, on lit, à la date du 9 juin 1621 :

« On fera bastir sept maisons sur les bastions, afin d'avoir moyen de fère fère la guarde sur iceux, pour mieux empescher une surpriuse de ladicte ville et y loger dans icelles des soldatz la nuict.

L'année 1622 s'annonce encore sous de fâcheux auspices puisque à la date du 12 janvier :

« Monseigneur de la Force, chef et général des églises réformées de la Basse-Guienne, propose de faire entrer dans la ville la compagnie de M. Dariscon, afin d'augmenter la garnison. Un peu plus d'un mois après : le 22 février 1622, il est fait, en jurade, relation par M. de Laforce de la saisie d'une lettre adressée à M. de Théobon par le sieur de Mirembeau. La dite lettre prouve que le sieur de Mirembeau :

« a parlé à M. le duc d'Elbeuf, pour scavoir de luy s'il seroict en volonté que le sieur de Sainct Angel continue le traicté pour l'accomodement du dict seigneur gouverneur, ce qui mest un ombrage non pas sullement le dict seigneur, les bourgeois et habitans de la dicte ville, mais aussi grand noblesse quy est dans icelle, que ledict sieur gouverneur veut fère ce traicté mentionné par ladite lettre pour ruyner entièrement la ville et pendre les habitants d'icelle. »

Il est décidé que M. de Laforce gouvernera la ville jusqu'à ce que M. de Théobon se soit lavé de cette accusation.

Lassés de se trouver dans l'alternative d'opiner soit pour M. de Laforce, soit pour M. de Théobon, les principaux habitants de Ste-Foy s'assemblent avec la Jurade et décident d'un commun accord de ne reconnaître, à partir du 6 mars 1622 :

« autre gouverneur, quel qu'il puisse estre, que Messieurs les Consulz d'icelle pour le bien et service du Roy, union des esglises et soulagement du peuple. »

Cet accès de loyalisme ne tarda pas à avoir sa récompense. En effet, deux mois plus tard, en date du 18 mai, la Jurade enregistre une déclaration de M. de Laforce relatant :

« de l'entremise de la paix en ce que les fortifications vieilles et nouvelles de la présente ville seront rompues. »

Avec une allégresse enthousiaste et une touchante unanimité, la ville décide, le 3 juillet 1622, un emprunt de 1.000 livres pour la démolition des fortifications.

CHAPITRE V

L'Administration de Sainte-Foy au xvie siècle

Deux documents du xve siècle. — Les archives antérieures a la seconde partie du xvie siècle ont disparu pendant les premières guerres de religion. — La juridiction et administration de Sainte-Foy en 1252. — Les ducs de Guienne. — La Renaissance et les maisons du xvie siècle a Sainte-Foy. — Noms des consuls de Sainte-Foy avec leur date d'élection 1550 a 1588.

Dans un des précédents chapitres, nous avons porté à la connaissance de nos lecteurs une pièce capitale des Archives municipales de Ste-Foy, c'est le « *Statut et privilèges de la ville de Ste-Foy* » octroyés par le roi Louis XII, la première année de son règne, en décembre 1498, à Montreuil-Bellay.

Si ce document historique n'est pas le plus ancien de tous ceux qui abondent aux Archives Municipales, il en demeure le plus important, ainsi qu'on a pu s'en convaincre, par sa lecture. Dans la même liasse E suppl. 4985 A A I, il existe un parchemin du 29 octobre 1478 qui est la reconnaissance au Roi, par les consuls de Ste-Foy, des biens qu'ils tiennent de lui : un moulin, les fossés, les murs, la place, l'emplacement de l'église, la maison commune.

Avant ces deux dates, 1478 et 1498, il n'y a

rien à Ste-Foy qui se réfère aux origines de notre chère cité.

Ste-Foy n'avait pas attendu la seconde moitié du XV° siècle pour être une jolie petite ville aux rues larges, droites, bien aérées, se coupant à angle droit ; enclose d'une haute muraille de cinq pieds d'épaisseur, sommée de machicoulis et de hourdages, renforcée de dix tours rondes crénelées accolées aux remparts, que terminaient les couloirs voûtés en ogive des Portes Perrine, du Cimetière, de la Mer ou de la Fontaine, et de Bergerac. Ste-Foy, coquettement placée sur la berge gauche de la rivière de Dordogne : « la fée des rivières de France » n'a point voulu livrer le secret qui entoure l'origine de sa fondation. Les Archives Municipales pour aussi intéressantes et curieuses qu'elles soient offrent de déplorables lacunes qu'il est extrêmement difficile de combler.

Le XV° siècle est représenté par les deux documents cités plus haut. Puis, dans la première moitié du XVI° siècle, seules 2 pièces sont à mentionner, encore est-il juste de dire que la plus importante, du 24 juillet 1503 : « *Transaction entre les jurats de Bordeaux et les consuls de Sainte-Foy-La-Grant concernant la descente des vins* », est, non pas l'originale, mais la copie imprimée du XVII° siècle par Millanges à Bordeaux. Il faut arriver à la seconde moitié du XVI° siècle pour pouvoir trouver d'abondants documents. Notons que les plus vieux registres de délibérations de la Jurade partent de 1543.

Cette pénurie de documents sur place semble, à première vue, incroyable. D'aucuns prétendent que les Anglais chassés de Guienne après la bataille de Castillon (14 juillet 1453) emportèrent à Londres la majorité des documents ; c'est ce qui expliquerait l'énorme lacune des Archives Municipales de Ste-Foy. A cela nous objecterons que des villes comme Libourne et St-Emilion, — et plus particulièrement cette dernière que nous connaissons bien — possèdent dans leurs archives de très nombreuses pièces des XII, XIII et XIV⁰ siècles. L'argument invoqué plus haut ne s'applique plus, alors, à ces villes voisines de Ste-Foy. C'est donc qu'il n'est pas exact.

Nous croyons qu'il est plus vraisemblable d'imputer la disparition des Archives Municipales de Ste-Foy, antérieures à la deuxième partie du XVI⁰ siècle, aux premières guerres civiles dites de religion qui accumulèrent dans notre riante cité, avec les horreurs de luttes fratricides, les ruines et les deuils.

Quoiqu'il en soit, il est patent que, Alphonse, frère de Louis IX, comte de Toulouse, Poitiers et Agenais, octroya à Ste-Foy en 1252 une constitution municipale dont un bayle, bailli, prévôt ou juge royal eut l'administration de la justice haute, moyenne et basse dans la ville et juridiction.

A cette époque la juridiction de Ste-Foy comprenait 22 paroisses : Ste-Foy, St-Avit-du-Moiron, St-Nazaire-du-Moiron, St-Philippe, Pineuilh, St-André, La Roquille, Petit Ligueux, Margueron, Ste-Croix-des-Egrons, Riocaud, Thoumeyragues, Appelle, Les Lèves, Caplong, St-Quentin, Eynesse, St-Avit-de-Soulège, St-Nazaire-de-Puychagut, Villeneuve-de-Puychagut et St-Astier.

Les rois d'Angleterre ducs de Guyenne Edouard I⁰ʳ, Edouard II, Edouard III comblèrent de bienfaits les habitants du pays pour s'attacher les populations plus par un sentiment d'affectueuse reconnaissance que par véritable patriotisme.

Le 12 Juin 1348, Edouard III concéda à Bertrand de Clayrac, seigneur de Puychagut la justice haute et basse sur les paroisses de St-Nazaire, Villeneuve-de-Puychagut et St-Astier.

Nous ignorons d'une manière exacte jusqu'en 1498 comment fonctionnait l'administration municipale ; nous savons toutefois que : 24 jurats composaient le conseil de ville, six consuls étaient

en exercice, renouvelables chaque année, choisis
par les jurats sur une liste de 12 candidats, en
présence du bayle de la communauté.

Plus loin nous indiquons, extraits des Archives
Municipales, les noms des divers consuls de 1550
à 1558. Avant 1550, nous empruntons à Guinodie les noms des consuls aux dates suivantes :

1331, Guilhem de Puch Sani, Helias Gauthier,
Doat de Fonpeyra, Peir del Sorbier, Johan Robi
et Peir de Lavaysseyra.

1365 — Guilhem de Chalus, Jehan Duperrier,
Raymond Faure, Gaillard de Laroque, Gérault
Albert, Guilhem Magestatz.

1478 — Mᵉ Antoine Geutillot, bachelier en
droit, Géraud Aymard, Jean Ortignier, Guillaume Detroti, Hélie Rolland, Jean de Castelneuf.

1502 — Martial de Villard, notaire, Arnaud
Vidal, Naudin de Costa, Pierre Lajonias, André
Duot, Guirault Vidal.

1503 — Louis Gentillot, bachelier en droit,
Raymond Breton, Antoine Lajonias, François
Mathieu.

1549 — Mᵉ Pierre de Lagrange, Jean Vidal,
licencié en droit, Pierre Lajonic, dit Petit-Pey,
Nicolas Pagie, Etienne Rousseau.

*
* *

Dans des précédents chapîtres nous nous sommes étendus sur les maisons à pans de bois du
XIVᵉ et XVᵉ siècles ; nous en avons dit leur grand
nombre, dépeint leur cachet et blâmé les propriétaires qui les ont fait recouvrir d'un épais crépissage, dont l'enduit anonyme dissimule mal la
joliesse des jambages en X ou en V qui éclairent
leur façade.

On prétend que c'est la mode qui a voulu que
ces agrestes façades soient ainsi masquées de mor-
tier que recouvre un badigeonnage à la chaux

blanche ou légèrement ocrée de jaune. La mode a évidemment bon dos dans le cas qui nous intéresse comme en toutes choses d'ailleurs... Ne la rend-on pas responsable de toutes les inélégances et de toutes les fautes de goût !

D'autres mettent cet intempestif maquillage des façades à pans de bois sur un sentiment d'orgueil qui n'est — heureusement — pas l'apanage exclusif de nos concitoyens, et sur la méconnaissance de la valeur documentaire de ces humbles et familiers vestiges du passé.

Que ce soient la mode, l'orgueil et l'ignorance qui aient été les causes de ces vandalismes, il n'empêche qu'ils ont porté à notre chère cité un préjudice moral considérable en altérant sa poétique et médiévale physionomie. Nous pensons que c'est faire œuvre utile et pieuse, tout à la fois, que d'essayer d'arracher ce masque trompeur aux antiques façades à pans de bois de Ste-Foy pour leur restituer leur cachet primitif qui facilitera — dans le cadre médiéval où ils vécurent — l'évocation de l'âme ardente de nos ancêtres.

S'il en est qui oseraient se défendre de ce joli désir altruiste, nous croyons bien qu'ils se laisseraient aisément convaincre par la réalité d'un sentiment éminemment utilitaire qui retentirait sur toute l'économie locale d'une façon tangible et nette.

A l'heure où le tourisme draine vers les cités qui ont la chance de posséder, encore, des vestiges du passé, des flots de visiteurs, nous assisterions impassibles à ce véritable « rush » sans songer — ou vouloir — en tirer profit ?

Sainte-Foy possède encore suffisamment de témoins d'un passé houleux mais magnifique, pour retenir l'attention de tous ceux qui aiment l'histoire de siècles abolis.

Sainte-Foy offre, par le charme de son exceptionnelle situation, un laisser-aller de joliesse nonchalante et coquette de petite ville heureuse, qui attire, captive et retient.

Si à l'éclat de ses fleurs, à la saveur de ses fruits, à la richesse de ses vins, au sourire de ses femmes, à la renommée de ses hôtels, Ste-Foy ajoute le développement harmonieux et évocateur des façades à pans de bois de ses maisons du xve libérées de la gangue qui les masque, nul doute que les touristes ne viennent en foule, attirés encore plus nombreux par une publicité judicieusement et efficacement faite par un Syndicat d'Initiative local qu'il est, tout simplement, honteux de ne pas voir fonctionner ici, au grand dam du commerce local, pour un meilleur et plus grand renom de la cité.

Les maisons du xve siècle à Ste-Foy ne sont heureusement pas les seules qui méritent d'être décrites, louées et admirées. Le xvie siècle a laissé dans notre chère petite ville quelques intéressants spécimens que nous retiendrons pour l'agrément de nos lecteurs.

Le xvie siècle qui fut le siècle de la Réforme, est, surtout, et avant tout, le siècle de la Renaissance. Les dernières années du xvie siècle furent une époque excessivement productrice et brillante à Ste-Foy, ainsi que nous l'exposons plus loin en détail au chapître IX.

Il nous est permis d'en juger par les témoins datés qui en restent. Toutefois, il convient d'avouer que ces souvenirs de la Renaissance pour aussi modestes qu'ils soient — ils ne souffrent nulle comparaison avec ceux qui se voient sur les bords de la Loire — s'ils ne nous enorgueillissent point, nous autorisent, du moins, à en être légitimement fiers.

A l'angle de la rue de la République et de la rue Victor-Hugo s'élève l'Epicerie Centrale du sympathique Chassagne.

C'est un important immeuble en pierres de taille à deux étages offrant au rez-de-chaussée de vastes baies semi-circulaires, aux étages de belles fenêtres à meneaux, et une jolie tourelle d'angle coquettement coiffée d'un toit cylindrique comme d'un chapeau pointu. Quelques meneaux de pierre ont disparu et d'énormes contrevents pleins aveuglent les fenêtres. Quoiqu'il en soit, cette construction annonce, sans qu'il soit possible de s'y méprendre, qu'elle est contemporaine de la fin du règne de Louis XII et du début du règne de François Ier. Sur la rue Victor-Hugo, anciennement rue Perrine, la porte d'entrée de l'immeuble retiendra notre attention. C'est un ouvrage fruste, qui, s'il ne détruit pas l'harmonie de cette façade n'en est pas moins comme une verrue sur un visage régulier. Les sculptures maladroites et naïves sont d'un ouvrier qui accuse beaucoup plus de bonne volonté que de talent. La date de 1583 qui timbre cette porte nous semblerait un anachronisme ou indiquerait une régression locale de l'art à cette époque, chose que nous nous refusons à admettre à cause des autres témoins de cette époque qui existent encore à Sainte-Foy.

A l'angle de la rue Jean-Jacques Rousseau et de la rue de la République s'élève le restaurant connu sous le nom de la Tour — cette construction de 7 ans plus vielle que celle de l'Epicerie Centrale offre un galbe et des moulures d'une fine délicatesse — Accolée à un vieil immeuble en torchis et pans de bois, et s'élève, en pierre de taille, sur un massif contre fort d'angle en grand appareil. Sous son toit conique elle offre une petite fenêtre rectangulaire où, depuis la rue, on peut lire la date de 1590.

A l'angle des rues Victor-Hugo et d'Alsace-Lorraine se dresse un immeuble appartenant à M. Martinaud. Sur la rue Victor-Hugo c'est une façade du XVIIIe siècle avec un intéressant dessus de porte en forme d'imposte où se voit une jolie grille en fer forgé. — Sur la rue d'Alsace-Lorraine

ce sont des débris, encore bien conservés, d'une
façade Renaissance. La fenêtre du premier étage
est veuve de son meneau de pierre, au-dessus
de la porte d'entrée deux baies géminées rectan-
gulaires ont été aveuglées, mais les sculptures
qui restent sont finement fouillées et annoncent
de manifestes réminescences d'italianismes coquettement précieux. Quoiqu'il en soit, dans son état
actuel, cette façade Renaissance mériterait que
nos concitoyens la remarquent et n'y jettent
point un regard dédaigneux. Il est des villes où le
culte des monuments du passé stimule les pouvoirs publics, encourage l'édilité communale,
féconde les initiatives particulières pour la sauvegarde et conservation des précieuses reliques
formant le patrimoine historique de la cité. A
Sainte-Foy, comme dans de nombreux endroits,
il n'en est rien. Sous prétexe de modernisation
— qu'on nous pardonne cet horrible barbarisme
— sous couleur d'esthétique, la main des hommes se fait, bénévolement, l'auxiliaire du temps
pour jeter bas les vestiges d'un autre âge.

A notre époque où plus que jamais le Veau
d'Or règne dans toute sa puissance et son horreur
et où fleurit *l'Elginisme* — c'est ainsi qu'on nomme le dépeçage des vieux monuments en souvenir de lord Elgin arrachant les frises du Parthé-
non — la maison Chassagne, la Tour et la façade
Renaissance de la maison Martineaud sont à la
merci du premier brocanteur ou du dernier des
antiquaires. C'est pourquoi nous pensons qu'il serait sage d'assurer le classement de ces immeubles parmi les Monuments Historiques du Département de la Gironde ; ils seraient en belle et
bonne compagnie avec les souvenirs du passé
dont s'enorgueillit, à juste titre, notre Gironde.

*

* *

Liste des Consuls de Sainte-Foy, avec leur date d'élection de 1550 à 1588 :

En 1550. — Antoine Rolland, Arnaud Maisonnes, Antoine Paranchières, Elie de St-Amant, Jeannot Lagrée, et Naudin de Lartingault.

En 1551. — Pierre Reclus, Pierre Mestre, Gaspard Gentillot, Pierre Vidal, Pierre de Lacroix, Jean Geysse dit Moureau.

En 1552. — Jean Vidal, licencié en droit, Bernard Martineau, François Esmondz, Michel de Rie, François Bernard, et Guillaume Gentillot.

En 1553. — Antoine Rolland, Louis de Villars, Etienne Rosseau, Elie Memeret, Jean Carrethier, Antoine Glève.

En 1554. — Raymond Medellon, Marc Labrouhe, Antoine Pranchières, Mathieu Coste, Jeannot Lagrée et Denis Forel.

En 1555. — Elie Saint-Amand, Pierre Vidal, Naudin de Latingault, Naudin Cappel, Gabriel Martyneau, et Jean Brejon.

En 1556. — Michel de Rieu, François des Aymondyz, Antoine Surgier, François Bernard, Jeannot de Foy... et Louis Lamore.

En 1557. — Elie Mermeret, Barthélémy Borye, Jean Carretier, Christophe Gentilot, Pierre Arnault et Arnauld Cousy.

En 1558. — Antoine Paranchières, Jeannot Lagrée, Marc de Labrouhe, Jean Glène, Mathieu Coste le vieux et Guillaume Simard.

En 1559. — Pierre Vidal, Elie St-Amand, Naudin Cappel, Simon Lajohanye, Antoine Glène et Michel Rousseau.

En 1560. — Michel de Rieu, Antoine Surgier, François Bernard, Louis Lamée, Etienne Fauveau, et Simon Gentillot.

En 1561. — Prestation de serment sur la Sainte Bible par les sieurs Reclus, Villarz, Bergen, Couzy, et Layrac, élus consuls.

En 1562. — François Mathieu, Bernard Gaye,

Antoine Paranchières, Guillaume Blanc, Elie St-Amand et Etienne Gleine.

En 1565. — Election de Pierre Recluz, Jean Berjon, Arnaud Cousy, Jean Martineau, Méric Cousseau et Jacques Célérier comme consuls.

En 1566. — François Bernard, Christophe Gentillot, Jean Aymery dit Boran et Guilaume Jouhaneau.

En 1567. — Macé Labrouhe, Antoine Surguier, Simon La Johannye, Michel Rosseau, François Faure et Pierre Costut.

En 1568. — Pierre Vidal, Guillaume Simard, Mathieu Coste le vieux, Tony Glène, Raymond Gay et Etienne Mestre, élus comme consuls : « pour gouverner la réppublicque de la présent ville ».

A cette époque, il y a dans les Archives Municipales de Ste-Foy une lacune du 24 décembre 1568 au 17 août 1572.

En 1573. — Louis de Villars, Jean Martineau, Christophe Gentillot, Jean Berjon, Jean Chilliac et Louis Vidal.

Puis, une lacune de 1573 à 1577.

En 1578. — Simon Lajohannye, Arnaud Bourgues, Etienne Mestre, Bernard Lymarye, Guillaume Labrouhe et Jean Boulongue.

En 1579. — Guillaume Grenier, Jean Clève, Méric Rousseau, Géraud Cappelle, Simon Vidal et Antoine Freyssinet.

En 1580. — Simon Gentillot, Nicolas Fauveau, Mathias Cellérier, Pierre Rhoddes, Jeannot Chivalhier, et Pierre Mestre.

En 1581. — En vertu d'un arrêt du Parlement, les consuls seront renouvelés par moitié tous les ans. Cette année-là (1581), Pierre Mangon, dit Lamothe, Jean Faure, dit Labat, et Etienne Bernard, dit La Rosé, sont nommés consuls.

Les sieurs Fauveau, Cellérier et Mestre, élus consuls l'année précédente, continuent leurs fonctions.

Puis, à partir de 1582, les élections auront lieu non plus le 15 août, mais le premier janvier de chaque année.

En 1583. — Etienne Mestre, Bernard Leymarie, et Etienne Reclus.

En 1584. — Jean Bouloignie, Guillaume Labrouhe et Pierre de La Rivière.

En 1585. — Pierre Rhodes, Etienne Lagrange et Gaspard Gentillot.

En 1586. — Simon de Labat, Mathieu Cellérier et Pierre Faure.

En 1587. — Simon de la Jehany, Nicolas Fauveau, Jean Chevalier et Etienne Bernard.

En 1588. — Etienne Mestre, Louis Vidal et Elie Gentillot.

De 1588 à 1611 il y a dans les Archives Municipales de Ste-Foy une énorme lacune.

*
* *

Il nous semblerait difficile de ne pas mentionner à ce chapitre une intéressante maison de Ste-Foy, qui par son style appartient bien à la Renaissance, mais que la date de sa construction place au début du siècle suivant. C'est l'immeuble appartenant à M. Urbain, à l'angle des rues d'Alsace-Lorraine et Elisée Reclus au numéro 32 de cette dernière. Les fenêtres privées de leurs meneaux en pierre offrent un joli encadrement à bossages. Au-dessous d'un œil de bœuf légèrement ovalaire, un mascaron grimaçant timbré de la date 1614, somme une originale porte en plein cintre donnant à cette façade un cachet de plaisante originalité.

CHAPITRE VI

Les Vins de Sainte-Foy au Moyen-Age

Les 18 paroisses de la Juridiction. — Leur étendue. — Le droit a l'appellation Sainte-Foy. — La déclaration de récolte obligatoire. — Le piquettement des futs. — La jauge et le cerclage. — La marque de la ville. — Règlements concernant l'entrée et la mise en vente des vins. — Procès-verbaux, amendes, confiscations, etc...

Les vins de Sainte-Foy, blancs et rouges, étaient récoltés dans l'étendue de la Juridiction de Ste-Foy qui comprenait, outre la ville et « d'aix d'icelle jusques au rusiseau du Veneyrol » 17 paroisses dont les noms suivent :
Saint-Martin-de-Pineuilh.
Saint-Philippe.
Saint-Nazaire.
Saint-Avit-Grave-Moiron.
Notre-Dame-de-Ligueux.
Saint-Jean-de-la-Roquille.
Saint-Martin-de-Margueron.
Riocaud.
Sainte-Croix-des-Eugrons.
Notre-Dame-de-Thoumeyragues.
Saint-André-de-Capbeauze.
Saint-Martin-d'Appelles.
Saint-Pierre-des-Lèves.
Caplong.
Saint-Avit-de-Soulège.
Saint-Quentin.
Saint-Pierre-d'Eynesse.

L'arpentement de la Juridiction de Sainte-Foy donne un total de 23.690 journaux, étant entendu que le journal est composé de 150 escats et l'escat de 16 pieds de Roy, se décomposant comme suit pour chaque paroisse avec le nombre de feux y contenus.

Il ressort du Terrier de la ville de Ste-Foy que l'étendue du territoire « en dedans les murs » est de 914 plaidures 16 cannes, ce qui donne 45 journaux 1/3 de terre, revenant à 55 arpents, mesure de Paris. On compte environ 585 feux donnant une population moyenne de 3.000 habitants.

Les « *detz* » de la ville de Ste-Foy ont 108 plaidures 3/4 d'étendue donnant 59 journaux environ et 38 feux. Pineuilh, 3.680 journaux et 7 escats, 250 feux ; St-Philippe, 858 journaux environ avec 68 feux ; Saint-Nazaire, 703 journaux 2/3, 10 escats 1/3 et 23 feux ; Saint-Avit-du-Moiron, 3.025 journaux 2/3, 12 escats 5/6, 160 feux ; Ligueux, 1.213 journaux, 27 escats avec 60 feux ; La Roquille, 1.443 journaux, 29 escats 1/6, avec 120 feux ; Margueron, 2.707 journaux 1/3, 25 escats 1/3, avec 110 feux ; Riocaud, 1.553 journaux 2/3, 11 escats et 54 feux ; Ste-Croix-des-Egrons, 531 journaux 1/3, 4 escats ; Thoumeyragues, 1.829 journaux 2/3, 18 escats 5/6, 121 feux ; Saint-André, 829 journaux, 49 escats avec 68 feux ; Appelles, 913 journaux 1/3, 14 escats avec 86 feux ; Les Lèves, 1.351 journaux 1/3, 49 escats et 89 feux ; Caplong, 1.989 journaux 1/3, 6 escats 5/12 avec 110 feux ; St-Avit-de-Soulège, 576 journaux et 30 escats, 68 feux ; Saint-Quentin, 2.358 journaux 1/3, 22 escats 1/10, 110 feux ; Eynesse, 1.369 journaux 2/3, 29 escats, avec 120 feux.

Le tout se répartissant en 28.639 fonds tant nobles que ruraux en terres labourables, prés, vignes, bois, bruyères, chaumes.

On peut compter dans toute l'étendue de la juridiction de Ste-Foy 3.000 journaux de prés et environ 9.000 journaux de fonds plantés en vigne, donnant une récolte annuelle moyenne de 4.500 thoneaux (barriques).

Les Consuls de Ste-Foy, légitimement fiers de la qualité de leurs vins blancs et rouges qui avaient acquis à l'étranger et notamment en Angleterre et Hollande une juste réputation, édictèrent, dans la suite des temps, toute une série de mesures pour mettre obstacle à la fraude et empêcher que ne soient vendus sous nom de Ste-Foy des vins qui n'en avaient que la marque ou l'étiquette, au grand préjudice des habitants de la Juridiction. C'est en lisant, attentivement, les nombreuses pièces des Archives Municipales de Ste-Foy qu'il est possible de trouver épars, dans les feuillets de la vie municipale du xvi° siècle à nos jours, la poussière des prohibitions et défenses, des règlements et décisions des « Maire et Consuls, juges de police de Ste-Foy et Juridiction d'icelle ».

Nous avons réuni en un faisceau — dont plus loin, nous donnerons les justifications historiques — ces utiles renseignements qui forment en quelque sorte, par décisions conformes et continues, des Municipalités successives, le *Statut légal des vins de Ste-Foy au Moyen-Age.*

DROIT A L'APPELLATION SAINTE-FOY

Les vins récoltés dans l'étendue de la Juridiction de Ste-Foy, et seuls les vins récoltés dans l'étendue de la dite juridiction ont droit à l'appellation de Ste-Foy.

Toutefois, il est juste de noter que la rigueur inflexible de cette règle fléchit en faveur — et seulement en faveur de ceux-là, seuls — des vins de la Juridiction de Montravel, recueillis dans les paroisses de St-Avit-de-Tizac et de La Rouquette, dans la partie de ces deux paroisses faisant face à la ville de Ste-Foy (dont elle n'est séparée que par la rivière La Dordogne) entre le chemin qui vient du Fleix jusqu'à St-Antoine et par dessus, depuis le chemin qui vient de Fougueyrolle et va à La Roquette.

En vertu de quelle tolérance, à la suite de quel compromis, ces vins-là eurent-ils le droit à l'appellation et aux prérogatives réservées aux seuls vins récoltés dans l'étendue de la Juridiction de Ste-Foy (1) ? Nous l'ignorons absolument et les recherches les plus attentionnées dans les Archives Municipales ne nous ont pas permis de répondre à une aussi embarrassante question. La clé de l'énigme doit se trouver dans la partie des Archives Municipales détruites lors des Guerres de religion. Il y a, en effet, dans nos curieuses et si vivantes archives, une énorme lacune ; à part deux ou trois pièces, il n'y a rien d'antérieur à la seconde moitié du XVIᵉ siècle ; avant cette époque c'est l'ombre, le néant. Nous n'en sommes réduits qu'à faire de gratuites et plausibles hypothèses. Aussi, croyons-nous qu'il est sage et logique de penser que les vins des côteaux de Saint-Avit-de-Tizac et de La Rouquette eurent les droits et prérogatives des autres vins de Ste-Foy à cause de leurs qualités essentielles qui en font — encore de nos jours — des vins pouvant souffrir la comparaison avec les meilleurs de ceux de la Juridiction.

Quoiqu'il en soit, c'est dans une Transaction passée entre Messieurs les Jurats de Bordeaux et ceux de Sainte-Foy le 24 juillet 1503 qu'il est fait mention, pour la première fois, de l'assimilation des vins de St-Avit-de-Tizac et de La Roquette avec ceux de Ste-Foy.

LA DÉCLARATION DE RÉCOLTE

Tous les propriétaires, nobles, bourgeois, manants et habitants de la ville et Juridiction de Ste-Foy *sont tenus de venir déclarer, sous ser-*

(1) Quant à leur entrée à Bordeaux, uniquement.

ment, *à l'Hôtel-de-Ville, le nombre de barriques de vin qu'ils ont recueilli, de leur cru* et cela, chaque année immédiatement après la récolte. Il leur est alors délivré des billets d'entrée de leur vin en ville.

ENTRÉE DES VINS EN VILLE

Il est fait interdiction et défense aux habitants de la Juridiction d'entrer leurs vins dans la présente ville après la fête de St-Martin (11 novembre).

MARQUE DES FUTS

Le piquettement des fûts est *l'apposition sur les barriques* contenant du vin de Ste-Foy de *la* « *merche* » *de la ville* qui, de ce fait, en garantit l'authenticité.

La marque de la ville est appliquée sur les barriques, en présence d'un jurat, moyennant une redevance de 5 sois.

La « *merche* » de la ville est décrite de la façon suivante : « une merche de fer engravée au bout, en écuceau, au dedans duquel est engravé une F une S, au milieu un lyon, et par le dessous, trois fleurs de lys ; et par le dessous une tour »

Nous dirons plus simplement que la marque de la ville est formée des armes de Ste-Foy encadrées par les deux lettres S. F.

LA JAUGE ET LE CERCLAGE

La contenance des barriques de vin est obligatoirement prévue.

Quant au cerclage : vingt-quatre cercles de bois et deux de fer, un pour le bouge, l'autre pour la tête ; ce fut une occasion d'un nombre incroyable de procès qui durèrent, certains, 153 ans. En effet il fut tout d'abord défendu aux foyens de se servir d'aulan (noisetier). Ils n'employaient guère que le saule ou l'aubier ; puis, ils ajoutèrent aux deux bouts quelques cercles de châtaignier ou de chêne, ce qui leur fut défendu parce que les barriques de jauge bordelaise dont usaient avec Bordeaux, Libourne et St-Emilion devaient obligatoirement être cerclées de châtaignier.

INHIBITIONS DÉFENSES

L'entrée, la mise en vente et la consommation des vins étrangers à la juridiction qu'on nommait *vins rebelles* ou *forains* était absolument prohibée en tout temps.

De plus, par de fréquentes et inopinées visites domiciliaires des Jurats spécialement désignés contrôlaient la quantité et qualité des vins détenus chez les propriétaires ou mis en vente chez les débitants et hôteliers.

Les vins de Ste-Foy — qui n'ont pas démérité depuis — avaient de remarquables qualités de finesse et de bouquet qui les faisaient goûter particulièrement, d'une clientèle de gourmets d'Angleterre et de Hollande.

Les Maire et Jurats qui veillaient avec un soin jaloux sur la qualité des vins de Ste-Foy et sur la bonne réputation qu'ils avaient acquise, étaient tout heureux et légitimement fiers d'en offrir aux nobles personnages qui passaient ou séjournaient dans la Ville. En fins dégustateurs ils les trouvaient absolument exquis..... Nous en pensons de même. Enfin, nous avons relevé dans les vieux papiers de la ville toute une série de plaintes et condamnations pour l'inobservation des dits statuts et inexécutions des dites ordonnances municipales.

Arrêté de la Jurade en date du 17 août 1550 portant que si

« aulcuns sieurs gentilzhommes et Messieurs de la Court passent par la présente ville, il leur sera bailhé et délivré, par les dits sieurs consuls, du vyn de la dite ville, telle quantité qu'ilz verront estre affaire en bon pères de familhe, aux despends de la dite ville et jurisdiction ».

Le 20 mai 1558 il est fait mention à la jurade de « l'arrivée prochaine du Comte de Villars, on le défrayera d'une pipe de vin et d'une pipe d'avoine ».

Le 4 novembre 1695, en vertu d'une nouvelle délibération de la Jurade, il est renouvelé :

« défense aux habitants de la juridiction d'entrer leurs vins dans la présente ville, la feste de Saint-Martin passée ».

Le 8 octobre 1713 il est décidé, en jurade, l'établissement de

« un droit de 5 sols par barrique de vin et de 10 sols par pièce d'eau de vie et pour lesquels il sera pris des certificats signés des Consuls.

Le 8 juin 1782. — Assemblée des principaux habitants délibérant sur l'exécution de deux ordonnances de l'Intendant portant imposition de 3.508 livres 15 sols pour réparation aux églises d'Appelle et de St-Avit-du-Moiron. L'assemblée « considérant que les églises ne seront nullement en danger de crouler à défaut des dites réparations puisqu'elles sont dans le même état qu'elles étaient il y a plus de trente ans, que les curés des paroisses les ont demandées que pour leur donner plus de décoration ; que, d'un autre côté, les cimetières des dites paroisses sont dans le même état qu'ils étaient de temps immémorial, que d'ailleurs, la guerre actuelle occasionne dans cette province, une telle *misère par le défaut des débouchés des vins qui font la principale ressource de la contrée*. et la calamité publique que tous les propriétaires et cultivateurs des fonds sont réduits à l'indigeance... a délibéré unanimement que le montant des dépenses indispensables pour les dites réparations ne seront imposées sur la présente communauté que 5 ans après la paix.

Le 20 août 1712. — **Délibération en Jurade portant que**

« on demandera au Roi l'exemption des droits d'inspecteurs des boucheries *d'inspecteurs des boissons* et courtiers jaugeurs, et de lever à la place 20 sols par tonneau de vin et 14 sols par pièce d'eau de vie qui se chargeront dans les ports des deux côtés de la Dordogne jusqu'où finit la juridiction de Montravel.

Le 25 octobre 1749. — En jurade, il est ordonné :

« tous les propriétaires des vins de la présente juridiction de venir *faire en l'Hôtel de ville leur déclaration du nombre des barriques de vin qu'ils ont recueilli de leur crû*, laquelle déclaration sera affirmée par serment, et sur laquelle, il leur sera délivré des billets d'entrée et non autrement.

Il est ordonné à tous les marchands et particuliers *de ne charger de vins qu'ils ne soient marqués des armes de la ville.* »

Le 1ᵉʳ juillet 1786, il est délibéré en jurade ce qui suit au sujet de la mévente des vins de Ste-Foy :

« *Les vins qui formaient autrefois le principal revenu des habitants de cette ville et de la juris-diction*, ne sont, depuis quelques années qu'un surcroît de charges pour eux, que le débit en est devenu des plus difficiles et le prix des plus modique, que celluy qu'on en a retiré, notamment les deux dernières années, a suffi à peine aux frais de culture des vignes et des barriques, que, s'il ne s'ouvrait des moyens pour un meilleur débit de vins, on serait dans la nécessité d'abandonner les vignobles.

Le 22 juin 1634, dans le registre de l'administration communale de 1634 à 1787, sous les nᵒˢ E suppl. 5004 B B 18, nous lisons :

« Payement de 16 sols pour du vin offert lors de l'assemblée à Ste-Foy des communautés de Duras, Pujols, Rauzan, Civrac, Gensac, Montravel et Puyguillem.

En 1708, dans le Rôle de Tailles pour Ste-Foy,

Pineuilh et St-Philippe, il est fait mention de
« Imposition de 990 livres pour les droits des
visiteurs et contrôleurs des eaux-de-vie, vins et
autres boissons ».

Dans un registre numéroté E suppl. 5123 C C.
119 (cahiers) in f° 210 feuillets, nous trouvons à
la date du 8 janvier 1757 un cahier contenant les
mandements devant être acquittés par le trésorier de la communauté avec l'indication de la
somme de

« 45 livres pour 4 *marques à feu destinées à
marquer les vins*.

Un peu plus loin à la date du 26 octobre 1757 :
« Cent livres pour *une pièce de vin offerte à
l'Intendant* qui est parti de Ste-Foy ce jourd'hui.

Dans un livre de compte des recettes et dépenses de la Communauté pour l'année 1602 il est
fait mention de dépenses pour

« certain vin fourni, tant à faire présans pour
la présente ville que pour les scaine de Pasques
et septambre ».

Dans un registre de pièces comptables pour les
années 1663 à 1786, inventorié E suppl. 5129 —
C C 125, nous trouvons :

« Le 29 octobre 1731. — Quinze livres pour 3
*marques à feu destinées à marquer les barriques
de vin du crû de la ville* ».

Le 28 décembre 1663. — Vingt-deux livres pour
*une barrique de vin vieux destinée à la table de
Monseigneur de Saint-Luc* pendant le séjour qu'il
a fait dans la présente ville pendant le mois de
novembre.

Un autre registre de pièces comptables nous
indique :

« Le 29 décembre 1760. — Quarante-cinq livres
pour une barrique de vin achetée lors du passage
de l'Intendant. »

« Le 18 novembre 1725. — Cinquante livres
pour une barrique de vin à l'occasion du passage
de Monsieur l'Intendant. »

« Quatre livres et dix-huit sols pour *12 bouteilles de vin* et un panier qu'*il a fallu donner à Monsieur le Procureur général*, le 15 avril 1728.

Requête de François de Gervain, écuyer, sieur de Roquepicquet, tendant à obtenir la remise de 2 tonneaux de vin blanc qui ont été saisis à défaut de déclaration d'entrée (15 novembre 1685).

Saisie de 6 barriques de vin de Montravel, introduites dans la ville, contrairement aux privilèges de celle-ci (12 novembre 1695).

Condamnation à 350 livres d'amende contre Boucherie Marc-Antoine, sieur de Lamothe, pour avoir introduit 60 barriques de vin de Duras dans la juridiction (15 mars 1699).

Confiscation de 6 barriques de vin d'Eynesse introduites dans la paroisse de Pineuilh après la St-Martin, contrairement aux privilèges de la ville, la dite ville ne formant qu'un corps avec Pineuilh.

Deux barriques de vin saisies seront confisquées et portées à la place publique de Ste-Foy pour y être, publiquement, défoncées, et le dit vin, distribué aux pauvres (7 août 1725).

Requête des habitants de Ste-Foy à l'Intendant concernant la prétention de certains aubergistes de faire en ville des vins étrangers à la Juridiction et notamment des vins de Montravel, chose éminemment dommageable attendu qu'un domaine de 300 arpens paye dans Ste-Foy 800 livres d'imposition, alors qu'un domaine pareil ne paye pas souvent 30 livres dans la Juridiction de Montravel qui n'est séparée de Ste-Foy que par la rivière de Dordogne (21 mai 1741).

Dans le registre des délibérations de la Jurade, de 1644 à 1674, à la date du 7 janvier 1671, il est ordonné aux cherpentiers :

« de ne faire les barriques sur la jauge de la présente ville qui sont de deux sercles de fer, un pour le bouge, l'autre pour la teste. »

CHAPITRE VII

Sainte-Foy-la-Grande et sa Juridiction

Une pièce inédite des archives municipales. — Situation, limites, étendue de la Juridiction. — Division de la ville en quatre quartiers. — Les fortifications. — Ressources et cultures de la Juridiction. — Récolte annuelle moyenne : 4.500 tonneaux de vin blanc ou rouge. — Les foires et marchés. — Règlement de 1740 pour l'administration de la ville et juridiction.

Les Archives Municipales de Sainte-Foy-la-Grande réservent aux savants et aux curieux qui les parcourent d'intéressants documents et de passionnantes découvertes. Certes, il serait vain de prétendre que toutes les pièces ont un intérêt primordial, elles n'en sont pas moins des plus instructives. Pour nous, l'attrait captivant de leur lecture s'accroît de la joie — très douce — d'évoquer le passé d'une ville que nous aimons et dont nous avons entrepris de mieux faire connaître l'histoire à nos chers concitoyens. Nous avons été surpris, en effet, de l'ignorance des Foyens en ce qui concerne les souvenirs historiques qui se rattachent à l'évolution de leur ville dans la suite des temps. Cela n'est pas exceptionnel mais porte le sceau de la marque habituelle et générale en ces sortes de choses. On aime son pays natal, on chérit la ville où l'on s'installe, mais on s'inquiète peu de ses fastes dans le passé, en dépit des témoins qui ont résisté à l'épreuve du temps et à la main destructrice des hommes. Ces témoins du passé sont de défunts souvenirs que le génie évocateur d'un historien et d'un savant, ou la piété filiale d'un enfant du terroir fait revivre, pour le plus grand bien de la chère petite patrie, car, la connaissant mieux, on l'aime davantage.

Nous avons eu la noble ambition de faire profiter nos concitoyens du fruit de nos recherches dans les Archives Municipales de Ste-Foy-la-Grande. C'est là une œuvre de vulgarisation sans prétention aucune mais faite avec tout notre cœur... Ce que nous fîmes jadis pour St-Emilion, notre ville natale, nous le devions à Ste-Foy, notre ville d'adoption.

Si toutes les pièces des Archives n'ont pas le même puissant intérêt, il n'en est pas moins vrai que leur dépouillement est une œuvre de longue haleine qui demande patience et attention. Un par un, les documents doivent défiler sous les yeux du lecteur. L'empressement de se documenter ne comporte pas la hâte fébrile de feuilleter les parchemins et papiers poussiéreux. Ce faisant, des documents curieux, voire même de la plus haute importance, pourraient passer inaperçus pour le plus grand dommage de ceux qui, comme nous, veulent faire œuvre pie et aussi complète que possible.

C'est sous la rubrique E suppl. 5255, dans la liasse H H 11, parmi 40 documents divers que j'ai découvert la curieuse pièce suivante en date du 17 juillet 1780, en réponse à un questionnaire de l'Intendant de Guyenne qui donne sur Ste-Foy tous les renseignements qu'il est possible de désirer.

C'est un tableau rapide et lumineusement brossé de Ste-Foy-la-Grande au XVIII° siècle :

« La juridiction de Ste-Foy comprend 18 paroisses (1) ; elle est située nord et sud et ne remonte pour son antiquité qu'à Alphonse de Poitiers, frère de St-Louis qu'on dit être le fondateur en 1200. Elle est très jolie, bien percée, de forme carrée et ne contient que 45 journaux 1/3 de terre, qui revient à 55 arpents, mesure de Paris. Elle est entourée d'un mur de 5 pieds d'épaisseur et flanquée de 10 tours le long desquelles règne un fossé assez large et assez profond. Elle contient une population d'environ 3.000 âmes et 585 feux. Les maisons n'ont, la plupart, qu'un rez-de-chaussée, un premier étage et un grenier. Elle est divisée en quatre quartiers qui sont séparés par des rues très bien alignées et dont la largeur est de 30 pieds. Ses murs dans la partie nord et sud sont baignés par la Dordogne, rivière assez rapide et navigable dans toutes les saisons de l'année.

Il y a une très jolie place d'armes, au milieu de laquelle on érigea, il y a environ 40 ans, un hôtel de ville qui menace une ruine complète et prochaine. Il y a une très belle église, un couvent de Cordeliers, un autre de Recollets, un troisième des Filles de la Foi, un hôpital royal.

La population est presque toujours dans le même état à quelque chose près ; on attribue ce déchet à la guerre de mer, y ayant dans cette juridiction beaucoup de matelots. A chaque paroisse, il y a un petit bourg, mais peu considérable comme maisons.....

Cette juridiction se compose de 28.639 fonds tant nobles que ruraux en terres labourables, prés, vignes, bois, bruyères, chaumes, produisant du froment, meteil, seigle, avoine, fèves, blé d'espagne et autres grains qui se consomment sur place...

---

(1) Sainte-Foy, Pineuilh, St-Nazaire, St-Avit-du-Moiron, Ligueux, La Roquille, Margueron, Riocaud, Ste-Croix-des-Egrons, Thoumeyragues, St-André, Appelles, Les Lèves. Caplong, Saint-Avit-de-Soulège, Saint-Quentin, Eynesse et Saint-Philippe.

On compte environ 3.000 journaux de prés dont le foin suffit à peine à la nourriture des bestiaux ; on estime qu'il peut y avoir 9.000 journaux de fonds plantés en vignes, 1/3 bonnes, 1/3 médiocres, 1/3 mauvaises, produisant, année commune 4.500 tonneaux de vin blanc ou rouge qu'on estime 60 livres le tonneau, à cause des barriques qui coûtent 12 livres pièce ; ce vin blanc est chargé pour la Hollande et pour la Bretagne, de même que la plus grande partie du rouge, l'approvisionnement du pays distraite ; il s'en brûle peu pour faire de l'eau de vie à cause de la cherté du bois qui vaut actuellement 20 livres le cent.

Il n'y a point d'anciennes, ni nouvelles forêts ; le pays fournit seulement du bois de chauffage... Il n'y a point dans cette juridiction de marées ; l'air y est bon qu'on y respire, et très salubre ; aussi est-il très rare d'y voir régner des maladies habituelles et les épidémies qui y paraissent, comme dans d'autres endroits, y sont plus rares et moins meurtrières. Il n'y a point de manufactures, mais il y a plusieurs fabricants de grosse étoffe, en toile et bas drap, point de coton.

Il y a 3 principales foires. Une le 20 mars, la seconde le premier juin, l'autre le 1ᵉʳ novembre ; elles durent 3 jours. Il s'y vend beaucoup de bœufs gras, de veaux, de vaches, chevaux du pays, moutons et bœufs de labour qu'on fait monter au total d'environ 75.000 livres. Il y en a une autre (foire) chaque mois qui se tient le premier samedi ; ce jour-là, il y a un marché chaque semaine qui sont (*sic*) très beaux et bien approvisionnés de toutes les choses nécessaires à la vie. Les foires de chaque mois sont fournies en bestiaux.

Le poids est de 16 onces à la livre. Les mesures de toute espèce de grains est, pour le froment qui pèse 160 livres ; les cent boisseaux produisent à Bordeaux 120.

L'avantage que retire le pays de la navigation

est de faire porter les denrées à Bordeaux, Libourne, et autres ports où aboutit la Dordogne, de faire venir leurs marchandises à meilleur compte. Et les seuls pêcheurs profitent de la pêche en vendant dans cette ville le poisson qu'ils y apportent et lorsque la police a voulu les taxer, ils ont cessé de porter au marché préférant le vendre à des voituriers qui l'enlèvent pour le porter dans les villes circonvoisines. On ne connaît d'autre établissement religieux dans la ville à part ceux énumérés plus haut qu'une pension annuelle que le Roi fait à quatre vicaires de Ste-Foy qui font les fonctions de missionnaires. Point d'abbaye, ni de prieuré. Trois monastères. Point de séminaire. Il y a un juge royal, un   ?   du Roy, un greffier, quatre procureurs, un huissier ordinaire.

Un hôpital royal qui a 1.100 livres de revenus, dont les charges les absorbent, et au-delà, par la pension de deux sœurs de Nevers, et du nombre de pauvres qu'on est obligé d'y recevoir, cette ville étant sur la grand'route de Bordeaux à Bergerac.

Les Récollets ont le collège des humanités et la ville leur fait une pension de 500 livres annuellement. Il y a, en outre, deux régents français, également pensionnés par la ville, une régente pour les filles à qui la Communauté donne 100 livres. Il y a, en outre, les Filles de la Foi qui enseignent les jeunes demoiselles qui sont pensionnées du Roy.

Ls principaux seigneurs sont le Roi et le duc d'Aiguillon, seigneur engagiste. Il y a dans Sainte-Foy, 4 compagnies de milices bourgeoises, 4 capitaines, 4 lieutenants, 4 enseignes, 8 sergents, Ils font les patrouilles lorsqu'ils en sont requis par les officiers municipaux. Ils se rendent aussi dans les incendies, font le guet, la garde dans toutes les occasions où le bien du service l'enseigne.

Le meilleur établissement à faire dans cette

ville est un corps de caserne pour un ou deux bataillons d'infanterie. Le plan en avait été levé il y a quelques années, mais les choses en sont resté là. Cependant, il n'y aurait rien d'aussi avantageux pour cette contrée. On trouverait parmi les soldats des ouvriers de toute espèce, soit pour le mécanisme et l'agriculture, dont les hommes manquent dans ce pays-ci. Grand avantage pour le propriétaire et en même temps pour le soldat qui ne manquerait pas d'être occupé pendant tout le temps que son service le lui permettrait.

Il y a deux ponts indispensables à faire ou à rétablir. Le 1er à la *Porte des Frères*, sur la route de Ste-Foy à Bergerac, dont la route se trouve barrée par le débordement des eaux de manière que les voyageurs se trouvent alors forcés de rester en ville ainsi que les voitures publiques, même les *messageries des lettres* (poste). Mais alors, la magistrature fait monter un bateau sur le *ruisseau* appelé du *Rance* pour y faire passer les voitures et les voyageurs. Mais tout cela ne se fait pas sans embarras et sans frais qui tombent, toujours, sur ceux qui veulent continuer leur route. Le second est à la *Porte Perrine* de cette ville et traverse le grand chemin royal de Ste-Foy à la Sauvetat. Il y a bien des années qu'il menaçait ruine. Il fut visité par Monsieur Esmangart, lors Intendant, qui promit de donner 400 livres si on pouvait engager soit la ville, soit la campagne — qui passent sur ce pont leurs denrées — de fournir le reste. Les choses en sont restées là. Depuis le transport des vins de la dernière récolte, il a (le pont) entièrement cédé et croulé. Il en résultera encore que les eaux du *ruisseau le Veneyrol* sous lequel il passe, les voûtes se trouvant bouchées, elles se répandront dans la plaine. Des prairies considérables en seront submergées et par la perte des récoltes et des foins, des fourrages, pour la nourriture des bestiaux dont le pays, en général, manque. Cet objet mérite l'attention du gouvernement. Il serait utile, **enfin,** *d'établir une manufacture de toute espèce d'étoffes du pays,* de toiles de bas et autres ouvrages utiles. On y emploierait nombre de personnes qui sont pauvres et à la charge du public ».

*

* *

Projet de règlement
POUR LA VILLE ET JURIDICTION DE SAINTE-FOY
APPROUVÉ PAR M. L'INTENDANT

Article premier. — Messieurs les Consuls auront, eux seuls, l'administration et l'exercice de la police, et qu'à cet effet les habitants de la ville et juridiction seront tenus de bien et loyalement conseiller les dits consuls, et leur donner conseil, confort et aide au profit de la communauté, selon les termes exprès des dits statuts, et au surplus seront les dits sieurs consuls élus et choisis d'entre les principaux et capables sujets de la dite communauté faisant profession de la religion catholique, apostolique et romaine conformément aux Édits et Déclarations de Sa Majesté.

Secondement. — Que le 15e jour de septembre, la communauté s'assemblera pour choisir et élire selon l'usage deux consuls pour remplacer les deux anciens qui sortent, chaque année du consulat, et un sujet pour être procureur syndic, lequel pourra être changé chaque année ou continué si bon semble à la communauté. Et ensuite, les consuls de l'avis et consentement de la Communauté nommeront le Conseil particulier en Jurade composé de 18 d'entre les habitants de la dite ville qui, autant que faire se pourra, seront des plus qualifiés et capables et particulièrement d'entre ceux qui auront été consuls.

Troisièmement. — Que si dans tout le cours de

l'année il arrivait que par mort ou autrement, la charge de procureur syndic vient à vaquer, il serait procédé à une nouvelle élection dans une assemblée générale.

Quatrièmement. — Sera pareillement assemblée la communauté lorsqu'il s'agira d'intenter ou de soutenir un procès en son nom, et ne sera la dite communauté tenue de fournir aux frais et dépends d'aucun procès, qu'elle n'ait délibéré de les intenter ou de les soutenir et que la délibération prise sur ce sujet n'ait été autorisée par Monseigneur l'Intendant.

Cinquièmement. — Comme aussi sera la dite communauté assemblée pour dire son sentiment sur les réparations publiques employées de ses deniers ou impositions qui devront être faites par les Magistrats, autres que celles qui seront pour le Roi ou de l'autorité de Monsieur l'Intendant.

Sixièmement. — Il sera permis aux habitants qui seront nommés par la communauté d'assister aux devis et adjudications des réparations à faire dans les églises et maisons presbytérales dépendantes de leur juridiction, à l'effet de quoi ils seront avertis par le subdélégué ou les commissaires qui seront nommés par Monseigneur l'Intendant sans que leur absence puisse rendre nulles les devis ou adjudications auxquels ils n'auront pas assisté.

Septièmement. — Et afin que l'intérêt commun de cette ville et de la juridiction puisse être également conservé et que le nombre de ceux qui doivent composer la communauté soit fixé, les assemblées de la communauté seront composées outre les Consuls et Jurats de la noblesse de la ville et juridiction ensemble de vingt principaux taillables et bourgeois de la ville, comme aussi pourra chaque paroisse, conjointement avec son annexe s'il y en a, nommer un de ses principaux et plus capables habitants, qui, pareillement aura entrée et voix délibérative dans les dites assemblées.

Huitièmement. — Pourront ceux qui seront nommés par les dites paroisses pour avoir entrée dans les dites assemblées de communauté nommer ou choisir un d'entre eux ou autre particulier de la juridiction pour être son syndic forain, lequel aura pareillement entrée dans les dites assemblées et pourra agir au nom de la juridiction foraine selon l'ancien usage, lequel pourra être chargé ou continué au bout de chaque année.

Neuvièvement. — Et afin que les rangs et préséances ne puissent apporter aucun trouble dans les dites assemblées, demeure arrêté que les Consuls y présideront immédiatement après lesquels les jurats ordinaires auront scéance à la tête desquels jurats seront néanmoins les officiers de justice lorsqu'ils voudront assister aux dites assemblées et parmi les autres habitants les nobles auront préséance sans nulle contradiction.

Dixièmement. — La communauté nommera deux de ses principaux et plus capables habitants, du nombre de ceux qui auront entrée dans les dites assemblées, lesquels sous le bon plaisir de Monseigneur l'Intendant assisteront et signeront tous les actes, procès-verbaux, devis et adjudications pour quelque l'énée (?) de deniers sur la ville et juridiction quelleque ce puisse être, autres toutefois que celles qui sont pour le Roy.

Onzièmement. — Et comme les sieurs curés sont obligés de faire à leurs presbytères les réparations auxquelles sont tenus tous les usufruitiers et qu'ils doivent aussi laisser les dits presbytères au même et semblable état qu'ils les reçoivent, les dits deux habitants nommés par la communauté pour assister aux devis et adjudications pourront obliger les dits curés à faire les menues réparations, sans lesquelles il arriverait, peut-

.être comme autrefois, que lesdits presbytères tomberaient en ruine.

Et pourront aussi les dits deux habitants requérir et faire faire des procès-verbaux de l'état de toutes les maisons presbytérales de la ville et juridiction afin que chaque curé soit obligé eux et leurs héritiers, de laisser les dites maisons dans le même état qu'ils les auront reçues ou qu'elles se trouveront lors des dits procès-verbaux, à ces fins pourront les dits habitants saisir et bannir les meubles et immeubles des dits sieurs curés après leur décès, desquels les héritiers ne pourront obtenir la main levée que les dites réparations n'aient été faites, et que la maison curiale n'ait été mise au même et semblable état que le curé défunt l'avait prise.

Douzièmement. — Comme les principaux habitants ont toujours été appelés à la répartition de la capitation, la communauté nommera pareillement deux hommes de ceux qui connaissent le mieux les facultés des familles pour assister à la dite répartition.

Treizièmement. — Qu'afin que la convocation de la communauté soit valable, le premier consul (lequel ne pourra refuser la dite assemblée lorsqu'il en sera requis) fera sonner dès la veille, la cloche d'assemblée et aussi deux heures avant le moment d'icelle et pareillement le dit Consul, enverra par des valets de ville dès l'avant-veille de la dite assemblée, des billets marquant l'heure d'icelle aux nobles de la campagne et à ceux qui seront nommés par les paroisses pour assister aux dites assemblées de la communauté.

Quatorzièmement. — Les assemblées seront censées générales lorsqu'elles auront été convoquées comme ci-dessus, bien que plusieurs des convoqués n'y aient assisté, et les délibérations qui seront prises engageront la ville et juridiction et en sera cru sur son honneur le premier Consul, sur les avertissements faits de sa part.

Quinzièmement. — Que conformément à l'article dernier de nos privilèges tous ceux qui auront pris et loué deniers ou autre chose appartenant à la dite ville, après serment par eux fait, seront tenus d'en rendre bon et fidèle compte, même ceux qui sortiront du consulat, par devant le premier Consul ou autres d'entre eux assistés de deux principaux habitants choisis par le Consul du consentement de la Communauté, et pourront les redevables être contraints à la reddition de leurs comptes par juridiction de telles peines que de droit, et même par corps, conformément aux dits statuts et privilèges, et en observant tous édits et déclarations de Sa Majesté rendus à ce sujet.

Suivent les signatures, parmi lesquelles nous avons retenu :

Mestre, François, Cabanac, Martin, Brun, Meymac, Tadert, Grenier, Tissandier, Etienne Jary, Rochefort, Etienne Lajeunie, Brulatour, consuls ou jurats.

Rigaud Dumarchet, Ligueux de Recquepiquet, Fillol, Rigaud de Grandet, Papus, de Roche, de Vincens, Langalerie, Petit, Hector Mestre, Gaussen Dutemps, Troussilh, G. Gaussen, Dupuy, Vallet, Labrie, Bachon, Denois, Bricheau jeune, Cellerier, Rabot, Eschauzier, Piocheau, Doutre, Sauge, Sainsonvalle, Baysselance, Jauge, Rigaud, Lajonie.

Suit la teneur de l'ordonnance de l'Intendant pour acceptation.

Claude Boucher, Chevalier, Seigneur d'Herbécourt, Ste-Geneviève et autres lieux, conseiller du Roy en ses Conseils, conseiller d'honneur au Parlement de Bordeaux, président honoraire de la Cour des Aides de Paris, Intendant de justice, police et finances en la généralité de Bordeaux.

Vu le présent règlement et la requête à nous présentée par habitants de la ville et juridiction de Ste-Foy.

Nous ordonnons, sous le bon plaisir du Roi, que le dit Règlement sera exécuté selon sa forme et teneur et qu'il sera enregistré ès registres de la Maison Commune de la ville de Ste-Foy pour y être gardé et conservé en tout son contenu. Enjoignons aux Consuls et habitants de s'y conformer sous les peines y contenues.

Et sera la requête à nous présentée par les habitants de la dite ville et communauté aux fins de l'autorisation du dit règlement annexé à celui-ci.

Fait le 26 avril 1740. — Signé : Boucher.

CHAPITRE VIII

L'Église Notre-Dame de Sainte-Foy

Son état actuel dans l'emplacement ou elle a toujours été. — La construction romane. — L'édifice gothique ruiné par les protestants en 1561. — Le roi Louis XIII a Sainte-Foy. — Libéralités de Louis XIV pour la reconstruction de l'édifice. — Sa description en 1759. — Le curé et les consuls de Sainte-Foy contre les chanoines de Conques. — Les abjurations au XVII° siècle. — Contraventions pour l'inobservation des commandements de l'Eglise.

L'Eglise Notre-Dame de Ste-Foy s'élève, de temps immémorial, à l'emplacement qu'elle occupe de nos jours, à l'angle des rues de la République, anciennement dénommée Grand'Rue et Elisée Reclus. C'est une construction moderne en pierre de taille, à trois nefs, au chevet à pans coupés et aux voûtes traitées dans le style des églises contemporaines de la fin du XVe et du début du XVIe siècles. Le clocher récent, refait en 1869, sur une base antique, par Joseph Moreau, de Libourne, dresse dans le ciel son élégante et mince silhouette d'une sveltesse quasi immatérielle, portant à 62 mètres au-dessus du sol le sommet de la croix qui le couronne.

Nous avons, vainement, cherché dans les Archives Municipales des documents précis pour refaire l'historique abrégé de l'Eglise Notre-Dame. Nous avons fouillé du regard les matériaux qui la composent pour essayer d'arracher aux vieilles pierres de la façade, qui ont été conservées, lors de ses fréquentes restaurations, le mystère de son origine et le secret de son lamentable destin.....

Rien ne subsiste des origines romanes de l'église primitive. La construction gothique qui lui succéda fut anéantie par les protestants en 1561. Les ruines calcinées qui en restèrent furent, pendant longtemps, au cœur de la cité, comme le douloureux symbole du fanatisme religieux imbécile et criminel. Le 27 mai 1622, le roi Louis XIII entendit la messe dans les ruines de l'église Notre-Dame et donna des ordres pour que l'on rebâtit l'édifice. Il laissa, à cet effet, plusieurs milliers de livres qui ne semblent pas avoir été efficacement utilisées.

Une petite chapelle — très suffisante d'ailleurs pour le petit nombre de catholiques vivant à Ste-Foy à cette époque s'éleva, peu après, sur les ruines de l'Eglise, pour le service divin. Mais les tracasseries des Intendants — précédant de bien peu la Révocation de l'Edit de Nantes — qui pour se faire bien venir du Roi n'épargnaient aux protestants ni brimades, ni vexations de toutes sortes, amenèrent un grand nombre de conversions dont le désintéressement n'est pas absolument certain. Quoiqu'il en soit, des ordres furent donnés pour que l'église Notre-Dame fut rebâtie dans toute sa moitié sur ses anciennes fondations. Le 26 mai 1685, en présence de Monseigneur Pierre Mascaron, évêque et comte d'Agen, il y eut à Ste-Foy plus de 200 abjurations. Louis XIV donna une très importante somme d'argent pour que l'église Notre-Dame, rebâtie dans son entier, put accueillir sous ses voûtes la foule des nouveaux convertis. Les travaux furent conduits à bonne fin par les soins du curé Andrault et l'année suivante l'Eglise Notre-Dame née de ses cendres — tel le phœnix — fut solennellement consacrée par l'évêque d'Agen.

Nous donnons dans ce chapitre une description détaillée de l'église Notre-Dame en 1759. Nous ignorons les motifs qui amenèrent ultérieurement la ruine de l'église qui fut reconstruite — toujours sur les mêmes fondations — de 1849 à 1851. Le 4 octobre 1871, Monseigneur Gérault de Langalerie, ancien curé de Ste-Foy, évêque de Bellay, puis archevêque d'Auch, procéda solennellement à la bénédiction des cloches installées dans le clocher neuf érigé sur les plans de M. Labbé, architecte du Département. Tel est, en résumé, l'histoire de l'Eglise Notre-Dame de Ste-Foy que viendront illustrer les documents suivants extraits des Archives Municipales. Nous y avons ajouté des pièces relatives au procès de la Communauté contre les chanoines de l'abbaye de Ste-Foy de Conques en Rouergue, au sujet du luminaire et de l'entretien de l'Eglise Notre-Dame, ainsi que de la dîme des paroisses de Ste-Foy et Pineuilh.

Nous achèverons ce chapitre par une série de documents très intéressants. Ce sont des procès-verbaux rendus pour l'inobservation des commandements de l'Eglise interdisant de travailler le dimanche, de manger de la viande le vendredi, etc..., etc...

*
* *

En date du 28 mars 1682, en Jurade, il est donné lecture d'une relation de ce que le Roi Louis XIII « ayant restabli la religion catholique dans cette ville il y a environ 60 ans, y fist bastir une petite chapelle et, estant entré dans la ville le jour de la Feste-Dieu, acista à la procession du Saint-Sacrement, depuis lequel temps quelques catholiques rassemblés de plusieurs endroitz s'y

seroient établis parmi lesquelz il n'i a pas plus
d'une vingtaine de familles qui subcistent honnestement, le reste estant de pauvres artizans et,
par ce que le nombre de ceux de la R. P. R. excè-
dent de trente fois du moins celluy des catholiques, Sa Majesté, voulant fortiffier et augmanter
la Religion catholique auroit donné un arrest par
lequel il ordonne que ceux de la R. P. R. seront
entièrement exclus du consulat et conseil politique... attandu leur mauvaise administration ». Il
est décidé d'envoyer une députation vers Monsieur l'Evêque d'Agen « pour le supplier de vouloir agir auprès de Sa Majesté et la supplier de
vouloir transférer le présidial de Libourne en la
présente ville, pour plusieurs raisons. En premier
lieu, parce que cette ville après celle de Libourne
est la plus considérable du destroit de la Sénéchaussée et la plus commode, soit pour les officiers, soit pour les parties ; en second lieu, parce
que la justice est ici dans le plus mizérable estat
qu'en ville royalle du royaume ; en troizième lieu,
parce que les catholiques, qui y sont en petit
nombre, seront appuyés et soustenus par la présence d'un corps de justice considérable et le
nombre des catholiques s'augmentera, et eux-
mêmes qui sont dans le sentiment d'abjurer l'hé-
rézie, se sentant soustenus, se convertiront plus
facillement ; les principaux bourgeois huguenots
seront mesme bien aise de trouver occasion de se
convertir en s'engageant, eux et leurs enfants,
dans les charges ; en quatrième lieu, *on trouveroit
des moyens pour rebastir quelqu'une des deux
esglizes paroissiales qui y ont esté démolies et
rezpié raz de terre par ceux de la R. P. R.* n'y
ayant aujourd'hui que la susdite petite chapelle
qui ne peut contenir la quatryème partie des
catholiques ».

Abjurations. — Le 16 août 1685, sur la propo-
sition faite par Monsieur Danglade, premier consul « de l'assemblée quy feust faicte, le jour

d'hier, par Monseigneur de Ris, intendant de ceste province, pour respondre aux intentions de Sa Majesté, quy dézire la réunion de tous ses subjects dans la religion catholique, tous les soubzsignés ont esté d'avis et résolue d'embrasser la religion catholique, de renoncer à l'érézie de Calvin, dans laquelle ilz avoit vescu jusques à presant par le malleur de leur naissance, après les esclairssissements qu'ils ont receu, en particulier et en publicq, de Monseigneur Julles Mascaron, esvêque et comte d'Agen quy s'est transporté dans ceste ville pour ce subjet. »

Suivent les noms de 223 personnes ayant abjuré ce jour-là.

Election des sieurs de Mézières, Bellet et Jauge comme consuls qui prêtent le serment des nouveaux élus dans l'Église des Révérends Pères Recollets qui sert d'église paroissiale.

Le 1ᵉʳ octobre 1685, dans le registre des délibérations de la Jurade de Ste-Foy, on trouve :

« Relation de ce qu'avant la conversion des huguenots l'esglise paroissielle Nostre-Dame, qui concitoit en une petite chapelle, ne pouvant contenir les catholiques, Monseigneur l'Intendant auroit par ordre de Sa Majesté fait son verbal de l'estat de la dite chapelle et ensuite l'ayant envoyé, Sa Majesté auroit ordonné un fonds pour rebastir la moitié de l'ancienne esglise, sur les mesmes fondements, à laquelle batisse on travaille incessamment »...

Mais comme depuis l'abjuration des habitants reçue le 26 août par l'évêque d'Agen « ladite esglize qui se rebastit par moitié n'est pas suffizante pour contenir les catholiques quy sont dans la ville et parroisse de Pineuilh au nombre de 5.000 ». Il est décidé de demander au Roi l'achèvement de la construction de l'ancienne église et la reconstruction de celle de Pineuilh ; on sollicitera également un fonds pour l'entretien de quatre ou cinq prêtres par la réunion du prieuré de Pineuilh, dont Messieurs les chanoines du Chapitre de Conques jouissent, ou de tel autre endroit, afin que les convertis « puissent estre instruits selon leur désir et leur besoing ». Le 19 mars 1689, déclaration à la Jurade du sieur de Mézières, Consul, disant que les chanoines de Conques « profitans des troubles de l'érézie, ce seroient emparés, il y a près de six vingtz ans, du prieuré de Ste-Foy et de la paroisse de Pineuilh, son annexe, sans garder aucune formalité de justice et, à raison du dit prieuré, auraient toujours joui des 2/3 des fruits décimeaux des dites paroisses et, outre cella, de plusieurs rantes, domaines et poçessions dependans dudit prieuré ; en sorte que depuis qu'ilz se sont emparés du dit bénéfice, ilz auroient emporté dans leur païs plus de 50.000 escus des revenus des biens de cette communauté, sans jamais faire la moindre dilligence pour restablir ny la religion catholique, ny pour rebastir les deux esglizes paroissialles de Ste-Foy et Pineuil ; au contraire, les dits sieurs chanoines auroient fait tout ce qu'ils auroient pu dans la fin du dernier siècle et dans le commencement de cellui-cy pour hoster aux curés des dites ville et paroisse le tiers des revenus des fruits décimaux dont ilz ont toujours jouy ».

Il est décidé d'envoyer des députés à La Réole pour suivre le procès intenté par le curé au Chapître de Conques au sujet de l'entretien des vicaires et pour représenter au Parlement le danger qu'il y a de « voir abandonner la religion et le service divin dans cette ville et la paroisse de Pineuil ce quy seroit d'autant plus estrange qu'il y a bien 4.000 nouveaux convertis dans les dites deux esglizes, desquels il faut prendre un soin particullier pour les former à la religion catholique dans laquelle la piété du Roy les a rappelés. »

Le 25 juillet 1775. — Délibération concernant

les inhumations dans l'église Notre-Dame de Ste-Foy-la-Grande :

« les fréquents entèrements qui se font dans l'église peuvent occasionner des fâcheux accidents par l'odeur infecte qui s'exhale des tombes, et qu'on ne peut plus y faire de fosse sans déterrer quelques cadavres ». Il est décidé que les sépultures dans l'église ne seront autorisées que rarement et moyennant un droit de 100 livres au profit de la fabrique.

Mémoire à consulter (E suppl. 5233 G. G. 70) pour savoir si c'est à la fabrique de Ste-Foy et de Pineuilh, de fournir le luminaire et les ornements au Chapitre de Conques et au curé de Sainte-Foy décimateurs. La dîme est affermée à raison de 5.000 livres. Les revenus de la fabrique sont des plus modestes, les sépultures dans l'église deviennent de plus en plus rares, parce que la plupart des anciens catholiques qui sont en petit nombre et qui ne sont pas communément riches, aiment mieux se faire ensevelir au cimetière. A Pineuilh, il s'est passé de dix à vingt ans sans qu'il s'en fasse.

Nous avons vu, plus haut, que le Chapitre de Conques qui était accusé d'avoir profité des troubles des guerres civiles pour s'emparer d'une partie des bénéfices de l'Eglise de Ste-Foy et du prieuré de Pineuilh son annexe, refusait d'acquitter les charges afférentes à leur quote part d'exercice du culte et d'entretien des dites églises. Un procès fut engagé par la Communauté contre les chanoines de Conques.

La procédure poursuivie contre le chapitre de Conques passionnait les Consuls et l'opinion publique si nous en jugeons par le nombre très grand des diverses délibérations en Jurade à cet effet. Parmi elles, nous prendrons quelques textes des plus typiques.

Le 17 juin 1747. — Lettre de M. Flaugergues, chanoine de Conques, à la Jurade. Il demande un délai avant de prendre une décision concernant la fourniture du luminaire à l'Eglise Notre-Dame.

M. Andrault, syndic fabricien, écrit le 7 décembre 1747, une fois de plus, aux chanoines de Conques pour les inviter à contribuer aux frais du luminaire et ornement des dites églises de Ste-Foy et Pineuilh.

Le 19 juin 1749, M. Bourières, grand archidiacre à Agen, répond à M. Andrault, docteur en médecine, syndic de la fabrique de l'Eglise de Ste-Foy, concernant la solution de l'affaire au sujet du Chapitre de Conques :

« Ce n'est pas un petit effort que de mettre un chapitre à contribution, car ces Messieurs ne laschent les espèces qu'à bon escient, même quand il s'agit de la décoration de la maison du Seigneur ; toute la paroisse doit vous estre très obligée des soins que vous vous estes donnés pour mettre fin à cette affaire ; si on mettait en place des personnes aussi zélées, on ne verrait pas les églises dans un estat qui fait pitié à quiconque a un reste de religion. »

Le Chapitre de Conques fut condamné à concourir à la dépense du luminaire et à l'entretien des ornements, chose que demandaient le curé et les consuls de Ste-Foy-la-Grande.

*
* *

Description de l'Eglise Notre-Dame de Ste-Foy en 1759.

Procès-verbal de la visite de l'église de Ste-Foy par Pierre Andrault, curé de Capbeauze et prieur de Blanquefort, commis à cet effet par Monseigneur l'Evêque et comte d'Agen. Description de l'Eglise et de son mobilier :

« Il y a un grand tableau couvert en partie par le tabernacle représentant Notre-Dame-de-Pitié tenant sur ses genoux Jésus-Christ son fils mort.

Il y a un second tableau au haut du retable représentant Jésus-Christ en croix. L'Eglise entièrement détruite par les Calvinistes au commencement de leur révolte, à l'exception du clocher et du mur du fond, où est la grand porte, qu'ils laissèrent subsister, a été rebâtie sur ses anciens fondements aux environs de l'an 1685 par les libéralités de feu le Roy Louis XIV et les soins de feu sieur Jacques Andrault, alors curé. Elle est grande, bien éclairée et composée de trois ailes ; au milieu se trouve une belle chaire sculptée, en bois de noyer, appuyée à un pillier du côté de l'Evangile et soutenue par un Samson qui a sous ses pieds un dragon ou une hydre à plusieurs têtes. Au fond de l'Eglise, du côté de l'Epitre sont les fonts baptismaux dont la pierre est l'ancienne qui fut trouvée sous les ruines de l'Eglise lorsqu'on la rebâtit, entourés d'une belle balustrade de bois de noyer, fermant à clef, avec un dôme par-dessus, où est la figure de St-Jean-Baptiste, baptisant Jésus-Christ. Dans le haut de l'Eglise vers le levant il y a deux chapelles ; dans l'une du côté du midi se trouve un tableau représentant l'Adoration des Mages ; dans l'autre, du côté du nord, un tableau représentant Ste-Foy et St-Caprais ; derrière le sanctuaire, on remarque le petit cimetière dans lequel on ensevelit les petits enfants ; le clocher situé dans le fond de l'église du côté nord, et formant une tour carrée s'élève au-dessus du toit d'une hauteur considérable. Il y a une flèche ronde de pierres à la cîme de laquelle est une croix en fer. Le grand cimetière est hors de la ville à environ 200 pas au couchant du nouveau grand chemin qui le divise en deux parties ».

*
* *

Le 7 octobre 1646, dans une pièce placée dans une chemise E suppl. 5237 G. G. 74, nous trouvous le procès-verbal suivant faisant mention du trouble causé au Père Fabien Mazure, Récollet, prédicateur ordinaire de la mission établie par le Roi, dans la ville, par Nicolas Combabessouze, curé de St-Quentin.

Le dit Combabessouze aurait empêché de parler le Père Fabien qui était monté « en chaire, soubz les halles de la ditte présante ville, pour reffuter le sermon qui avoit esté prêché ce matin par le ministre de la R. P. R. »

Le père Fabien se serait retiré en représentant que « venant tout frèchement du synode qui avoit esté tenu ces jours passés, par les ministres de la ditte Religion Prettendue, dans la ville de Monflanquin, où il avait prêché, durant tout le dit synode, la controverse, son dessain estoit de rendre compte de sa mission deu mesmes qu'il estoit l'heure qu'il avoit accoustumé de prêcher après vespres, tous les dimanches, la controverse. »

Duvergier, notaire, qui a fait entrer une charette de blé dans la ville, le jour de l'Assomption, malgré les défenses faites à ceux de la R. P. R. « de travailher, ni faire travailher ey jours de faites commandées par l'esglize catholique ».

Le 28 octobre 1690. — Plainte du curé contre les hôteliers, nouveaux convertis, qui donnent de la viande à manger les jours prohibés.

Condamnation d'un hôtelier à 10 livres d'amende pour avoir donné de la viande à manger un vendredi. Ceux qui en ont consommé sont punis de 3 livres d'amende, applicables aux réparations de l'église, et de 30 sols pour la réparation de l'Hôtel-de-Ville.

Condamnations de bouchers à 6 livres d'amende pour avoir vendu de la viande les jours prohibés.

Le 24 juillet 1697. — Plainte du curé contre le sieur Duvergier, nouveau converti, lequel lors du passage d'un enterrement avait refusé de saluer la croix.

Monseigneur l'Evêque d'Agen blâme le Maire et les Consuls du relâchement qu'ils apportent à la stricte observation des règlements de l'Eglise, par lettres des 16 novembre 1788 et 21 septembre 1789.

« Monsieur le Curé se plaint, dit Monseigneur l'Evêque d'Agen, Monsieur le Maire, que vous ne faites point travailler aux réparations du cimetière ; que vous laissez subsister les concubinages, quoi qu'il vous en ait averti. Il est blâmable que vous ayez laissé le marché se tenir le jour de la Toussaint..... Le premier devoir des magistrats est de faire respecter Dieu, surtout dans ce Royaume où la religion est si heureusement et si intimement liée avec la conservation de l'Etat ».

Requête du Curé de Ste-Foy le 25 octobre 1772 à l'Evêque d'Agen afin d'obtenir la translation de la fête de St-Martin au dimanche qui suit la dite fête. Le Curé de Ste-Foy et de Pineuilh, son annexe, expose que : « la Saint-Martin tombant le 11 novembre, temps où les semences ne sont pas encore achevées, ni les vins voiturés, la plupart des habitants de cette paroisse qui sont religionnaires, ne discontinuent dans ce saint jour les travaux de la campagne. Une telle conduite malheureusement que trop tolérée dans ce pays, ne contribue pas peu à faire perdre au petit nombre de catholiques qui sont mêlés parmi eux le soin qu'ils devraient avoir de sanctifier ce saint jour, et se livrant par ce pernicieux exemple à des occupations terrestres qui déshonorent la sainteté du jour et les détournent d'assister aux saints offices, tant pour ne pas déplaire aux protestants, qui sont les plus haut taillables dans cette paroisse, que pour trouver chez eux de quoi travailler afin de subsister avec leur famille. »

CHAPITRE IX

Sainte-Foy au xvie siècle

LE MARTYRE D'AYMOND DE LAVOYE (1542). — LES
EXCÈS CALVINISTES A SAINTE-FOY EN 1561. —
SAINTE-FOY VILLE D'ÉLECTION DES PROTESTANTS
DEVIENT COMME UNE « PETITE GENÈVE ». — LES
SYNODES DE 1561 - 1578 - 1597 ET 1600. — LE
ROI DE NAVARRE ET SA COUR A SAINTE-FOY. —
LE FUTUR HENRI IV AU CHATEAU DE MICHEL
MONTAIGNE EN 1584. — CONSTRUCTION DE LA
CITADELLE ET DU FORT DE COREILHES.

Le début et la fin du xvie siècle fut une
époque brillante à Ste-Foy.....

Ce siècle qui vit la Renaissance, débute sous les
plus favorables auspices — cinquante années de
paix à la suite de la bataille de Castillon qui met
le point final à la guerre de cent ans — et s'achève
sur ce chef-d'œuvre d'apaisement intérieur qui a
nom l'Edit de Nantes — qui réconcilie les fils du
même pays ; met un terme à cette sanglante et
douloureuse guerre fratricide entre catholiques et
protestants.

Nous devons à la vérité de dire que les dernières années du xvie siècle furent des plus brillantes. Il nous en est resté d'intéressants documents, de curieux monuments, sous forme de
maisons datées de cette époque donnant à
notre chère cité un cachet tout spécial de

richesse et de bien-être. Les constructions à pans de bois ; en colombages et à poutrelles apparentes ont vu les briques se substituer au torchis. Dès cette époque, la pierre, qui était presque exclusivement réservée au rez-de-chaussée, atteint les combles sous toitures. Aux fenêtres, les meneaux en pierre se substituent aux meneaux de bois dur, alors que la Renaissance met une touche discrète de délicatesse et de bon goût dans les moulures et l'ornementation.

Au paragraphe consacré à l'historique abrégé de la Réforme en France et à Sainte-Foy, nous avons indiqué l'essentiel de ce qu'il est utile de connaître pour comprendre le développement ultérieur du protestantisme. Des documents extraits tous des Archives Municipales de Ste-Foy sont venus renforcer notre démonstration.

Tels que nous les avons fournis, les documents municipaux — pour aussi intéressants qu'ils soient — ne donnent qu'une idée vaguement exacte de cette période troublée. Nous avons considéré de notre devoir de rechercher dans l'histoire d'autres documents sur Ste-Foy pendant les guerres civiles, dites de religion. Nous en avons cueilli une brassée que nous offrons à l'ardente curiosité de nos lecteurs pensant qu'ils les intéresseront au plus haut point.

Les références que nous pouvons fournir sont Théodore de Bèze dans son Histoire Ecclésiastique. Crespin et S. Goulart dans l'Histoire des martyres persécutés et mis à mort pour la vérité de l'Evangile. De Thou, Histoire universelle. Soulier, Histoire des Edits de pacification. D'Aubigné, Histoire universelle. Jurieu, Apologie pour la Réforme. Florimond de Raimond, Histoire de la naissance et des progrès de l'hérésie. Guinodie, Histoire de Libourne, etc... etc... etc...

En 1541-1542, c'est l'arrestation et le martyre d'Aymond de Lavoye, apôtre de la religion protestante à Ste-Foy, condamné à mort, étranglé et brûlé à Bordeaux pour délit d'opinion religieuse, considéré comme crime.

En 1561, les protestants de Ste-Foy, en proie à un véritable accès de démence religieuse, en pleine crise de folie furieuse mystique collective, commettent les pires excès. L'Église Notre-Dame est brûlée et démolie, les couvents sont détruits, les moines, très nombreux à cette époque — ne voit-on pas, en effet, un testament de Elie Lebreton, curé de St-Avit, réclamer, en 1444, aux Cordeliers de Ste-Foy, 40 religieux pour assister à ses obsèques — et les prêtres, lâchement assassinés... C'en est fait de la religion catholique dans la ville ruinée et en deuil ! Cette même année, les Consuls de la ville : Reclus, Villars, Bergen, Couzy et Leyrac, tous protestants, prêtent le serment habituel non plus sur le Te igitur, mais sur la Sainte Bible.

Le protestantisme vainqueur régna sur la ville et la juridiction, sans partage et sans contestation possible. Alors s'ouvrit, ainsi que nous l'avons dit, une période brillante pour Sainte-Foy en dépit d'inévitables remous — habituels et fréquents dans ces temps troublés — qui vinrent battre ses murailles. Nous citerons, pour mémoire le sac de la ville par le Capitaine Razac, des troupes de Blaise de Montluc, le 15 décembre 1563.

Nous ne savons si c'est à l'ardeur de nos concitoyens pour : « bouter dehors le papisme » que l'on doit la faveur dont jouit Sainte-Foy auprès des religionnaires. Quoiqu'il en soit, notre ville devint comme une petite Genève où communièrent dans la ferveur des synodes provinciaux les députés de la Religion Prétendue Réformée de Haute et Basse Guienne, voire même du Limousin. De nobles personnages passent et séjournent à Sainte-Foy. En 1562 c'est Jeanne d'Albret reine de Navarre en compagnie de Mme de Burie et de Symphorien de Durfort, seigneur de Duras et comte de Rauzan. — En 1577, c'est Henri, Roi de

Navarre. En 1584, c'est encore le Roi de Navarre et toute sa cour, qui profite de son séjour à Ste-Foy pour aller rendre visite au philosophe Montaigne. Le futur Henri IV se plait à Ste-Foy : la ville est charmante, la campagne plantureuse, la rivière mollement paresseuse s'étire entre des berges fleuries, les femmes sont coquettes et jolies. Tout est réuni pour le plaisir des sens. Celui que l'histoire a surnommé le : « Vert galant » affectionna particulièrement Ste-Foy et tint, à plusieurs reprises, à le lui manifester. C'est au Roi de Navarre que l'on doit la construction de la Citadelle et du Fort de Coreilhe dont les bastions flanquaient Ste-Foy au Nord-Est et au Nord-Ouest, sur la Dordogne. C'est à lui, également, que, d'après une tradition fidèlement conservée, on doit les tourelles d'angle de deux intéressants immeubles sur la Grand'Rue, preuve d'anoblissement de deux Consuls que le Roi de Navarre avait eu, particulièrement, en haute estime.

*
* *

A la fin de 1540 et au début de 1541 André Mélanton, Jean Carnin et Aymond de Lavoye vinrent, en Agenais, prêcher la doctrine de Luther et Calvin. L'un s'établit à Villeneuve, l'autre à Tonneins, le dernier à Ste-Foy.....

Les Parlements sévissaient vigoureusement et avec une implacable rigueur contre les hérésiarques, obligeant les prédicants et leurs fidèles de se cacher.

Aymond de Lavoye prêcha, tout d'abord, dans la cave du nommé Grenier, maître d'école. Les disciples accoururent en foule, obligeant le prédicant à changer de local pour exposer aux populations avides de l'entendre les beautés de l'*Institution Chrétienne* de Jean Calvin.

Le nombre des convertis augmenta dans de

grandes proportions et comme ils prenaient peu de précautions pour dissimuler leurs réunions, ils ne tardèrent pas à être dénoncés au Parlement de Bordeaux. La cour souveraine de Guienne décerna contre Aymond de Lavoye une peine de corps.

Le pasteur qui n'ignorait pas la férocité des Articles de l'Édit de Fontainebleau, prévenu à temps pour échapper à l'éxécution de l'arrêt qui le menaçait, refusa de s'éloigner. A ceux qui lui conseillaient la fuite, il répondit :

« J'aimerais mieux n'avoir jamais esté né que « de commettre telle lâcheté, car ce n'est point « l'office d'un bon pasteur de s'enfuir quand il « voit venir le danger, comme dit Notre Sei- « gneur : ainsi doit demeurer, afin que les brebis « ne soyent esgarées.

« Or, Notre Seigneur m'a donné la grâce de « vous avoir presché son évangile, et si mainte- « nant pour une tentation je m'en allay, on esti- « meroit que n'auray presché que fables, songes « et choses contre Dieu, vous laissant scanda- « lisez, et pourtant vous prie-je de ne me parler « plus de cela : car je sais les choses par moi pres- « chées estre vrayes ; pour lesquelles soustenir, « aidant le Seigneur, j'esposeray mon corps et « mon âme, et direz avec Saint-Paul, non seule- « ment je suis prest d'être lié en la ville de Bor- « deaux, mais aussi d'y mourir pour Christ. »

Ce beau langage fit une grande impression. Les consuls, dont plusieurs avaient déjà embrassé la nouvelle religion, firent la sourde oreille aux objurgations de la souveraine Cour de Bordeaux. Enfin, l'huissier chargé de conduire l'apôtre de la Réforme à la barre du Parlement arriva à Ste-Foy où il demeura trois jours entiers.

« Pendant ce temps, le dict Aymond de Lavoye « fit trois sermons auxquels il fit un sommaire de « toute la doctrine qu'il avoist preschée et pour « laquelle il étoit prest d'exposer mille vies si tant

« en avoit. Desquelles parolles, avec son inno-
« cence et zèle, plusieurs furent esmeus ; com-
« ment ? il est cauze que nous nous sommes reti-
« rez des jeux et des tavernes, et que plusieurs se
« sont retirez des méchancetez qu'ils avoient ac-
« coustumé de faire ; tellement qu'ils s'approchè-
« rent de l'huissier pour le délivrer de ses mains ;
« mais le di.t de Lavoye ne le voulut permettre
« criant : « Cessez mes frères et amis, n'empes-
« chez mon martyre, la volonté de Dieu est telle
« que je souffre pour lui, à laquelle il ne faut ré-
« sister. »

Les consuls prirent le prédicant sous leur protection et le firent conduire devant le Parlement
de Bordeaux. Il fut incarcéré, et, après neuf mois
de souffrances inouïes dans les cachots, son procès
instruit, il fut condamné à être étranglé et brûlé
Aymond de Lavoye, martyre de ses convictions
religieuses, mourut en 1542 avec une joie et une
sérénité effrayantes — qui produisirent sur les
témoins et sur ses fidèles de Ste-Foy une impression profonde et durable.

C'est un fait historique bien connu — qui
n'a laissé indifférent aucun de ceux qui se
sont occupé des origines des religions — que
cette soif du martyre et ce courage devant la
mort (aussi horrible soit-elle) qui animent les néophytes et les font voler aux supplices. Les persécutions religieuses ont produit, toujours, le résultat absolument opposé à celui que souhaitaient
leurs auteurs..... Le martyre des premiers chré-
tiens, les supplices des protestants furent cause de
l'extraordinaire développement de ces religions...
Un remarquable écrivain catholique a lumineusement dépeint cette *joie de mourir* qui animait en
France les religionnaires du XVIe siècle...: « Ils
invoquent la force de Dieu pour soutenir leurs
âmes, et la parole de Dieu pour étayer leurs arguments ; on les sent se retrancher derrière Dieu ;
sur leurs lèvres mourantes qu'enveloppe déjà la

fumée du bûcher, flamboient encore — à moins qu'on ne leur ait coupé la langue — quelques centons de la parole divine. Où bien ce sont les psaumes qu'ils entonnent, les psaumes traduits par Marot et mis en musique par un Parisien réfugié à Genève, Louis Bourgeois. Leur joie de mourir a quelque chose d'aristocratique ; c'est la joie, difficile à savourer humblement, d'avoir été désigné par Dieu pour appartenir au peuple élu. Mme de Graveron, inculpée dans l'affaire de la rue St-Jacques, quitte ses habits de veuve pour s'en aller mourir place Maubert : il lui faut « un chapeau et autre accoutrement de joie » pour être jointe à son époux Jésus-Christ. »

Cette joie, telle qu'elle est, est une grande puissance : elle aide à bien mourir. Certains spectateurs sont bouleversés : Jean Crespin, le jeune jurisconsulte d'Arras, qui se fera comme le protonotaire des « martyrs » se souviendra toujours, d'avoir vu à Paris, « la mort très heureuse du jeune orfèvre Claude Lapointe, laquelle en confirma plusieurs qui avaient quelque sentiment de la vérité, de laquelle le Seigneur rendait devant nos yeux en la personne de Claude un vif témoignage ». L'Agenais Florimond de Raimond n'oubliera jamais le supplice d'Anne de Bourg, et plus tard, « retiré de la gueule de l'hérésie » il déclarera que certains bûchers « faisaient plus de mal que cent ministres ».

*
* *

Le martyre d'Aymond de Lavoye excita le zèle pieux des protestants de Ste-Foy dont le prosélytisme ne connut plus de bornes... Toutefois, les religionnaires mirent un peu plus de discrétion dans la propagation de la doctrine nouvelle afin d'éviter d'attirer sur eux les foudres de la répression.

Nous avons dit que plusieurs consuls avaient embrassé le protestantisme ; ils tinrent à honneur de faciliter le développement de la religion nouvelle en employant une méthode qui aurait fait envie au parti des « politiques ». D'un côté, ils endormaient la vigilance des autorités supérieures chargées de surveiller les progrès de la Réforme et d'y mettre fin. — C'est ainsi qu'on les vit en 1556 désigner un prédicateur pour faire entendre la parole de Dieu à l'Eglise Notre-Dame pendant les avents de Noël, le Carême, Pâques ; et enregistrer, sans sourciller, l'arrêt du Parlement de Bordeaux rendu le 30 avril à l'instigation de l'archevêque François de Maury interdisant, sous peine de la hart, de chanter en français les Psaumes de David, traduits par Clément Marot. — D'autre part, une habile propagande qu'ils encourageaient lorsqu'ils ne la faisait pas eux-mêmes, assurait à la religion protestante des adeptes fidèles et convaincus dont le nombre ne cessait de croître d'année en année.

Les catholiques voyaient déserter l'église et s'en affligeaient. Le Prieur se plaignait amèrement aux Consuls que le prédicateur que l'on avait fait venir parlait devant infiniment peu de fidèles et qu'on « ne tenoit compte à l'aller ouyr ».

Ce qui se passait à Ste-Foy avait lieu dans toute la France à cette époque. On sentait l'hérésie monter, on parlait d'assemblées secrètes « qui se faisaient jour et nuit ». Dès 1556 comme à Paris il y avait une église réformée… « Eglise toujours incertaine de ses destinées, mais jamais lassée de ses épreuves, traquée de près par la police du roi, mais protégée par d'influents personnages en place. »

Un arrêt du Parlement de Bordeaux, rendu à la requête du Procureur du Roi, portait en 1558 que : « les consuls (de Ste-Foy) feroyent informer par commissaire depputé sur le crisme de hérésye que ledit procureur prétend charger les habitants de ladite ville, ce qui auroyt été faict à grands fraix ». L'année suivante, le 4 octobre, il est décidé à l'Hôtel de Ville qu'une délégation sera envoyée au Conseil pour obtenir confirmation des privilèges, la suppression des lettres du capitaine..... et que le Parlement ne puisse « cognoistre sur les habitanz de la dite ville cez matières de hérésie, esquelles la dite cour journellement les molestent ».

Le ton des consuls, ainsi qu'on en peut juger, devient de jour en jour plus hautain. Le vertige du succès trouble, semble-t-il, le clair jugement de ceux à qui sont confiées les destinées de la cité. La population de Ste-Foy, pleine de qualités d'ordre, de travail et d'économie — un tantinet frondeuse — se partage en deux camps d'inégale importance numérique au début, mais pareillement attachés à ses dogmes. A l'union des âmes et des cœurs qui faisait la richesse et la force du pays, vient se substituer une douloureuse situation faite de méfiance, de suspicion et bientôt de haine. La misère s'accroît. Du haut de la chaire, dans l'église aux trois-quarts vide de ses fidèles, les prêtres fulminent contre la nouvelle religion. Le nombre des nouveaux convertis augmente graduellement avec une implacable régularité.......

Il semble que cette conquête pacifique de Ste-Foy doit se faire, ainsi que l'eût voulu Aymond de Lavoye, par la force du raisonnement, par la vertu du sacrifice, et l'exemple de la charité ; par l'apostolat du dévouement et la ferveur de la prière.......

Nous nous sommes inclinés très bas devant Aymond de Lavoye, apôtre et martyre de sa foi religieuse, nous trouvons odieux l'assassinat des prêtres et des Cordeliers de Ste-Foy en 1561 par les protestants de la ville.

La foule a des angoisses d'enfant, elle a aussi des férocités de fauve, a écrit Jules Claretie, pensais-je, en feuilletant les pages douloureuses qui relatent les tragiques incidents qui se déroulèrent à Ste-Foy en 1561 et que, d'après le livre de Soulier : « Histoire des Édits de Pacification » publié en 1682, nous portons, à notre tour, à la connaissance de nos lecteurs.

......« Les habitants convoquèrent une assemblée générale dans la maison consulaire (1561) pour y résoudre le parti qu'on devait prendre, et il fut dit et conclu, par la pluralité des voix, que tout le monde suivrait la religion qui avait été preschée par le prédicant (Aymond de Lavoye) et qu'on bannirait l'ancienne ; et, sans perdre de temps, ils se rendirent dans l'église Notre-Dame, brisèrent les images, renversèrent tous les autels, et tuèrent ou chassèrent tous les prêtres qui ne voulurent pas faire comme eux. Ils se rendirent aux Cordeliers, après cette expédition, pour en faire autant de leur église. Quelques-uns, pour ne pas s'exposer à la violence de ce peuple, se marièrent sur le champ ; mais le gardien et deux des religieux étant fermes, on les fit monter sur le clocher de la paroisse d'où ils furent précipités sur le pavé.

Il ne restait plus qu'un vieil homme qui ne laissait pas d'aller tous les matins faire sa prière dans cette église désolée qui était, comme j'ai dit, sans prêtres, sans autel et sans sacrifice. Ces nouveaux réformateurs n'ayant pu vaincre la constance de ce vieillard, prirent le parti de l'assommer en sortant de l'église, et ne lui donnèrent de loisir que pour se mettre à genoux au milieu de la rue pour rendre grâce à Jésus-Christ, comme un autre St-Étienne, de ce qu'il mourait pour son nom. Cette délibération populaire a subsisté dans les registres de la maison de ville pendant près de cent ans, jusqu'à ce que les protestants réformés de Ste-Foy ayant eu honte de la manière que leurs pères se sont séparés de l'Eglise, l'en arrachèrent, il y a environ 25 ans (vers 1656) ; mais la mémoire en est encore si récente dans le pays que je n'appréhende pas qu'ils en disconviennent ».

*
* *

En 1561, un synode se tint à Ste-Foy. Les religionnaires de la Haute-Guienne et ceux du Limousin y envoyèrent des députés qui réunis à ceux de la Basse Guyenne décidèrent d'élire deux chefs généraux auxquels on donnerait le nom de protecteur. Ces protecteurs — qui n'eurent aucune espèce d'influence — étaient chargés de la défense de leurs commettants auprès du Parlement de Toulouse et de Bordeaux. On sait que ces Cours souveraines étaient d'une extraordinaire sévérité contre les protestants.

Dans une des salles de la maison des Templiers se tint, en 1578, un autre synode où Henri de Bourbon fut représenté par le vicomte de Turenne. On convint de nommer des députés à l'assemblée générale des Protestants à Francfort dont l'objet était de réunir les calvinistes et les luthériens.

Dans les premiers jours de l'année 1597 les protestants des villes et communautés de France se réunissaient à Saumur pour supplier le Roi de leur accorder les grâces dont ils avaient le plus impérieux besoin.

C'est encore à Ste-Foy que se réunit la noblesse protestante de Guyenne où le sieur Decazes fut délégué par l'assemblée de Saumur afin de s'entendre avec les religionnaires de Ste-Foy pour la rédaction de cahier de doléances à présenter au Grand Conseil de sa Majesté.

Apès la publication de l'édit de Nantes en 1598, en conformité de l'article 31, le 1ᵉʳ mars de l'année 1600, à Ste-Foy, un grand nombre de ministres protestants et autres personnages de qualité du tiers-état, de la même religion se réunirent sous la présidence de la Tour d'Auvergne, duc de Bouillon, pour la nomination d'un président, de six conseillers et d'un avocat du Roi, afin de former la chambre du Parlement, connue sous le nom de Chambre de l'Edit.

*
* *

Le 23 juin 1562, Jeanne d'Albret arrive à Ste-Foy. Elle est accompagnée de Madame de Burie, femme du lieutenant du Roi de France et de Messire Symphorien de Durfort, seigneur de Duras. Les consuls lui firent un accueil flatteur et la population la gratifia d'acclamations chaleureuses.

Le 19 août 1577, Henri de Navarre vint à Ste-Foy qu'il affectionnait particulièrement. A son entrée dans la ville pavoisée, les consuls l'accueillirent à la Porte Perrine et lui présentèrent les clefs qu'il daigna accepter. La municipalité lui offrit : « un cadeau de présent convenable à son rang ».

Il partit le lendemain pour Bordeaux et de là pour Brouage — dont le Duc de Mayenne faisait le siège — non sans avoir laissé 200 livres aux consuls, ce qui leur fit le plus grand plaisir et une garnison de cinquante soldats, ce qui ne leur plut que très médiocrement.

Le Roi de Navarre — le futur Henri IV — considérait Ste-Foy comme une place de sûreté sur la route de Coutras à Montauban.

Henri de Navarre y passa près de trois semaines avec toute sa cour. Il profita du voisinage du château de St-Michel dans la juridiction de Montravel, où résidait le philosophe Michel Eyqueur de Montaigne pour l'aller visiter.

L'aimable philosophe, le génial auteur des « Essais » prolongeait son séjour dans le manoir familial attendant la venue d'Henri de Bourbon et Navarre, au point que les jurats de Bordeaux

— dont il était maire — inquiets de la longueur de son absence le pressèrent par lettre de leur revenir.

Montaigne leur répondit le 10 décembre 1584.

« Messieurs, j'ay receu vostre lettre et verray
« de vous aller trouver le plus tot que je pour-
« ray. Toute cette cour de Saincte-Foy est sur
« mes bras et se sont assignés de me venir voir
« Cela faiet jé seray en plus de liberté. Je vous
« envoie les lettres de M. de Vallée sur quoy vous
« vous pourrez résoudre, ma présence n'y appor-
« teroit rien que de l'embarras et incertitude de
« mon choix et oppinion en ceste chose... »

Dans ses documents inédits sur Michel Montaigne, J.-F. Payen en 1855 a relevé cette note du philosophe se rapportant à la visite du futur monarque :

« Le 19 décembre, le roi de Navarre me vint
« voir à Montaigne, où il n'auroit jamais esté, et
« fut deux jours servis de mes ians sans aucun
« de ses officiers, il ne souffrit ni essay ni cou-
« vert, et dormit dans mon lit. Il avait avec lui
« Messieurs le Prince de Condé, de Rohan, de Tu-
« renne, de Rieus, de Béthune, et son frère de la
« Boulacé d'Esternay, de Harcourt, de Montat-
« terre..... au partir de céans, lui fis eslancer
« un cerf en ma forest, qui le promena deux
« jours ».

Au retour de Michel Montaigne, le Roi et sa Cour retournèrent à Ste-Foy.

S'il était besoin de donner d'autres preuves de l'attachement du Roi de Navarre pour Ste-Foy, nous les trouverions dans les faits suivants qui montrent l'importance qu'attachait Henri de Bourbon à la possession de notre chère cité.

Le roi de Navarre invite par lettres les Foyens à
« faire bonne et sûre garde pour obvier aux surpri-
« ses que pourroient faire ceux qui ont esmus les
« rumeurs esquelles nous sommes. » Les fortifica-

tions qui tombaient en ruines sont relevées ; les portes de la ville doublées de défenses accessoires. Jean Favas, seigneur d'Arriès, de Castets-en-Dorthe, gouverneur d'Albret, est envoyé à Ste-Foy par le Roi de Navarre pour stimuler le zèle des habitants de la ville. Aux consuls reunis en jurade il expose que « pour obvier aux entreprises machinations et complots, que les ennemis de c'est estat et couronne de France, du Roy et repos public, dressent pendant ces rumeurs le dit seigneur, Roy de Navarre, désirant le bien, advencement et conservation de cette présente ville, pour y résister aux dits ennemis, veult et entend qu'il soit mis impôts sur la dite ville, le fort portant le faible ; certaine caultilhé, salpestre, sousfré, plomb, corde à feu, et autres munitions de guerre ; et en oultre, qu'il est besoing et nécessaire travailler aux fortifications de la présente ville, et, pour ce faire, y avoir manœuvrer journellement par les susdits ; et autres habitans de la dite ville soient cothisés et mis chacun jour pour cent manœuvres qui travailleront pendant un ou deux mois aux ditte fortifications, puis le matin, jusqu'au soir de chescun des dits jours » (1).

C'est durant cette période que furent construits les ouvrages fortifiés flanquant la ville de Ste-Foy à l'est et à l'ouest sur la Dordogne, la rendant très forte ainsi qu'on s'en convaincra par le plan ci-contre d'après Léo Drouyn.

Au nord-est des murailles, ce fut la citadelle dont une partie était dans le quartier d'Imbert et renfermait la Porte des Frères ou de Bergerac et les murs de ville jusqu'à la rivière. Son bastion avancé était baigné à l'est par le ruisseau du Rance et au nord par la Dordogne.

Au nord-ouest de la ville, baigné par le ruisseau le Veneyrol et la rivière s'élevait le fort de Coreilhe avec ses quatre bastions.

---

(1) Arch. de Ste-Foy - Délib. des 14 mars et 1ᵉʳ avril 1585.

Voici donc Ste-Foy transformée en place forte et abondamment approvisionnée de denrées et de munitions de toutes sortes. Il ne lui manque plus qu'un gouverneur. C'est à cela que pourvoit Henri de Navarre par une lettre datée du 18 août 1585 de Montauban, par laquelle il désigne son propre conseiller et chambellan le sieur de Chouppes, comme son représentant et lui donne pleins pouvoirs pour assurer la défense et sûreté de la ville.

CHAPITRE X

Sainte-Foy sous le Roi Louis XIII

Louis XIII a Sainte-Foy en 1621 et 1622. — Le marquis de la Force gouverneur de Sainte-Foy. — L'entrevue du Chateau de la Beauze. — Investissement de Sainte-Foy par les troupes catholiques. — Capitulation de la ville. — Entrée de Louis XIII a Sainte-Foy le 26 mai 1622. — Le duc d'Epernon et l'administration de la ville par ceux de la R. P. R. — La jurade de 1633. — Nomenclature des consuls de 1611 a 1699.

Le Roi Louis XIII, se rendant au siège de Montauban, coucha à Ste-Foy le 11 juillet 1621 d'où il partit pour Bergerac. L'année suivante, le soulèvement des protestants ramena Louis XIII dans la Guyenne. Après le siège et prise de Royan, le Roi passa par Libourne, St-Emilion et Castillon. Le marquis de La Force qui incarnait l'âme de la résistance défendait Ste-Foy. Sur les instances de d'Andrault, conseiller au Parlement de Bordeaux, et de Loménie, comte de Brienne, secrétaire d'Etat — après l'entrevue infructueuse du château de la Beauze dans la paroisse des Lèves — le marquis et les consuls de Ste-Foy se rendirent aux arguments des négociateurs de Sa Majesté. Ils capitulèrent honorablement pour éviter à la ville les horreurs d'un siège et les atrocités de l'assaut. Le maréchal de Bassompierre entra dans Ste-Foy le 25 mai ; le Roi, le lendemain. Il y

resta le jour suivant jour de la Fête-Dieu, assista
à la messe dans l'église Notre-Dame ruinée en
1561, communia et suivit la procession. Il partit
pour Bergerac le 28 mai 1622.

Le séjour, pour aussi court qu'il fut, de Louis
XIII à Ste-Foy, méritait un développement plus
démonstratif que la banale mention d'une date,
surtout dans les circonstances troublées où elle
se produisit. Après 1622, c'est une période de dé-
tente générale et de mieux-être dans une paix
suffisante et juste, en dépit des tracasseries du
duc d'Epernon qui s'ingénie — par ses inoppor-
tunes interventions — à fausser le bon fonctionnement des élections des consuls à la direction
des affaires de la cité. Ce « *dépassement* » de pouvoirs ne va pas sans de véhémentes protestations
du corps de ville où s'affrontent encore, inapai-
sés, catholiques et protestants.

Enfin, le chapitre s'achève par la nomenclature
des Consuls de Ste-Foy, avec leur date d'élection
de 1621 à 1699.

*
* *

L'armée royale qui avait été défaite devant
Montauban, leva le siège de cette ville. Cet échec
rendit un peu d'espoir aux protestants du Midi !...
Nos concitoyens, Charles de Rochefort de St-An-
gel, marquis de Théobon, leur gouverneur, en
tête, se rebellèrent contre l'autorité chancelante
du Roi et s'adressèrent à La Rochelle où se trouvaient les délégués à l'Assemblée Générale des
Protestants, siégeant en permanence, pour solli-
citer le prompt retour de leurs protecteurs et députés, le fils du marquis de Laforce, Henri Nom-
par de Caumont, marquis de Castelneau et Jean
de Caumont, marquis de Monpouillan.

A peine rendus à Ste-Foy, ils remportèrent,
avec les milices locales, une brillante victoire sur

les gens d'armes du connétable de Luynes, à Gontaut.

La trahison d'Armand d'Escodeca de Boesse Mirambeau Pardaillan livrant, moyennant espèces sonnantes, Monhur qu'il devait défendre, aux officiers du Roi jette une légitime suspicion sur le gouverneur de Ste-Foy son beau-frère. La preuve de collusion est fournie par une lettre de Mirambeau — servant sous les ordres du duc d'Elbeuf — à son beau-frère, l'engageant à livrer la ville. Cette lettre tombe aux mains des consuls de Ste-Foy qui chassent le marquis de Théobon. Ils appellent pour le remplacer le marquis de La Force.

Cette année de 1622 est fertile en incidents de toutes sortes. La guerre civile poursuit ses ravages, accumule les ruines et les deuils dans notre pays......

Le Roi décide de mettre fin à l'anarchie. A la tête de la chevalerie la plus illustre, suivi d'une formidable armée, Louis XIII se met en route de Paris, passe à l'île de Ré où il défait le duc de Soubise et se couvre de gloire au siège de Royan. L'armée royale qui s'avance dans la Guyenne veut entrer en jonction avec les troupes du duc d'Elbeuf et du maréchal de Thémines qui remportent en Basse-Guienne, sur les religionnaires, des succès marqués..... Le marquis de La Force, qui a rallié Ste-Foy, devient l'âme de la résistance.

Nous empruntons à Guinodie, en les condensant, les curieux renseignements suivants qui éclairent d'un jour nouveau les tractations qui présidèrent à la reddition de Ste-Foy et permirent l'entrée de Louis XIII dans la ville de 26 mai 1622.

Le sieur d'Andrault, conseiller au Parlement de Bordeaux et la Ville-aux-Clercs, Henri Auguste de Loménie, plus connu sous le nom de comte de Brienne secrétaire d'Etat, s'entremirent auprès du marquis de La Force, au nom de Sa Majesté, pour convenir d'un accomodement au sujet de

Ste-Foy. Le marquis assigne le château de la Beauze, dans la paroisse des Lèves, à la Ville-aux-Clercs, pour entendre ses propositions.

Le jour convenu La Force arrive à la Bauze accompagné des consuls de Ste-Foy et des notables de la juridiction. Le secrétaire d'Etat commença par parler des intérêts privés du marquis de La Force, celui-ci le pria de s'occuper d'abord des intérêts publics et lui tint ce beau langage :

« Qu'il plaise au Roi d'avoir pitié de son pau-
« vre peuple et de donner la paix à ses sujets de
« la religion qui ne respirent que l'obéissance très
« humble qu'ils lui doivent.

...« Ceux qui ont fait profession de la religion
« en cette province ont fait élection de moi pour
« les assister, je ne les abandonnerai jamais et
« particulièrement cette ville de Ste-Foy. »

La Ville-aux-Clercs répondit au marquis de La Force que le Roi, son maître, lui accorderait bien ce qu'il sollicitait pour Ste-Foy, mais qu'il doutait fort qu'il veuille l'accorder à toute la province.....

« S'il en est ainsi, repartit le marquis, je puis me retirer, car je ne les laisserai point étant résolu de mourir avec eux. »

Il ne sortit rien de l'entrevue de ce jour. Les hostilités reprirent de plus belle. Le prince de Condé et le duc d'Elbeuf s'approchèrent de Ste-Foy. La garnison de la ville sortit pour escarmoucher, laissant sur les remparts les personnes inutiles, et même les femmes armées, pour faire croire aux assiégeants qu'ils avaient affaire à forte partie. La mêlée fut âpre. Les Foyens firent des prouesses de courage, culbutèrent les soldats du Roi, tuèrent plus de 200 hommes d'un régiment de gardes envoyé à la rescousse et ne retraitèrent à l'abri des murailles que devant d'énormes renforts envoyés en toute hâte.

Cette victoire n'eut pas de lendemain. Les renforts qu'attendaient La Force et les Consuls n'arrivèrent point. Le marquis de Castelneau, les seigneurs de Bourzolles et de Beynac ne purent se jeter dans la ville étroitement investie. Déjà le prince de Condé s'est emparé des maisons de Port-Ste-Foy sur la rive droite de la Dordogne, où deux compagnies d'hommes d'armes de Ste-Foy lui tiennent vigoureusement tête. La Ville-aux-Clercs arriva en parlementaire. Le marquis le La Force cloué sur son lit par une fièvre maligne donna tous pouvoirs et facilités aux Consuls de traiter. Ils s'y résolurent — d'autant mieux que l'armée du Roi s'approchait — en dépit des rodomontades de fanatiques parlant de résister jusqu'à la mort. La raison l'emporta sur la passion. Il fut convenu que la ville demeurerait dans son entier avec toutes ses vieilles fortifications. Le roi se contenterait, seulement de la démolition des nouvelles. Il fut décidé qu'il n'y serait fait ni citadelle ni réduit. Le Roi donnerait abolition générale à tous ceux qui avaient assisté le sieur de La Force qu'ils ne pourraient être recherchés de nulle sorte de crimes advenus du fait de guerre.

Cette capitulation honorable et opportune sauva Ste-Foy de la ruine et des horreurs de la guerre avec son cortège de vols, viols, pillages, et incendies.....

Au camp du Roi, dressé aux portes de la ville, une députation de la commune et de la noblesse de la juridiction, à la tête de laquelle les Consuls en robe et chaperon figuraient, vinrent prêter serment de fidélité au Roi qui leur accorda la grâce du pardon.

Le 25 mai 1622, le maréchal de Bassompierre prit ses quartiers dans Ste-Foy pour faire évacuer la garnison et installer à sa place des gardes Françaises et gardes Suisses du Roi.

Le lendemain 26 mai 1622, Louis XIII entra dans la ville pavoisée. Les Consuls firent la révérence au roi et la population l'accueillit chaleureusement. Le duc d'Elbeuf présenta au Roi treize drapeaux et la cornette de La Force, pris jadis sur les rebelles dans plusieurs combats. L'Eglise Notre-Dame ruinée depuis 1561 avait vu une partie de ses matériaux servir aux réparations des murailles. Le sanctuaire était abandonné. Le Roi ordonna d'en sanctifier les restes et de les tendre de tapisseries pour célébrer la messe.

Le jour suivant, 27 mai 1622, jour de la Fête-Dieu, Louis XIII assista à la messe, communia avec ferveur et suivit la procession avec tant de dévotion, a écrit Dupleix, que les religionnaires admirèrent autant l'exemple de la piété que les sacrées cérémonies de l'Eglise. Il ajoute : « que le « peuple criant vive le roi ! ainsi qu'il passait « après le Saint-Sacrement, Sa Majesté lui com- « manda le silence disant que les honneurs des « princes de la terre doivent cesser en la présence « du Roi du Ciel et rédempteur de tout le monde ».

Louis XIII donna à La Force le bâton de maréchal de France, lui fit prêter serment, lui compta 200.000 écus de récompense pour les charges dont il l'avait privé et partit de Ste-Foy le 28 mai 1622 y laissant de Beaumont avec son régiment et d'Andrault, conseiller au Parlement de Bordeaux, pour veiller à la démolition des fortifications nouvelles.

*
* *

Le 1er janvier 1626 il est donné lecture, en Jurade, d'une lettre du duc d'Epernon, au sujet de noms qui lui ont été soumis pour l'élection des consuls. Le duc d'Epernon écrit :

« N'y ayant point trouvé dans la dite lettre aucuns de catholiques, comme l'intention de Sa Majesté est que les dictes charges de consulz soient également partagée entre iceux et ceux de la religion prétendue réformée, je me suis résolu d'y pourvoir ».

Suivant la volonté du duc d'Epernon, le sieur de Bonnières, 1er consul, est continué dans ses fonctions et le sieur Bourg, de St-Quentin et Mathias Cellérier sont nommés consuls.

Le 16 novembre 1630, le même duc d'Epernon au pied d'une requête que lui ont adressés les consuls de Ste-Foy, ordonne qu'à l'avenir :

« Les consuls et jurats catholicques prandront leur rang et scéance, aux assemblées quiz se feront pour le service du Roy et les affaires du public, à la main droicte et ceux de la Religion prétandue réformée à la main gauche ; que les voix et oppinions se recuilhiront alternativement d'une part et d'autre, commançant à la droite et puis à la gauche, et ainsi subcécutivement, et que les députations qu'il conviendra faire cy-après seront composées esgallement de personnes de l'une et l'autre religion.

Les titres et papiers seront ostés du temple et transportés au lieu où se tient le greffe de la dite ville en attandant que la maison commune soict acommodée.

A l'advenir, la jurade sera compousée esgallement de personne de l'une et l'autre religion et à déffaut de catholicques dans la ville on pourra en prandre de la jurisdiction et même des escléziastiques, s'il est besoing. »

La jurade pour l'année 1633 est composée comme suit :

Nom des *Jurats catholiques* :

MM. Joëli, curé de la ville,
de Gast, curé de St-Félix (pour St-Philippe),
Couchou, curé de St-Quentin,
Testet, curé de Thoumeyragues,
Bastie, curé de Ligueux.
Gourd, ancien consul,
Duseuil,
Jacques de Labat,
Pierre Auberon, notaire royal,
Jean Deschamps,

Nom des *Jurats protestants :*
Jean Danglade, médecin.
Etienne Favereau,
Mathieu Cellérier,
Jean Boulongue,
Elie Fargues,
Jean Cappelle,
Pierre Rigaud,
Etienne Lalande,
Charles Lagrange,
Jacques Couthou.

Une ordonnance du duc d'Epernon le 10 janvier 1635 désigne comme consuls :

Elie de Bonneau, écuyer sieur de Caliade, Arnaud Combabessouze et Michel Monraigne *pour tenir le rang des catholiques* et Jean Mestre et Jean Vidal sieur de Bouzely du *parti des protestants.* Le sieur Labat, catholique, est maintenu dans ses fonctions. L'ordonnance porte que dans l'avenir, les consuls ne seront plus que 4 catholiques et 2 protestants. Il est, de plus, interdit à ceux de la R. P. R. de tenir des écoles publiques dans la ville ; les dites écoles devront être tenues par des catholiques qui recevront les gages attribués, auparavant, à ceux de la Religion.

L'ordonnance du duc d'Epernon en date du 16 novembre 1630 interprétée non dans son esprit, mais à la lettre, amena de criants abus qui nécessitèrent le voyage à Cadillac, auprès du duc d'Epernon, des sieurs de Bonnières et de Lalande pour le mettre au courant de difficultés qu'entraînait la présence des ecclésiastiques au sein de la Jurade.

« Le dict seigneur (d'Epernon) reconnaissoit avoir rendu une ordonnnace qui pourtoict qu'à déffaud de catholicques on y pourroict appeler des escléjiastiques, subcidièrement, mais que pourtant, il n'avoict jamais entandu ny n'entendoict qu'ilz fussent juratz ny heussent de voix délibératifves dans la jurade, ny qu'ils s'y mes-

lassent des affaires politiques de la dicte communauté, sachant bien que cella estoit incompatible
à leurs charges ».

Concluerons-nous que du fait de la présence de
consuls catholiques et protestants la plus parfaite
harmonie régnait au sein de la jurade ? Il paraît
que sous des dehors de politesse exquise et de
prévenante urbanité les uns et les autres restaient
sur une réserve que des lustres de haine et de
persécutions muait en une froideur un peu hau-
taine et un tantinet dédaigneuse. Les uns et les
autres défendaient farouchement leurs droits et
privilèges respectifs que de futiles incidents ou de
simples droits de préséance venaient encore enve-
nimer, sans grand dommage, avouons-le, pour la
collectivité. Il semble que la devise des élus de
1568 de « *gouverner au mieux la reppublicque de
la présent ville* » fut celle des jurades Foyennes
dans la suite des temps.

Le 9 août 1659, les consuls décident en Jurade
d'envoyer une députation vers le duc d'Anjou et
le prince de Conti qui doivent arriver à Bordeaux.

« Les jurats et consuls de la R. P. R. consen-
tent à ce que le sieur Griffon, catholique, porte la
parolle et ce, sans tirer à conséquense, et sans
préjudice à eux de porter la parolle à leur tour en
pareilles occazions, attandu que ledit sieur Griffon, catholique, porta la parole à Son Eminence
puis peu de jours en ça. »

*

* *

En 1621 :
Le premier janvier, élection de Simon Cellérier,
Jean Berjon et Jacques Coustut comme consuls.
En 1622 :
Mathieu de Lacoste, Jacques Dupuy et Elie
Faure.

En 1623 :

Etienne Fauveau et Pierre Grenier. L'élection du 3ᵉ consul est différée jusqu'à ce que l'on connaisse l'avis du duc d'Epernon. Le 11 mars, seulement, de la même année, prestation de serment par Henry de Bonnières, écuyer, désigné par Monsieur le duc d'Epernon pour exercer la charge de 1ᵉʳ consul qui, suivant la volonté du Roi, doit être de la religion catholique.

En 1624 :

Election comme Consuls de Jacques de Villars, Isaac Gaussen et Pierre Seppe.

En 1625 :

Le duc d'Epernon, au sujet des noms qui lui ont été soumis pour l'élection des Consuls, écrit à la Communauté : « N'y ayant point trouvé dans la dite liste, aucuns de catholiques, comme l'intantion de Sa Majesté est que lesdictes charges de consulz soient également partagées entr'eux et ceux de la Religion Prétandue Réformée, je me suis résolu d'y pourvoir. »

Suivant la volonté du duc d'Epernon le sieur de Bonnières, 1ᵉʳ consul, est continué dans ses fonctions et les sieurs Bourg, de St-Quentin, et Mathias Cellérier sont nommés consuls.

Le 1ᵉʳ janvier 1626 :

Election d'Etienne Vidal, Jean Maumon, et Pierre Rigaud, comme Consuls, conformément à la désignation faite par le duc d'Epernon.

En 1627 :

Suivant les ordres du duc d'Epenon, le sieur de Bonnières est maintenu comme 1ᵉʳ consul et Pierre Gaussen et Simon de Geymond sont nommés consuls.

En 1628 :

Election d'Etienne Fauveau, Jacques Dupuy et Etienne Gombauld.

En 1629 :

Election d'Etienne Lalande comme consul ; les

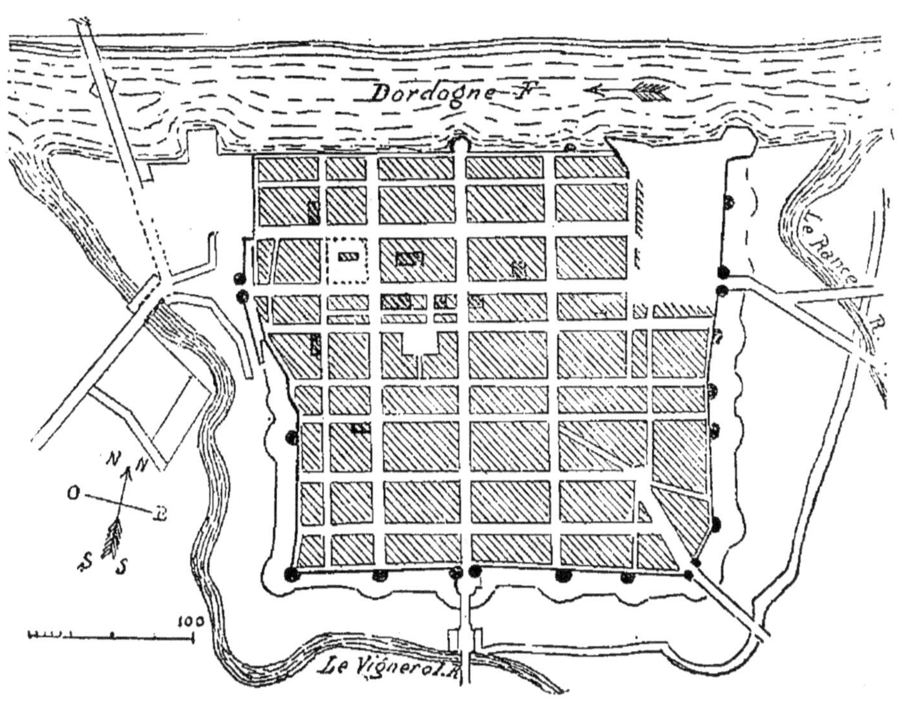

Un plan de Ste-Foy au XVIe siècle

d'après Léo DROUYN

autres restant en charge d'après les instructions du duc d'Epernon.

En 1630 :

Le 11 janvier, élections de Jean Luquet et Simon Mestre comme consuls.

En 1632 :

Le premier janvier, Réception de Jean de Gonnet, écuyer, sieur de La Bruleraye, Michel Mouragne, avocat, Arnaud de Combabessouze, Pierre Grenier, avocat, Jean Maulmond et Michel Gentillot comme consuls.

En 1633 :

Réception comme consuls des sieurs de la Cailhade, Elie Faure, docteur en médecine, et Paul Sionnet, conformément à l'ordonnance du duc d'Epernon. En cette année, les jurats catholiques sont MM. Joëli, curé de la ville, de Gast, curé, de St-Quentin, Testet, curé de Thoumeyragues, Bastie, curé de St-André, Deschamps, curé de Ligueux, Gourd, ancien consul, Duseuil, Jacques de Labat, Pierre Aubéron, notaire royal, et Jean Deschamps. Les jurats protestants sont Pierre Grenier et Michel Gentillot, anciens consuls, Jean Danglade, médecin, Etienne Fauveau, Matthieu Cellérier, Jean Boulongue, Elie Fargues, Jean Cappelle, Pierre Rigaud, Etienne Lalande, Charles Lagrange, et Jacques Couthou.

En 1634 :

Election d'Etienne de Gombaut, Jacques de Labat, procureur d'office du Fleix, et Jean Mestre comme consuls.

En 1635 :

Le 10 janvier, ordonnance du duc d'Epernon désignant Elie de Bonneau, écuyer, sieur de Caliade, Arnaud Combabessouze et Michel Mouraigne comme consuls pour tenir le rang des catholiques. Jean Mestre et Jean Vidal seigneur de Bouzely, du parti des protestants.

Le sieur Labat, catholique, est maintenu dans ses fonctions.

L'ordonnance du duc d'Epernon porte qu'à l'avenir les consuls ne seront plus que 4 catholiques et 2 protestants.

En 1636 :
Réception de Pierre Jauge et de Bernard Gay comme consuls.

En 1638 :
Le 3 janvier, ordonnance du duc d'Epernon maintenant le sieur de Périgord dans ses fonctions de 1er Consul et désignant comme consuls Arnaud de Combabessouze, Dalesme, Paul Syonnet et Benoist.

En 1640 :
Réception de Jean Boulongue, Jean Bricheau et Jean Bellet comme consuls.

En 1643 :
Le 8 février, après de multiples contestations sont élus Jean Bellet, François Thomas et Jean Bricheau comme consuls.

En 1644 :
Réception comme consuls, suivant les ordres de Monseigneur le duc d'Epernon, des sieurs Laroche-Saugeron, Jean Bellet, François Thoumas, Etienne de Gombaud et Jean Lafaye.

En 1645 :
Réception de Michel Mouraigne, avocat au Parlement, Nicolas Garente sieur de La Garenne, et Jean Pilloret comme consuls.

En 1647 :
Pierre Nadal, écuyer, sieur du Seuil, Bernard Combabessousse, avocat, et Isaac Piocheau, notaire royal.

En 1648 :
Michel Mouraigne, avocat au Parlement, juge de la baronnie de Gajac et de Nicolas Garante, sieur de La Garenne.

En 1649 :
Arnaud Merle, Jean Cappelle, et Lejunies.

En 1657 :

Election d'Isaac Griffon, Jean Vidal, seigneur de Bouzely, et Pierre, comme consuls.

En 1658 :

Nicolas Garante, sieur de La Garenne, et Pierre Gaussen.

Le 23 août 1685. — Réception d'un arrêt du Parlement portant, que dans les villes où ceux de la R. P. R. peuvent être nommés consuls ou jurats, les élections « se feront en forme qu'elles estoient réglées avant les derniers mouvementz, avec avantage de nombre et de rang pour les catoliques, en sorte que de six, les quatre pour le moins, et des quatre, les trois facent profession de la religion catolique. »

En 1659 :

Le 23 janvier, Ordonnance de Monseigneur de Saint-Luc portant que les sieurs de Lamothe-Cazenave, de Griffon, Lagarenne, et St-Germain, catholiques, et les sieurs Gaussen et Meymac de la R. P. R. exerceront les fonctions de consuls.

En 1661 :

Election des sieurs Griffon et Mestre comme consuls.

En 1663 :

Le 29 janvier, Election de Léonard Lamiot, sieur de St-Germain, et de Daniel Viroulleau comme consuls.

En 1664 :

Election d'Etienne de Gombaud et de Jean Maumond comme consuls ; les pouvoirs des sieurs de Lamothe et Bellet sont prorogés « à cause du petit nombre qu'il y a des catoliques dans la dicte ville quant à présent ».

En 1665 :

Election des sieurs Desportes, Thoumas et Lajeunie comme cousuls.

En 1666 :

Election de Jacques Deschamps et d'Elie Fauveau.

En 1667 :

Nicolas Garante, sieur de La Garenne, Isaac Bellet, Elie Fauveau, Etienne Vidal.

En 1668 :

David Godard et Pierre Lajeunie.

En 1669 :

Réception des sieurs de Labarre, écuyer, et Lagrave comme consuls.

En 1670 :

Election d'Isaac Bellet et Pierre Pellorce.

En 1671 :

Election de Jean Desportes, David Godart et Mathias Mestre comme consuls.

En 1672 :

Réception de Jean Combabessouze et Pierre Danglade comme consuls.

En 1673 :

De Cazenove, de Bounière, Chaussé et Gabriel Lajunie.

En 1674 :

De La Barre, Bellet et Bouloigne.

En 1675 :

Réception de Guillaume Borros, Jean Gard et Simon Danglade comme consuls.

En 1676 :

Desportes, Godart et Papus.

En 1677 :

Réception de François de Moulinier, lieutenant royal, Isaac Bellet, et Paul de Labernède comme consuls.

En 1678 :

Gombaud, Chaussé et Papus.

En 1679 :

Election des sieurs Delisle et Cellérier comme consuls.

En 1680 :

De La Barre, de Lavau et Etienne Fauveau.

En 1681 :

Jean Desportes, Bellet et Rigaud.

Les années 1681 et 1682 virent paraître une série d'ordonnances et de règlements visant le nombre des consuls et la proportion respective des élus, soit qu'ils appartiennent à la R. P. R., soit qu'ils fussent catholiques.

Le 17 mai 1681, un arrêt du Parlement enjoint que : « le nombre des consulz juratz de la R. P. R. de la ville de Ste-Foy ne pourra excéder dans les assemblées le quart des catholiques et que celuy qui sera à la teste des assemblées et y fera les propositions sera aussy catholique ».

Le 11 juin de la même année il est délibéré de réduire à un consul et à 6 jurats le nombre de ceux de la R. P. R. qui pourront faire partie de la Jurade.

En 1682 :

Réception d'un arrêt du Conseil excluant ceux de la R. P. R. du consulat, réduisant le nombre des jurats à 18, lesquels devront être catholiques et désignant comme consuls pour l'année 1682 les sieurs de Lacoste, écuyer, Jean Gard, Fort, du Phillon, notaire, David Godard, Jean Desportes et Isaac Bellet.

En 1683 : Election de Pierre Le Breton, écuyer, sieur de la Seguenye, Pierre Danglade et Jean Faure, comme consuls.

En 1684 :

Le 1er octobre, élection de Pierre Grenier, avocat au Parlement, Roger et Goullard.

En 1685 :

Election des sieurs de Mézières, Bellet et Jauge qui prêchent serment dans l'église des R. R. P. P. Récollets servant d'église paroissiale.

En 1686 :

Le 15 septembre, élection des sieurs Godard, Petit et Jagourd.

En 1687 :
Election des sieurs Bellet et Etienne Mestre
comme consuls.

En 1688 :
Le 28 novembre, élection de Desportes, Duvergier et Babot.

En 1689 :
Deschamps, avocat, Bellet et Jagourd.

En 1690 :
François Bouloigne, avocat à la Cour, Etienne
Mestre et François Babot.

En 1691 :
Le 3 novembre, élection comme consuls des
sieurs de Bénos, Bellet et Quayroux comme consuls.

En 1692 :
Mestre, Montemal et Godard.

En 1693 :
Il est délibéré qu'on demandera à l'Intendant
de réduire le nombre des consuls à 4 : « attandu
le petit nombre des anciens catholiques ». Election des sieurs Petit et Jagourt.

En 1694 :
Election comme consuls des sieurs Lejeunie et
Babot.

En 1695 :
Bernard Deschamps, avocat à la Cour, Jean de
Lasjonias, notaire royal.

En 1698 :
Election de Charles Jomar, écuyer, et Jean
Lasjonias, notaire royal, comme consuls.

En 1699 :
Election de Mathias Mestre et Jean Andrault.

CHAPITRE XI

Quelques corps de métier à Sainte-Foy

Les moulins et meuniers de la Juridiction au Moyen-age. — La corporation des sacquiers. — Le statut des boulangers de Sainte-Foy au XVIIIᵉ siècle. — Les tromperies et la fraude sur la qualité et le poids du pain. — Le corps artisanal de Sainte-Foy en 1767. — Election de députés par les divers corps de métier pour la désignation des notables.

On peut évaluer à une cinquantaine le nombre de moulins existant dans la juridiction de Ste-Foy. Sur ce nombre, six étaient placés directement sur la rive gauche de la Dordogne ; vingt moulins à vent mettaient dans la plaine ou sur les côteaux la symphonie tournoyante de leurs blanches ailes ; un nombre sensiblement analogue de « *moulinasses* » empruntaient aux ruisseaux, dont la plupart ne manquaient jamais d'eau — même pendant les plus grosses chaleurs de l'été — la force nécessaire à la rotation des meules.

Pour les 18 paroisses de la juridiction de Ste-Foy ce nombre de moulins paraît, à première vue, absolument considérable et hors de proportion avec les ressources en céréales produites par notre pays.

C'est une erreur profonde, ce nombre de moulins était absolument nécessaire. En effet, si l'on

se reporte par la pensée au Moyen-Age, alors que
de-ci, de-là, sur nos coteaux — et seulement sur
les côteaux — les pièces de vigne étalaient, aux
beaux jours, le mouvant tapis de leurs feuilles
vertes, il n'est pas une exploitation, aussi modeste fut-elle, qui n'eût, judicieusement pensé à
assurer sa subsistance annuelle en ensemençant
en blé, seigle, orge, avoine, maïs, de grandes étendues. Le vin qui, de nos jours est la récolte pri-
mordiale, essentielle — nous dirions presque l'u-
nique, n'est-elle pas, en effet, la principale préoccupation de tous nos concitoyens — n'était, à
cette époque qu'une culture importante, certes,
mais accessoire. Le chiffre de barriques récoltées
dans la juridiction était évalué à 4.500 environ
bon an, mal an. Ainsi donc le nombre des fonds
ensemencés en céréales était considérable. De
plus, l'état déplorable des chemins était un obstacle au transport des sacs de grains lourdement
chargés. C'est ce qui explique le grand nombre
de moulins et moulinasses existant encore — en
ruinés — dans toute l'étendue de la juridiction.

Ce chiffre de cinquante moulins ne suppose
qu'un nombre approximatif de 25 meuniers, attendu que les propriétaires de moulins à vent
avaient pris la sage précaution de doubler par
une « moulinasse » leur installation première pour
assurer régulièrement et sans à-coups la mouture
des grains qui leur étaient confiés.

Les consuls se réservaient le droit de visiter ou
faire visiter les moulins pour s'assurer que les
meuniers prélevaient leur dû et ne prélevaient
que leur dû, c'est-à-dire : deux picotins pour
chaque boisseau.

La nomenclature des pièces que nous donnons
plus loin au sujet du procès entre la communauté
et le duc de Biron au sujet du Moulin de la Nougarède montreront l'importance qu'attachaient
les Consuls au droit de visite qu'ils n'admettaient
pas qu'on leur disputât.

Dans une pièce originale contenue dans une liasse, sous les notations E suppl. 5138 D D 3, nous avons trouvé une lettre des officiers municipaux au sujet de la demande qui leur fut faite par les sieurs Favereau et Audubert tendant à l'établissement d'un moulin sur la rive gauche de la Dordogne.

« Les moulins situés à la rive gauche de la Dordogne et sur une étendue de deux lieues dans notre juridiction sont au nombre de six ; vingt qui sont construits sur des ruisseaux, dont la plupart ne manquent jamais d'eau, avec autant de moulins à vent très bien exposés, forment un total d'environ 46 moulins, répandus dans l'étendue de cette juridiction, qui est composée de 18 paroisses : Ste-Foy, Pineuilh, St-Philippe, St-Nazaire, St-Avit-du-Moiron, Ligueux, La Roquille, Margueron, Riocaud, Ste-Croix-des-Eugrons, Thoumeyragues, St-André, Appelles, Les Lèves, Caplong, St-Quentin, St-Avit-de-Soulège, et Eynesse, dont quelques-unes sont peu peuplées ; ce nombre (de moulins) assure déjà au public que dans aucun tems il ne peut souffrir de la disette des farines ». En conséquence, il est donné avis défavorable à l'établissement du dit moulin (xviii* siècle).

Dans une liasse E suppl. 5251 H H - 7 - où sont réunies des pièces allant de 1687 à 1747, on trouve un réquisitoire violent du procureur syndic de la communauté contre *les meuniers des moulins à vent et moulinasses au sujet des mesures prohibées dont ils se servent* journellement au mépris des ordonnances.

« Ils tiennent dans leur moulins, pour moudurer les bledz qu'ilz font moudre des mezures quy ne sont point réglées et marquées de la marque et mezure de la présent ville, en sorte qu'au lieu qu'ils ne doivent prendre que leur moudure de chaque boisseau de bled qu'ilz font moudre que deux picotins, mezure de cette ville, néanmoins il se trouve, que leur grande mezure non réglée, qu'ils prènent le double de leur droit. »

Peu de temps après, les Consuls firent visites domiciliaires dans la plupart des moulins de la Juridiction, à ce titre une *vérification* eut lieu *au Moulin de Monbreton, situé au lieu dit La Couronne sur le ruisseau de la Soulège.*

« On y trouva un picotin marqué aux armes de Gensac, mesure beaucoup plus grande que celle de la juridiction de Ste-Foy; les consulz ayant reconnu que le dit moulin était dans la paroisse de St-Quentin au-deçà le ruisseau de la Soulège qui divise la juridiction de Gensac de celle de Ste-Foy, il est ordonné la confiscation du dit picotin et son transport à Ste-Foy pour y être échautillé sur l'étalon de la dite ville » .

Dans une liasse de documents E suppl. 5140. D D 5 se trouvent les pièces suivantes dont nous donnons un bref sommaire au sujet du procès entre la Communauté et le duc de Biron au sujet du Moulin de la Nougarède dans lequel les consuls prétendaient avoir droit de police et visite comme étant dans la juridiction de Ste-Foy, alors que le duc de Biron soutenait qu'il dépendait de la juridiction du Fleix.

Le différend fut porté devant le Président du Parlement de Bordeaux Dangeard.

La Communauté de Ste-Foy produisit un mémoire où, entre autres choses il est dit, notamment que : « Louis XI céda à Jean de Foix, comte de Candale, tous ses droits sur les terres et seigneuries que feu M. le Captaut possédait. Dans ce titre, il n'y a pas une concession qui puisse faire connaître que la rivière puisse appartenir à M. de Biron ; les confrontations l'excluent même de ce droit, car, suivant le mémoire, le levant de la terre du Fleix est le ruisseau de Couton, le couchant est la terre de Montravel, et on s'arrête pour ce qui regarde le midy ; si la rivière avait appartenu à M. de Candale, la terre de Ste-

Foy était bien une confrontation qui méritait de n'être pas oubliée ».

Toutes les rivières flottables et navigables étant au Roi, le midi est marqué par la rivière.

L'argumentation de nos consuls pour aussi savante et ingénieuse qu'elle soit, nous paraît assez spécieuse.

Il est patent que le moulin de la Nougarède ne pouvait relever de la juridiction de Ste-Foy. Quoiqu'il en soit, nos Consuls n'hésitèrent pas à entreprendre les frais d'un coûteux et interminable procès dont il ne nous a pas été possible de trouver le résultat dans les archives municipales.

Il n'empêche, ces pièces montrent bien l'importance qu'attachaient à l'exercice du droit de visite des moulins les Consuls de la Juridiction. C'est une chose qui méritait d'être signalée.

*
* *

Aujourd'hui 19 mai 1770, sur la requête présentée au corps de ville par un certain nombre de sacquiers aux fins d'être reçus en corps de communauté et d'avoir un droit exclusif à tous autres de faire le chargement et le déchargement des grains qui arriveront ou partiront de la présente ville, sous les offres par eux faites, que, dans le cas où leur nombre demeurerait fixé à 12, ils payeront conjointement par forme de rente annuelle, ès-mains du syndic-receveur une somme de 36 livres.

Le corps de ville et notables avec les principaux marchands de blé tant résidant dans la présente ville que les forains, auraient été convoqués aux formes ordinaires, pour communication prise de la dite requête, être délibéré :

Ils estiment avantageux au bien public, d'accepter les dits offres, et, si le nombre de 12 sacquiers devient insuffisant pour vaquer au chargement et déchargement — ce qui ayant été pesé et examiné par ceux de l'assemblée qui se seraient rendus sur la dite invitation — il aurait été unanimement délibéré qu'il était d'autant plus avantageux au public, d'ériger en corps de communauté les dits sacquiers, qu'il est très souvent arrrivé qu'on en trouvait difficilement un nombre suffisant pour les chargements et déchargements, et que, même ceux qui en ont fait jusqu'ici leur métier, se prévalant de la presse ont exigé une rétribution plus forte que de coutume. Pourquoi il serait bon dans les statuts qui seront faits de fixer qu'elle elle (sic) devra être eu égard à la distance qu'il y aura pour le transport des blés. Il convient d'en fixer le nombre (des sacquiers) à 15 dont 3 sous le titre de mesureurs qui seront choisis parmi les plus capables, et les plus fidèles, répondront de tout le corps et que Messieurs les marchands travailleront conjointement avec Messieurs les Echevins à la rédaction des statuts, comme étant à portée de savoir ce qui peut le plus contribuer aux service qu'ils auront à faire, au bon ordre et à la discipline.

Les dits statuts seront homologués aux frais et avances des dits sacquiers qui seront déduits sur les premières années de la rente de 36 livres qu'ils se sont obligés de payer à la St-Jean de chaque année et à la fin d'icelle ; de sorte que le premier peyement commencera le 24 juin de l'année prochaine 1721.

Suit la liste de ceux qui ont fait leur soumission pour composer le dit corps des sacquiers :

Jean Billac, mesureur.
Pierre Raballeau, sacquier.
Louis Faux, sacquier.
Jean Roquemaure père, sacquier.
Pierre Roquemaure fils, sacquier.

Jean Boisseau, second mesureur.
Moïse Vernède, sacquier.
Pierre Labrousse, sacquier.
Pierre Boisseau aîné, sacquier.
Jean Illaret, sacquier.

Jacques Dupont père, mesureur.
Etienne Lardy, sacquier.
Pierre Dupont, sacquier.
François Arnaud, sacquier.
Jean Illaret jeune, sacquier.

LE STATUT DES BOULANGERS DE SAINTE-FOY

Le 1er juillet 1757, les Maire et Consuls, Juges de police de la ville et Juridiction royale de Ste-Foy, ouy le procureur syndic et *Claude Bertrand* et *Denis Merveillaud, Bayles* des *boulangers* de la dite ville, ont, sous le bon plaisir de Monseigneur de la souveraine cour du Parlement de Bordeaux, statué et ordonné ce qui suit :

1° — Le nombre des Boulangers pour la présente ville et d'aix d'icelle jusques au ruisseau du Veneyrol formant la banlieue, demeurera réduit et fixé à 12, sans pouvoir être augmenté qu'en cas de la calamité ou autre urgente nécessité, après une assemblée générale de la Communauté.

2° — Aucun ne sera admis au fait de la boulangerie s'il n'est sain et net de corps, de bonne vie et mœurs, et sans, au préalable, avoir fait *chef-d'œuvre de 3 sortes de pain :* pain choine, pain en tout son cô, pain noir, le tout de farine de froment pur, et fait le *serment* devant les Maire et Consuls *de bien et fidèlement servir le public* et *observer les arrêts, règlements et ordonnances de police.*

3° — *Le poids* des dits 3 sortes de pain sera pour le choine, depuis 1 livre jusqu'à 4 livres ; celui des autres, depuis 1 jusqu'à 20 livres. *La forme* du pain choine en long et rond avec deux marques, celle du pain en tout son cô et celle du pain noir en rond avec une marque seulement.

5° — *Chaque boulanger aura sa marque* de laquelle il marquera son pain. Chaque marque donnée par les Maire et Consuls, et la forme en sera inscrite en un tableau qui sera mis au présent hôtel de ville à suite des présentes.

6° — Le pain sera du poids pour lequel il sera exposé, et s'il se trouve court et mal conditionné, il sera confisqué au profit des pauvres et le boulanger condamné en 10 livres de peine, applicables à la réparation des murs de la dite ville.

7° — Seront tenus les dits boulangers de *tenir leurs boutiques garnies proprement sur un linge blanc*, sans mélange d'aucune autre marchandise, graisse, suif, huile, raisine, ni d'aucune autre espèce qui puisse affecter le goût ni la senteur du pain. Le même sera observé pour le pain qui sera étalé en place publique les jours de marché, aux mêmes peines.

8° — Les dits jours de marché chacun tiendra son banc au lieu qui sera indiqué par les dits Maire et Consuls, de rang suivant celui de sa réception à peine d'être privé de sa place et son banc placé après tous les autres.

9° — Faute par les dits boulangers d'être pourvus pendant tout un jour des dites 3 sortes de pain au poids et de la qualité sus-dite, ils seront condamnés en la peine telle qu'il sera avisé par les dits Maire et Consuls, suivant les circonstances et si, par maladie ou autre empêchement légitime, aucun d'eux cesse pendant trois mois d'exercer la profession, il sera nommé en sa place un sujet suffisant et capable pour la remplir, sur l'attestation qui sera faite de sa capacité par les Bayles des dits boulangers à la vue du chef-d'œuvre par lui fait.

10° — En cas de décès d'aucun des dits boulangers, il sera loisible à sa veuve, faire exercer la dite profession, par tel garçon boulanger qu'elle trouvera à propos, examen préalablement fait par les dits Bayles de la capacité du préposé et le serment par lui prêté devant les dits Maire et Consuls.

11° — Dans le cas où le boulanger mort laissera des enfants mâles, un seul lui succèdera à la place de son père, en la boulangerie, et s'il ne laisse que des filles, l'une d'elles pourra faire exercer le dit métier de boulanger par son mari le tout au choix du père.

12° — La faculté sus-dite n'aura lieu, vis-à-vis de la veuve, qu'autant qu'elle gardera viduité et si le défunt a laissé des enfants en bas-âge, leur tuteur pourra affermer le privilège ou autrement le céder à toute personne que bonne lui semblera, qui fera la condition meilleure des mineurs sous les précautions sus-dites et ce, jusqu'à ce que l'un des dits enfants soit en âge de venir exercer la boulangerie.

13° — Pourront aussi, les dits boulangers, en cas de vieillesse, indisposition ou autre événement vendre, céder ou transporter leur droit sans que celui auquel il l'auront transporté puisse être refusé que dans le cas où il n'aurait pas les qualités, capacité et expérience sus-dite.

14° — Dans les 3 mois après le décès du boulanger et dans le cas où il aura laissé sa femme et des enfants mineurs, il sera par sa femme ou par le tuteur, présenté en sa place un sujet suffisant et capable, à défaut de quoi, les 3 mois passés, la dite place demeurera acquise aux dits Maire et Consuls qui pourront la faire remplir ainsi comme ils verront bon l'être.

15° — Si par le vol ou par la faute des dits boulangers, la ville et d'aix d'icelle viennent à manquer de pain, chacun d'eux sera condamné à 100 livres de peine et plus grande, si le cas y échoit aussi applicable aux réparations des murs de ville.

16° — Celui qui se trouvera avoir mêlé avec le froment du seigle ou autre grain de blé défectueux non pur et marchand, sentant le creux ou étant autrement gâté, perdra, non seulement le pain qu'il en aura fait, mais encore sa place de boulanger à laquelle il sera nommé par les dits Maire et Consuls et sera condamné en même peine de 100 livres pareillement applicable à la réparation des murs de ville.

17° — Chaque année au jour et fête de St-Honoré, les dits boulangers nommeront deux d'entre eux pour être bayles ; tiendront les dits bayles, la main à ce que les dits boulangers soient en règle ; informeront, au moins une fois chaque semaine, des abus et contraventions par eux commises ; rapporteront aux dits Maire et Consuls le prix du blé aux fins de la taxe tous les samedis, à peine de 10 livres, et seront tenus, ceux qui seront nommés, de prêter serment par devant les dits Maire et Consuls, de bien et fidèlement exercer leur office.

18° — Néant (ayant été supprimé).

19° — Finalement, seront tenus, les dits boulangers, de payer le 25 de mars de chaque année, la somme de 10 livres chacun, ès mains du trésorier de la dite communauté, conformément aux soumissions par eux faites le 2 septembre 1756 et en exécution de l'acte de ce passé par devant Gorin de Jolibois, notaire royal. »

L'an 1742, le 29 janvier, nous Consuls, Juges de police de la ville et Juridiction de Ste-Foy, étant assemblée dans l'Hôtel-de-Ville de la présente communauté s'est présenté Maître J. J. Troussilh procureur syndic de la présente communauté, lequel a dit qu'il demeure averti que *plusieurs personnes sans permission des dits sieurs Consuls, se sont ingéré et s'ingèrent* journellement *à faire du pain* dans la dite ville et encore très mal conditionné, et que même plu-

sieurs des anciens boulangers qui avaient (fait)
serment sont décédés, à quoi il était nécessaire de
pourvoir.......

Le dit procureur syndic requiert pour le bien
de la Communauté que *le nombre des boulangers
soit fixé au nombre de dix*, les places des anciens
boulangers préalablement remplies ; et ce fait,
qu'il soit fait inhibition et défense à tous autres
qu'à ceux qu'il nous plaira fixer de faire aucune
sorte de pain en la présente ville pour le vendre
ou débiter au public sous quelque prétexte, occasion et raison que ce soit ou puisse être à peine de
50 livres d'amende.

Comme aussi, requiert qu'il soit enjoint à tous
les boulangers qui seront fixés de faire 8 sortes de
pain à savoir *en pain-choine* du poids de 1/2, 1,
2 livres *en pain-co* du poids de 1, 2, 4, 8, 12, 16
et 20 livres, à peine de confiscation du pain qui
sera trouvé en contravention au règlement qui
sera fait et de 10 livres d'amende pour la première fois, et que *chacun* des dits *boulangers
viendra prendre une marque pour distinguer son
pain.*

Sur quoi, nous Consuls et Juges de police susdit
faisant droit à la réquisition du procureur syndic avons invité les dits boulangers auxquels enjoignons *venir prendre chaque lundi le prix du
pain* et de faire du pain, savoir en pain-choine de
1/2, 1 et 2 livres et en pain-cô de 1, 2, 4, 8, 12,
16 et 20 livres et que chacun viendra convenir
d'une marque pour distinguer son pain, et de
faire leur pain du poids ci-dessus et bien conditionné, le tout à peine de 10 livres pour la première fois et de confiscation du pain qui se trouvera court (manquant de poids) et mal conditionné et de plus grande (amende) si le cas y
échoit et qu'ils seront obligés d'entretenir (de
pain) le public (approvisionné).

A l'instant se sont présentés :
François Calinel, Pierre Miramond, Michel Gre-

nier, Gabriel Goullard père, Jean Goullard fils, Pierre Lambert, Anne Lacroix, veuve de Pierre Bonnamy, Jean Gallateau dit Barnabé, Simon Lafargue, Pierre Deymier, Jeanne Basset, veuve d'Estienne Cannot, Jean Gely dit Saintonge, et Catherine Lasserre.

Lesquels après ouï lecture de notre ordonnance qui leur a été faite par notre greffier, à haute et intelligible voix, *ont promis et juré à Dieu la main dextre levée se conformer à la dite ordonnance* et sous les peines y contenues.

Les marquse distinctives des pains accordées à chaque boulanger furent les suivantes :

Pour Miramond, un dé à coudre figuré simplement par un cercle, tel un O ; à Gabrielle Goullard une R majuscule ; à la veuve Bonnamy, une fleur de lys ; à Jean Galateau, un T majuscule ; à Jean Basset, une croix + ; à Jean Gély, un A majuscule ; à Jean Lapouge fils, cordonnier, un P ; à Pierre Deymier, un D majuscule ; à Catherine Lasserre, ses initiales C L ; à François Torry, un p (?) ; à Bernard Lapouje, une S majuscule ; à Elisabeth Prevaucher, un h ; à Calinel, un Y majuscule aux deux branches sommées chacune d'un point ; à Grenier, une sorte de rateau à cinq branches sommées chacune d'un point ; à Lambert, un espèce de rateau à six dents sommées chacune d'un point ; à Simon Lafargue, à chaque extrêmité marquée d'un point.

En surplus, nous Consuls et Juges de police de la présente ville et Juridiction de Ste-Foy avons donné acte aux sus-dits boulangers de ce qu'ils ont pris chacun leur marque ci-dessus et de ce qu'*ils ont nommé* pour leur *bayles* d'une même voix et d'un seul accord François Calinel et Pierre Miramond, deux d'entre eux ; lesquels, ici présents, ont prêté le serment en ladite qualité au cas requis. Au surplus avons fait inhibition et défense à tous autres que ceux qui sont ci-dessus inscrits de vendre ni débiter de pain dans la dite ville à peine de confiscation de celui qui sera exposé en vente et de 100 livres d'amende contre chaque contrevenant.

Le nombre des boulangers est fixé à 16.

*

* *

En vertu d'un Edit du Roi en date du 10 décembre 1767, pour la nomination, par les divers corps de métiers de la ville, de députés chargés de concourir à l'élection des notables, nous avons découvert un intéressant registre où sont consignés les procès-verbaux d'élection.

Nos lecteurs apprendront avec intérêt qu'il y avait à Ste-Foy à cette époque-là 12 tisserands, 5 filassiers, 12 cordonniers, 16 tailleurs, 8 perruquiers, 1 barbier, 1 boutonnier, 13 tonneliers, 9 menuisiers, 3 tourneurs, sans compter les aubergistes et cabaratiers, les boulangers et gantiers, les tapissiers et tamisiers, les charpentiers, maçons, couvreurs, sacquiers et manœuvriers, des tanneurs et bouchers, des vitriers, des maréchaux, des cloutiers, des éperonniers, des potiers d'étain, des armuriers, poeliers, couteliers et serruriers, des chapeliers, des bonnetiers et peigneurs de laine, des serveurs, des négociants, marchands et chirurgiens. Nous avons trouvé aussi l'indication du corps de métiers, dont — à notre confusion — nous avouons la complète ignorance : *arsonniers, batiers, blanchers.*

Le corps artisanal de Ste-Foy-la-Grande était donc d'importance.

Nous avons relevé soigneusement le nom de tous ces artisans ; nos concitoyens y retrouveront à défaut d'ancêtres directs tout au moins de nombreux homonymes.

TISSERANDS ET FILASSIERS

Pierre Chevalier, Pierre Bitot, Pierre Barrière,

Jean Redon, Pierre Coutou, Jean Duroux, Moïse Vernède, François Boutiton, François Boucharet, Pierre Marsac, François Barrieu, Jean Roddes, dit Jolicœur, tous tisserands. Les filassiers Louis Chabrier, Jean Sirien, Jean Ramond, Louis Mellet, Jean Mellet, ont nommé *pour député Pierre Coutou.*

CORDONNIERS

Simon Boyer, Joseph Parrot, Pierre Rodrigue, Pierre Micheau, Charles Brugère, Etienne Lardy, Pierre Martin, François Martin, Simon Bouchereau, Pierre Labadie, Jean Monnicat, Jean Fournier, ont nommé pour *député Pierre Rodrigue.*

TAILLEURS

Antoine Teyssinet dit Lagrave père, Martin Perrin dit Laroze, Suria Lacroix, Antoine Ferrière cadet, Pierre Gaillard, Etienne Laforet, Etienne Fournier, François Teyssier, Jean Teyssinet dit Lagrave fils, Jean Bonnet dit Velline, Léonard Gueylard, Jean Marzelle, Hugues Martin, Etienne Arnaud, Jean Audubert, Jean Gadreas ont élu comme *député Jean Teyssinet* dit Lagrave fils.

NÉGOCIANTS, MARCHANDS, CHIRURGIENS

Dupuy et Compagnie, marchand drapier, Mathieu Bricheau, bourgeois et négociant, Antoine Jagourd, Jean Debiral, Pierre Lhopital, bourgeois et marchand orfèvres, Eugène Guyon, horloger, Pierre Baby, chirurgien, Jean-Baptiste Gaubert et Antoine Demestre, chirurgiens, Baptiste Cassaigne, Vincent Couchard, Jean Tabert, Antoine Bonny, Alexis Teyssandier, Elie Eschauziers, ont élu *Jean-Baptiste Gaubert,* chirurgien, *comme député.*

PERRUQUIERS

Bernard Faure père, Pierre Genty, Etienne
Chassain, Jean Faure, Pierre Galateau, Pierre
Duvilard, Etienne Jacoupy, Pierre Bernard, perruquiers. Isaac Boutitou, barbier, Simon Dupuy,
boutonnier, ont élus comme *député Pierre Genty.*

TONNELIERS

Pierre Eymerie, Pierre Vernède, François Roche, Jean Verpral, François Dupuy, Jean Bouchereau, Jean Sivadon, Pierre Monmoreau, Guillaume, Peyrière, Pierre Trevy, Léonard Dussaud,
Mathieu Brugère, Léonard Buty, ont nommé
pour *député Jean Verpral.*

MENUISIERS ET TOURNEURS

Joseph Naud, Jan Dugon dit Lavigne, Arnaud
Martin, Jean Bournet, Jacques Chevalier, Pierre
Bonmartin, Pierre Papis, Pierre Bessera, Louis
Gailhard. Les tourneurs Antoine Fourtin, Fran-
çois Lafon, Pierre Marzelle, ont nommé pour
député Joseph Naud.

SERVEURS

Isaac Noaille, Isaac Faux, Louis Clucher, Fran-
çois Clucher, Jean Clucher, François Andrivet,
Jean Brun, Pierre Lapierre, François Deffarges,
Jean Borie, Antoine Courtois, Jacques Bourgui-
gnon, Jean Mailhard, ont élu comme député *Jean
Brun.*

CHAPELIERS, BONNETIERS
ET PEIGNEURS DE LAINE

Argentin Beaupoil, Simon Purrey, Jean Cas-
tefol, François Sulureau, chapeliers. Jean Faux,
dit Ramond, bonnetier, Jean Sicard jeune, bon-

netier, Louis Robin, Pierre Tramond, Jacques Dupon, Elie Cosse, Pierre Boisseau, Pierre Dumané, peigneurs, ont élu comme *député Sicard jeune.*

ARMURIERS, POELIERS, SERRURIERS, COUTELIERS

Elie Meyzonnet, armurier, Pierre Laforgue, poëlier, Michel Grenier, Claude Marrot, Augustin Charpentier, Pierre Bournet, Simon Grenier, Pierre Eymeric, Pierre Goulard, Jacques Goulard, Louis Bernard, et François Lafargue, couteliers, ont élu comme député *Claude Marrot.*

SELLIERS, POTIERS D'ETAIN, EPERONNIERS, *ARSONNIERS,* VITRIERS, MARÉCHAUX, *BATIERS*

Pierre Dubaty, Jean Jacoupy, selliers. Etienne Jarry, potier d'étain, Jean Lapeine, ferblantier, Jean Chevalier, Antoine Lacroix, vitriers. Jean Grand, éperonnier, Barthélémy Pouneau, Jean Bonneau, Raymond Delmas dit Géroux, Jean Merens, Etienne Coustillas, maréchaux, ont élu pour député *Jean Jacoupy.*

TANNEURS, *BLANCHERS* et BOUCHERS

Pierre Massé, Arnaud Durand, Jean Vieu, tanneurs, Pierre Merveillaud, blancher, Jean Matignon, Bertrand Larraud, Jean Mignon, Abraham Matignon, Jacques Nouvel, Pierre Boutiton, Augustin Marcon, ont nommé *comme député Arnaud Durand.*

CHARPENTIERS, MAÇONS, COUVREURS, SACQUIERS MANŒUVRIERS

Boucheau père, François Boucheau aîné, Jean Boucheau jeune, Pierre Germain, Antoine Viellefon, Jean Rabaleau, Jean Labadie, charpentiers. Pierre Rousseau, Guillaume Chabrier, couvreurs. Jean Barraud, Louis Counord, Pierre Bicaud, maçons. Jean Boireau, sacquier et portefaix ainsi que Pierre Rabaleau, Jean Roquemore, manœuvriers, ont nommé *pour député Boucheau aîné.*

AUBERGISTES, CABARETIERS, BOULANGERS, GANTIERS, TAPISSIERS et TAMISIERS

Bernard Baillet et Gabriel Anglevy, aubergistes. Jean Bounel, Jacques Panajou, Bertrand Colombier, Jean Trufil, cabaretiers. Denis Merveilhaud, François Fayolle, Claude Bertrand, Pierre Goudenèche, Jacques Faure dit Ladouceur, François Gros, Pierre Soustrougne, Philibert Guiraud et Pierre Marrot, boulangers. Jacques Boutellier, tapissier, lesquels ont nommé *François Fayolle comme député.*

Député de la bourgeoisie Martial Piocheau.

Député de la noblesse Gaussen, ancien capitaine.

Député des notaires et procureurs, Pierre Brun.

Député du clergé, Antoine Gratiolet, vicaire.

Député des avocats, M. Jouhaneau.

Député des huissiers Maître Charles Garrau.

M. le marquis de Rabar, gouverneur de Sainte-Foy-la-Grande.

CHAPITRE XII

Le Commerce des Vins de Sainte-Foy au Moyen-Age

Le droit d'entrée des vins de Sainte-Foy a Bordeaux. — Transaction passée entre les Jurats de Bordeaux et les Consuls de Sainte-Foy le 24 Juillet 1503. — Les vins de la Juridiction et ceux récoltés sur les coteaux de Saint-Avit-de-Tizac et La Rouquette, auront le droit d'entrée a Bordeaux après la fête de Saint-Martin. — Le droit de chayage et de merchage. — Le transit. — Enregistrement des ventes sur un livre spécial de la Ville de Bordeaux. — La marque de Sainte-Foy.

Dans un précédent chapitre, nous avons montré le souci constant des Consuls et Jurats de Ste-Foy, d'assurer à leurs seuls vins récoltés dans l'étendue de la juridiction et exceptionnellement à ceux recueillis sur les coteaux des paroisses de St-Avit-de-Tizac et de La Rouquette, le droit exclusif à *l'appellation « Ste-Foy »*. La déclaration de récolte obligatoire ; Le piquettement des futs par application de la marque de la ville sur les barriques de forme, de jauge, de contenance et de cerclage obligatoires ; L'interdiction de l'entrée dans la juridiction des vins étrangers (vins rebelles, vins forains) ; L'empêchement d'entrer en ville les vins de la juridiction après la St-Martin. Telles sont les excellentes mesures prises par la jurade pour limiter, sinon empêcher la fraude. En interdisant l'entrée dans la juridiction et dans la ville des vins étrangers, les Consuls faisaient donc du protectionnisme strict et absolu. La récolte annuelle moyenne s'élevait, nous l'avons vu, à 4.500 tonneaux environ dont la consommation locale ne prélevait qu'une petite partie. Il importait donc que le surplus vit s'ouvrir des marchés pour assurer l'écoulement rémunérateur des récoltes. L'Angleterre et la Hollande peuplées, dès cette époque, de fins gourmets étaient de fidèles clients qui se délectaient de vins de Bordeaux, Libourne, St-Emilion et Ste-Foy. C'est par Le Havre et Bordeaux que transitaient nos vins.

L'entrée et le transit des vins étaient strictement organisés et sévèrement réglementés. Il s'en suivait des conflits et des procès innombrables coûteux et prolongés. Nos vins n'échappèrent pas à ces ennuis. Pour y mettre un terme, les Consuls de Ste-Foy et les Jurats de Bordeaux passèrent entre eux la curieuse transaction suivante que nous rapportons en entier. C'est une pièce capitale dont la lecture ne manquera pas de produire le plus vif intérêt.

TRANSACTION PASSÉE ENTRE MESSIEURS LES JURATS DE BORDEAUX ET CEUX DE SAINTE-FOY LE 24 JUILLET 1503

Sachent tous, présents et à venir, que comme plaidz procès eût été mû et pendant par devant Monseigneur le Grand Sénéchal de Guienne ou Monsieur son lieutenant entre les Consuls, Bourgeois, Manants et Habitants de la ville de *Ste-Foy-le-Grand*, dedans les murs, tant seulement d'une part Nos Seigneurs les Sous-Maire, Jurèz et Procureur de la ville et cité de Bordeaux, d'autre part pour raison de ce que *les dits Consuls, Bourgeois, Manants et Habitants de la ville de Sainte-Foy disaient être en possession et jouissance, et*

*avaient droit d'amener, faire amener et conduire
les vins de leur crû,* tant de la Terre et Seigneurie de Ste-Foy que de Montravel, *à Bordeaux,*
comme étant de la conquête, *et iceux faire mettre et retirer ez faux bourgs anciens de la dite
ville et cité de Bordeaux* et que de ce faire eussent foi par tel temps que n'était mémoire du
contraire, si n'est depuis peu de temps en ça, que
les dits Sous-Maire, Jurèz, Procureur de la dite
Ville disaient le contraire, au moyen de quoi le
dit procès et question se fut mû et intenté entre
les dites parties et par devant mon dit Seigneur le
Grand Sénéchal de Guienne ou Monseigneur son
Lieutenant ; et considérant les dites parties, les
grands frais, coûts, mises et dépenses nécessaires
à la poursuite de la dite matière, aussi les *malli-
volences, discors, et dézamistances* qui se pourraient ensuivre entre les habitants des dites villes.
C'est à savoir que pour mettre le tout en bonne
paix, concorde et assistance, les dites parties se
sont comparues et présentées par devant nous,
Maître Jean de Carle, docteur y droit, et clerc
ordinaire de la dite ville et cité de Bordeaux,
Pierre Galisson, Dubois et Etienne Galisson, notaires royaux en Guienne ; nobles hommes Jean
de Rostaing, sous-maire de la dite ville, Grimon
Ayquen prévôt d'icelle, Jean Dussault, Grimon
Gassies, Jean Gimelle vieux, Jean Miqueau, Jean
de Moncucq, Louis Macavau, Guilhem Centot,
Pierre de Lestoüar, Jurats et honorables hommes
et sage maître Noloc de Guiton, licencié ez lois,
Procureur de la dite ville de Bordeaux, tant pour
eux, que pour et au nom de toute la Communauté de ladite ville d'une part, et honorables
hommes, *Maître Martial de Villars, Guirault Vidal, consuls de la dite ville de Ste-Foy,* tant pour
eux au dit nom, que comme Procureurs et syndics, suffisamment fondés de tous les autres Consuls, Bourgeois, Manants et habitants de la dite
ville de Ste-Foy, ainsi qu'ils ont fait apparoir par

instrument authentique, fait et passé en la dite ville de SteFoy par *Pierre de la Rivière* et *Pierre Deschamps, notaires,* daté du 10° jour du mois de juillet l'an 1503, d'autre part, lesquelles parties dessus-nommées en condescendant en bonne paix et union, ont transigé, appointé et accordé en la forme et manière que s'en suit.

Et premièrement *a été dit et accordé que les vins des Crus des Consuls, Bourgeois, Manants et habitants du dit Ste-Foy,* dedans les murs *que croîtra en la Terre et Juridiction de Ste-Foy, et aussi ès paroisses de la Rouquette et de St-Avit du Tizac,* Juridiction de Montravel, depuis le chemin qui vient du Fleix jusques à St-Antoine, et par-dessus, depuis le chemin qui vient de Falgueyrolles et va à la Rouquette, *pourra être amené passé la fête de St-Martyn d'Hiver* en ça, *au dedans des Faux-Bourgs, Clôtures et murailles de la dite ville et cité de Bordeaux,* et ne seront tenus iceux habitants du dit Ste-Foy mener ny conduire, ny faire conduire et mener les dits vins dessous Libourne pour les mener dedans les faux-bourgs, clôtures et murailles de la dite ville et cité de Bordeaux, ny aux Chartrons jusqu'à ce que la dite fête de St-Martin soit passée.

ITEM. — Et au cas qu'ils fussent amenés avant le dit jour, les dits vins seront donnés pour Dieu et les bois et vaisseaux brûlés, et ceux qui les auront amenés, condamnés dès à présent et du consentement des susdits pour chacun thonneau qui se trouvera à 300 sols bordelais, et en suivant les coutumes anciennes de la dite ville de Bordeaux gardées et observées de tous temps et ancienneté en tel cas.

ITEM. — Plus *afin que les dits seigneurs de la ville de Bordeaux soient mieux certifiés que les dits vins* des dits seigneurs de Ste-Foy paroisses de St-Avit-de-Tizac et de Rouquette, *les dits Consuls auront une merche (1) de laquelle les dits*

____

(1) Marque.

vins seront merchez sur les dits lieux et en sera par eux baillé une pareille aux Sous-Maire et Juretz, pour vérifier si les dits vins sont du dit cru, pour obvier aux fraudes et tromperies qui s'y pourraient faire et d'abondant, *apporteront ceux qui amèneront les dits vins, certification signée* aux dits Sous-Maire et Jurez, *du nombre du dit vin, crû des dites Terre et Seigneurie de Sainte-Foy et paroisses de St-Avit de Tizac et de la Rouquette,* dessus limitées et confrontées.

ITEM. — A été appointé que emprès la dite fête de St-Martin *les dits vins* des dits Consuls, Bourgeois, manants, et habitants du dit Ste-Foy dedans les murs croissant ès dites Juridiction et paroisses dessus confrontées et limitées *pourront être amenés et conduits et mis au dedans les clôtures et murailles des Faubourgs anciens* de la dite ville et cité *de Bordeaux et ès chais ordonnez* par mesdits seigneurs les Sous-Maire et Jurez de Bordeaux, avant l'entrée faite des dits vins en ladite clôture, sur même peine et conditions que dessus.

ITEM. — *Seront tenus les dits seigneurs de Bordeaux de mercher ou faire mercher les dits vins ou vaisseaux et de délivrer chai raisonnable et couvert dedans les dits faubourgs anciens de Bordeaux,* dedans six heures après qu'ils en auront été requis, pourvu qu'ils en soient requis dedans temps dû et compétent et qu'il ne soit point de nuit, *desquels chais ceux à qui seront les dits vins seront dedans, en payant le droit de chayage rai*sonnable par tonneau.

ITEM. — A été accordé que là et quand *les dits vins* seront ainsi menés et en très au-dedans les dits murs et fauxbourgs anciens de Bordeaux, ils *ne pourront être vendus à détail ni vendus en ladite ville à même des habitants* d'icelle, pour boire à tineau ni aultrement dedans les dites clotures et murailles de la dite ville et cité de Bordeaux.

ITEM. — En faisant la dite délivrance des dits vins ainsi mis aux dits chais après qu'ils auront été vendus, *seront tenus ceux à qui seront les dits vins sonner et appeler les dits Maire, Sous-Maire et Jurés de la dite ville de Bordeaux ou leur Commis,* sur même peine que dessus, et quand seront *enregistrés au Registre de la dite ville la quantité des dits vins,* pourvu que si après la dite sommation les dits Sous-Maire, Jurés ou leur Commis ne veulent mener, pourvu qu'ils y aient été nommés heure compétente, et qu'il ne soit pas de nuit, comme dit est, ceux de qui seront les dits vins les pourront transporter là où bon leur semblera, les dites six heures passées.

ITEM. — *Et au cas que les dits consuls et habitants de Ste-Foy ajoutaient aucun autre vin autre que celui des territoires ci-dessus mentionnés et déclarés,* et sous ombre de ce les menaient ou faisaient mener en la présente ville, se consentant, dès à présent, ceux qui feront le contraire être *déboutés et privés du droit qu'ils prétendent avoir de mettre et amener les dits vins du dit crû en la dite ville et fauxbourgs,* aussi *le vin qui ne trouvera être tel sera donné pour Dieu, et les conducteurs* de tels vins être *condamnés* envers la dite ville à l'amende arbitraire par mesdits Seigneurs de la dite ville.

ITEM. — Que si aucun des dits habitants savent aucun qui vienne contre les dits accords, appointement et transaction, seront tenus les révéler et notifier aux dits Sous-Maire et Jurés, sur même peine d'être privés de la dite permission et d'autre amende arbitraire, tout fraubarats en décextion cessant quant à la présente cause.

ITEM. — A été appointé entre les dites parties, qu'au cas que les dits Consuls, Bourgeois, Manants et Habitants de Ste-Foy ou aucun d'eux acquit une maison au temps à venir dedans les dits faux-bourgs anciens de la dite ville de Bordeaux, au dit cas pourront faire mettre en ladite maison et chai leurs vins après le dit terme de St-Martin passé, à la condition que dessus, sans payer aucun chayage, en portant la dite certification et faisant les choses susdites, et que les dits vins auront été merchés de la dite merche de la ville de Bordeaux, pour laquelle merche, les dits habitants du dit Ste-Foy ne payeront que six audits, à la dite ville de Bordeaux, par tonneau.

ITEM. — Aussi est dit que *les dits Seigneurs de Bordeaux seront tenus bailler chai aux dits habitants de Ste-Foy pour mettre leurs dits vins par la manière susdite au plus pré des Portes de La Grave et depuis le Puits qui va au Porge de Saint-Michel jusqu'à Sainte-Croix, et depuis la Maison de Cron jusqu'au Château Trompette*, en payant, comme dit est, tout le dit chayage et Merche, sans y faire, par les dits habitants, aucune fraude à même peine que dessus et de perdre leur dit droit et permission, si est trouvé par eux ni leurs serviteurs ni entremetteurs faisant le contraire des dits articles et appointements parmi ce qu'il est dit, appointé et ordonné entre mes dits Seigneurs Sous-Maire, Jurés et Procureur de la présente ville ; Procureurs et syndics des dits Consuls, Bourgeois, Manants et Habitants de Ste-Foy vouloient poursuivre le procès intenté par devant mondit Seigneur le grand Sénéchal de Guienne, pour raison de la dite matière les dits procureurs et syndics, ci-dessus nommés promettent prendre le procès sur eux et icelui poursuivre à leurs dépends.

Pour lesquels accords et appointements susdits entretenir, observer et garder de point en point, ainsi que dessus est dit, les dites parties dessus nommées, tant d'un côté que de l'autre, de leur bon gré, pure, franche et agréable volonté, ont soumis et soumettent tous et chacun les biens de la communauté des dites villes à toutes Juridictions quelconques, en promettant et en jurant icelles dites parties dessus nommées sur les saintes

Evangiles de Dieu, touchées de leurs mains, que
le tout à leur loyal pouvoir entretiendront et
feront entretenir, observer et garder dorénavant
et à tous temps, sans faire ni venir au contraire,
tout frau et mal engin cessant, desquelles choses,
appointements et accords susdits, les parties dessus nommées ont repris à nous Clerc et Notaire
susdits, deux lettres, cartes et instruments d'une
même teneur leur être faites, afin que l'une demeure aux habitants de Bordeaux, l'autre aux
habitants de Ste-Foy, pour perpétuer mémoire
des pactes, accords, appointements susdits, et
icelles être signées de nos mains scellées du sceau
ordinaire de la dite ville de Bordeaux, ce que leur
avons octroyé comme de raison pour le devoir de
nos offices en témoin de vérité, et fut fait et passé
ladite ville et cité de Bordeaux au dedans la Maison commune de la dite ville le 24ᵉ jour du mois
de juillet de l'an 1503.

Et pour ce qu'au passement et accord fait entre
les dites parties, des dits articles et appointements
susdits avoir été dit et ordonné par les dits procureurs syndics apporteraient ratification des Manants et habitants en ladite ville de Ste-Foy des
appointements susdits et icelle ratification bailleront entre les mains des dits Monsieur le Clerc et
Procureur de ladite ville et cité de Bordeaux, lesquels la pourraient accepter pour et au nom des
dits Sous-Maire et Jurés.

C'est à savoir qu'aujourd'hui 24ᵉ jour du mois
d'août de l'an susdit, se sont comparus et présentés par devant honorables hommes et sages.
Monsiuer Maître Jean de Carle, Docteur ès-
droits et clerc ordinaire de la dite ville, et Maître
Nolot de Guiton, Licencié en Lois, Procureur de
la dite ville, *Guilhem Grégoire, consul de la dite*

ville de Ste-Foy et le susdit de Vilars, lesquels ont montré et baillé entre leurs mains *la ratification* et approbation faite par les Manants et Habitants de la dite ville de Ste-Foy, du contenu des articles et appointements susdits, ainsi qu'il appert et est contenu en un instrument, sur ce fait et passé duquel la teneur s'en suit.

In nomine Dominus Amen. — Sachent tous présent et avenir qu'aujourd'hui que l'on compte en date du *16° jour du mois d'août 1503*, régnant très que excellent Prince Louis par la grâce de Dieu Roy de France, ont été présent et établis en la dite ville de Ste-Foy de Dordogne et dans la maison des hoirs de feu Jacques Chevallier, en la présence de Mons notaires et témoins ci-dessous écrits :

A savoir est très honorables et sages personnes Maître Louis Gentillot bâchelier ès-droits, Raimond Breton, Antoine Lajonie, François Mathieu consuls de l'an présent de la dite ville ; Messire Denis Mollier licencié en chacun droit, curé de la ville ; Noble Pellegrin de Broilhac ; Messire Raymond Grégoire Comandeur de Ste-Foy ; Messire Jean Lemarrier, Comandeur de St-Antoine-du-Breuilh ; Messire Elie Ortignier officiel du dit Ste-Foy ; Messire Guilhem Chivalier, Recteur d'Eynesse ; Messire Girault Vidal ; Messire Etienne Lacoste, Recteur du Canet ; Messire Jean Sapientis ; Jean Esquibat, prêtre ; Martial de Villars, notaire ; Géraud Vidal ; Naudin de Costa ; Pierre la Johenna ; André Dart bourgeois de la dite ville et Consuls l'année passée ; Jean de la Mongie, Guilhem Lacoste, Jean Aulbin, Geoffre Garel, Bruga Lacoste, Etienne Gauthier, Peyrot Baraton, Jean Piquet, Phélipou Colombe, Léonard Dosel, Jean de Saint-Astier, Antoine Mainaug, Yvonnet Fort, Etienne Faure, Pierre Martin, Pierre Mestre, Pierre Lajus, Messire Jean Cornet, Micheau Dumans, Pierre Halart, Berdot de Lubmier, Philipeo Morand, Léonard Cellerier, Jean Bergier, Bredot de Saint-Astier, Jean Geysse, Mathurin du Boucclée Nord, Martial Lermite, Loys de Castelneuf, Phéliot Totquateau, Loys Mathieu, Pierre Durieu, Jean Ducac, Micheau Pinaud, Jacques Busserete, Estienne Dubergier, Peyrot Yssard, Meric Molet, Jean Butin, Jean Grégoire, Estienne Goliny, Jean Rogier, Martial Maisonnez, Heliot Esquivat, Marc Martin, Marc Foreau, Pierre Lermite, et Jean Breton, tous manants et habitants de ladite ville de Ste-Foy, *illecques congreguez au son de la Campanne* avec que mesdits seigneurs les Consuls et Jurés de la dite ville et autre dessus nommés, ainsi qu'est de bonne coutume, tenant consulat et traitant des affaires et négoces de la dite ville, lesquels et un chacun d'eux, pourtant qu'à chacun d'eux touche et peut toucher, présents et reputants la plus grand, seine et grand partie des manants et habitants de ladite ville, tant pour eux que pour les autres habitants en icelle, de leur bon gré et agréable volonté, *ont ratifié, approuvé et loué*, ratifient approuvent et louent tout le contenu en un instrument, passé et accordé entre nobles hommes, Jean de Rostaing, sous-maire de la Ville et cité de Bordeaux, Grimon Eyquens, prévot d'icelle, Jean Dusault, Grimon Gassies, Jean Gimel le vieux, Jean Miqueau, Jean de Moncacq, Loys Matravau, Guilhen Centrot, Pierre de Lestoüar, jurats et honorables hommes, sage Maître Nolot de Guiton, licencié en loix, Procureur de la dite ville et cité de Bordeaux, tant pour eux que pour et au nom de la dite ville et cité de Bordeaux d'une part ; et honorables hommes, *Maître Martial de Villars, Girault Vidal, Consuls de la dite ville de Ste-Foy*, tant pour eux qu'au nom et comme Procureurs et syndics suffisamment fondés de tous les autres Consuls, Bourgeois, manants et habitants de la dite ville de Ste-Foy, ainsi qu'il appert par instrument authentique fait

et passé en la dite ville de Ste-Foy et Maître
Pierre de Larivière et Pierre Deschamps, notaires,
date du 10ᵉ jour du mois de juillet de l'an 1508
en présence de Pierre Meymat, demeurant à Bordeaux, Maître Loys Livandie, notaire, et Girault
de Feuilhe du Païs de Béarz, ainsi qui iceux rati-
fiants ont fait aparoir de la dite transaction et accord par instrument authentique, régie fait et
passé en ladite ville et cité de Bordeaux par Maître Pierre Dubois et Etienne Galisson, notaires
royaux en Guienne, daté du 24ᵉ jour du mois de
juillet de l'an 1503, lequel instrument et tout le
contenu en icelui a été lu mot pour mot, donné
à entendre par nous, notaires, ci-dessous écrits
aux dits consuls, jurats et habitants de la dite
ville de Ste-Foy, dessus écrits et nommés et ont
promis et juré iceux Consuls, Jurés, et autres dessus nommés et un chacun d'eux, que tout le contenu en icelle transaction tiendront, garderont et
feront tenir, garder et observer à leur pouvoir dorénavant et à tout temps, sans faire ni venir au
contraire, tout frau et mal engin cessant, desquelles choses ratifiant et approuvant susdits les dits
Consuls, Jurés et Manants de la dite ville, et un
chacun des sus-nommés, en ont demandé et requis
à nous notaires ci-dessous écrits, lettres, instruments, un ou plusieurs leur être faits, ce que leur
avons octroyé en présence de *Loys Cheppier Mercier* et *Loys Seigneurie, témoins* à ce appelés et
*de nous Pierre Deschamps, Louis Lunard, Clercs
et Notaires Royaux demeurant en ladite ville de
Ste-Foy*, qui en toutes et chacunes les choses dessus dites ainsi que disaient et faisaient, avons été
présents avec les témoins dessus nommés et écrits
et d'icelles avons reçu et retenu le présent instrument, écrit de la main de moi Pierre Deschamps
et en témoin de foi et vérité nous sommes ici
écrits et signés de nos seings manuels desquels
nous usons en nos dits offices de notairerie. Ainsi
signé Deschamps, Lavaud, notaire, pour avoir été

présent avec le dit Deschamps et reçu le dit instrument.

Et ce fait par le dit Procureur syndic susdit a été baillé et délivré entre les mains du dit Procureur de la ville et cité de Bordeaux, une *merche de fer engravée au bout en écuceau, au dedans duquel est engravé une F et une S, au milieu un lyon, et par le dessus trois fleurs de lys, et par le dessous une tour* de laquelle seront dorénavant merchés les dits vins dès crûs des dits Bourgeois, Manants et habitants de la dite ville de Ste-Foy, requérant les dits syndics et procureurs susdits être et instrument leur être concédé et octroyé par nous, notaires, ci-dessous nommés de la présentations et délivrance de leur dite ratification et marque, ce que leur avons octroyé.

Fait et passé en la dite ville et cité de Bordeaux le dit jour 24° d'août an que dessus.

Ainsi signé De Carle, clerc ordinaire de la Ville, P. Duboys, notaire royal, et E. Galisson, notaire royal.

CHAPITRE XIII

L'Hygiène et la Prophylaxie à Sainte-Foy
aux XVIIᵉ et XVIIIᵉ siècles

La suette miliaire de nos jours et au XVIIIᵉ siècle. — Création d'un bureau de santé en 1621. — L'épidémie de miliaire en 1682. — Les jurats de Sarlat recommandent aux Consuls de Sainte-Foy le traitement du Dʳ Brunet. — Mesures contre la peste au XVIᵉ siècle. — Un cas de rage humaine. — Remède contre les fièvres. — La crédulité publique et le charlatanisme.

La suette miliaire est une maladie endemo-épidémique, dont la cause efficiente — évidemment microbienne — demeure inconnue en dépit des recherches des Docteurs Roux et Chantemesse en 1887 et des investigations de Féré et Chantemesse lors de l'épidémie de 1906.

Cette maladie contagieuse est caractérisée essentiellement par la triade symptomatique suivante qui lui imprime un cachet tout particulier :

1° *Sueurs profuses* extraordinairement abondantes apparaissent dans la nuit sans aucun signe prémonitoire important, sinon quelques vagues frissons et un peu de faiblesse.

2° *Eruption erythémateuse* accompagnée de miliaire : la peau devient sèche, d'un rouge vif, des démangeaisons parfois intolérables s'installent, puis apparaît sur les téguments une éruption de boutons miliaires rouges et coniques dont le sommet blanchit avant de s'affaisser.

3° *Symptomes nerveux inquiétants.* En même temps que la crise sudorale apparaissent des accidents nerveux particuliers qui concourent à donner à l'évolution de la maladie une physionomie toute spéciale. Le malade est pris soudain d'une crise d'étouffement, d'angoisse atroce ; il éprouve une impression pénible d'écrasement pendant que son cœur affolé bat à coups sourds et précipités dans sa poitrine. Le délire s'empare d'eux, s'accompagnant fréquemment de convulsions et de crampes avec température élevée.

La période d'invasion de la suette, remarquable par son début bruyant, par les sueurs et par l'angoisse, s'étend jusqu'à l'éruption et dure, en moyenne, de deux à quatre jours. Les éléments éruptifs apparaissent au cou, à la nuque, aux aisselles, puis se propagent au tronc qu'elle frappe à la partie postérieure, puis au thorax et au ventre. La période éruptive peut durer de huit à dix jours, après quoi, dans les cas favorables, survient la desquamation, pendant laquelle le malade « *pèle* » littéralement et entre en convalescence pour laquelle il faut compter de six à huit semaines. La mort survient, fréquemment, dans l'évolution de la maladie. On a cité des cas de mort six à huit heures après le début de l'affection. Rien n'est plus terrible que le tableau réalisé par la suette foudroyante : En temps d'épidémie, un sujet est terrassé en plein travail. Brusquement son corps se couvre de sueurs ; tandis que la fièvre s'allume et ne cesse de croître avec une très grande rapidité, les signes nerveux apparaissent. Le malade, les yeux injectés, en proie au délire, éprouve la sensation inexprimable de l'angoisse, accompagnée de palpitations. Une suffocation, une syncope, la mot survient, telle est la forme maligne foudroyante, à vrai dire exceptionnelle.

Une forme un peu moins rapide est celle où, au cours de phénomènes nerveux, le malade meurt vers le 2ᵉ ou 3ᵉ jour. Dans d'autres cas, la mort survient le 4ᵉ ou 5ᵉ jour.

Ces quelques renseignements généraux sur la suette miliaire étaient, nous semble-t-il, indispensables pour nos concitoyens qui ont eu la chance de ne pas voir en 1906 l'épidémie des Charentes et des Deux-Sèvres déferler sur notre département.

Quelle est la cuase de la suette ?

Nous avons, au début de cet article, déclaré que, évidemment microbienne, la cause efficiente de la suette demeurait totalement inconnue.

A l'Académie de médecine, le 23 octobre 1906, MM. Chantemesse, Marchoux et Haury ont développé une séduisante hypothèse basée sur les observations faites en Charente. Pour ces docteurs, la suette serait une maladie d'un rat des champs (campagnol) transmissible à l'homme par les puces.

Cette hypothèse, excessivement intéressante mais non vérifiée, a été vivement combattue par des auteurs qui ont apporté, à l'encontre de cette théorie, des faits absolument contraires aux ingénieuses déductions qui avaient été faites. Si l'agent infectieux de la suette miliaire demeure incertain, il n'en est pas moins vrai que la maladie est connue de la plus haute antiquité.

Nous empruntons à L. Colin dans le Dictionnaire Encyclopédique de Dechambre les curieuses notes suivantes sur la Suette Miliaire.

Colin, dans sa remarquable monographie, évoque plusieurs affections qu'il englobe dans le même cadre : 1° le mal cardiaque (passio cardiaca de Celse et Galien) signalé au IIIᵉ siècle avant J.-C. et au IIᵉ siècle de l'ère chrétienne ; 2° la suette anglaise observée de 1485 à 1551 ; 3° la suette picarde apprue en 1712 ; 4° la paralvsie cardiaque qu'on observa à Rœttingen en 1802.

En France, c'est en 1702 à Montbéliard que la suette miliaire (dite suette picarde) fit son apparition pour la première fois ; puis, pendant le xviii° siècle, de 1712 à 1800, la maladie envahit 27 départements, à savoir : 1° Dans le Nord, c'est le groupe de la Picardie, de la Normandie, de l'Ile-de-France, de la Brie et de l'Orléanais, comprenant les départements : Pas-de-Calais, Nord, Somme, Seine-Inférieure, Eure, Calvados, Manche, Aisne, Oise, Seine-et-Oise, Seine, Seine-et-Marne, Loiret. Ce groupe a une grande importance, la suette miliaire a longtemps été la « suette des Picards ».

2° Dans l'Est : l'Alsace, la Franche-Comté, la Savoie, formant une série de groupes.

3° Dans le Centre : l'Auvergne a payé un tribut assez léger à la maladie ; le Puy-de-Dôme, l'Allier, la Creuse ont été parfois atteints.

4° Au sud, par contre, dans le Languedoc, les ravages de l'épidémie de 1782 qui sévit surtout dans le Tarn, furent terribles.

C'est à l'épidémie de suette miliaire de 1782 que se rattachent les curieux documents que nous avons extraits des Archives Municipales de Ste-Foy; nous les avons fait précéder d'une intéressante pièce qui montre qu'à cette époque déjà, le souci de l'hygiène publique et de la santé des gens n'étaient pas lettre morte.

Nous n'en voudrions pour preuve que la création, à Ste-Foy-la-Grande, par ordre du Maréchal de Bervick, en date du 6 octobre 1721, d'un *Bureau de Santé* à la tête duquel se trouvent avec un médecin et un chirurgien de la ville les plus notables habitants du pays et chargés de s'assurer de la quantité et qualité des marchandises suspectes et se faire montrer avec les passeports, les certificats de santé des voyageurs venant de régions où sévit l'épidémie.

Jacques Fits-James, duc de Fits-Jams, de Berwick, de Liria et de Xerica, pair de France, maréchal de France, Grand d'Espagne, chevalier des Ordres de la Jarretière et de la Toison d'Or, Gouverneur et Lieutenant-Général de la Province du Haut et Bas Limousin, du Conseil de Régence, général des armées du Roi, commandant en chef, pour Sa Majesté, dans la province de Guyenne.

Les progrès que la *Maladie contagieuse* a fait dans le Gévaudan nous obligent de prendre de nouvelles précautions pour empêcher la communication dans les principales villes soumises à notre commandement, et, ayant considéré que celle de *Sainte-Foy* tant par sa situation que par le nombre de ses habitants mérite une attention singulière.

Nous ordonnons, conformément à l'article 4 de l'ordonnance du Roi du 6 septembre dernier (1721) qu'il sera établi dans la ville de Ste-Foy sous notre autorité et celle de M. Boucher, Intendant de la Généralité de Bordeaux, un *Bureau de Santé*, lequel sera composé de sieurs *de Lalande des Fieux, de la Siguenie, Meymac*, juge, *Jauge*, substitut du procureur du Roy ; *Bellet*, subdélégué ; *Martial Fauneau, Dupuy l'aîné* ; *Jauge*, ancien capitaine ; *Martial Mestre* ; *Mestre*, médecin, et *Barbot*, chirurgien.

Ce Bureau s'assemblera à l'Hôtel-de-Ville, deux fois la semaine et plus souvent, s'il est nécessaire, pour délibérer sur les précautions qu'il conviendra de prendre, tant pour la garde et sûreté de la ville, que pour empêcher l'entrée des marchandises suspectes. A l'effet de quoi il se fera rendre compte de la qualité et de la quantité des marchandises de toute nature qui seront entrées en la ville, et se fera représenter les passeports et certificats de santé et autres pièces qu'il jugera à propos, lui permettant de faire tels règlements qu'il croira nécessaire pour la sûreté de la ville à condition, toutefois, de les faire approuver par

Nous ou par M. Boucher, avant de les faire mettre
à exécution. Dans les cas graves qui pourraient
intéresser d'autres personnes que les habitants de
la ville de Ste-Foy et où il serait besoin d'une
autorité supérieure, lui enjoignons d'observer et
faire observer exactement les ordonnances du
Roi, celle par nous rendue et par M. Boucher.

Fait à Montauban le 6 octobre 1721.

Les officiers municipaux sont à la tête du Bureau de Santé, comme commissaires nommés par
le Roy, et le Subdélégué doit avoir sa place immédiatement après le juge royal.

*
* *

Lettre des Consuls de Sarlat à la Municipalité
de Ste-Foy au sujet d'une *épidémie de suette milliaire* qui a sévi dans leur ville et qui a disparu,
grâce à la méthode de M. Brunet ; le même résultat a été constaté à Domme et dans la paroisse de
St-André :

« Messieurs,

Nous avons l'honneur de vous envoyer les observations qu'ont fait nos médecins sur l'épidémie
qui nous a désolé pendant quelques jours. Elle
contient, en abrégé, l'histoire de notre délivrance.
C'est une chose difficile à croire et dont, pourtant, nous avons été les témoins.

Tout le monde était plongé dans la tristesse et
dans la consternation. M. Brunet arriva ; il nous
assura que cette maladie n'était à craindre qu'autant qu'on en faisait cas. Il fit lever tous nos malades ; dans ce moment, ils furent tous guéris, et
le public parfaitement rassuré.

Ainsi, Messieurs, quittez le lit dans quel état
que l'on soit où ne pas s'y mettre, se rassurer,
éviter ce qui échauffe est un remède assuré et au

moyen duquel la suette ne mérite pas le nom de maladie.

Cette méthode a eu le même succès à Domme et dans la paroisse de St-André, où l'épidémie avait déjà enlevé plusieurs personnes.

Nous nous empessons de vous en faire part afin que si cette épidémie arrive dans votre ville, elle n'y fasse pas les ravages que nous avons éprouvés et que, si elle y est déjà, vous puissiez la faire cesser sur le champ.

Quelques médecins, étonnés, ont refusé d'adhérer aux idées de M. Brunet, mais les plus obstinés ont été forcés de se rendre à l'expérience.

Sarlat, le 20 juin 1782.

de Selves, 1er consul.

Roys, consul.

Lacalprade, procureur syndic.

*

* *

Observations faites à Sarlat sur la maladie épidémique appelée *fièvre milliaire*, vulgairement *suette*.

Le nombre de malades était de 600 et déjà 41 personnes avaient péri le 16 juin, lorsqu'un médecin qu'on avait appelé de Toulouse, arriva. Ce médecin assura par ses réflexions particulières sur les observations générales et sur la maladie de l'épidémie, que cette épidémie n'était, pas du tout, dangereuse par elle-même ; que la frayeur, un air trop chaud et tout régime échauffant, la rendraient, cependant, mortelle ; que le seul moyen de la faire cesser était donc : 1° Calmer les esprits découragés en assurant que cette maladie n'était rien en soi ; 2° de faire lever les malades déjà atteints de cette maladie, dans quelque état qu'ils puissent être ; 3° de recommander de ne point s'aliter soit que la maladie se déclarât la nuit ou le jour — proposa cette méthode aux médecins soussignés qui l'approuvèrent.

Elle fut mise, sur le champ, en usage, et cela a eu le succès le plus heureux et le plus complet même chez les malades qu'on croyait les plus désespérés. On a remarqué, de plus, que tous ceux qui furent attaqués le même jour avec des accidents graves, moyennant la précaution de ne pas se coucher ou de se lever à l'instant, se sont trouvés guéris, quoique couverts d'éruptions.

Nous nous empressons pour le bien de l'humanité, d'annoncer au public qu'on ne doit point favoriser l'éruption ; qu'il faut, dans tous les cas de la maladie, sortir, tout de suite, le malade du lit et lui faire respirer un air frais.

Nous devons ajouter que cette méthode vient d'avoir le même succès à Domme où s'est transporté le médecin et où l'épidémie naissante avait déjà fait des ravages considérables.

Grégis, docteur médecin ; Marnier, médecin du Roy ; Meyrac, docteur médecin ; Rey,-Lajarthe, docteur médecin, Bousquet, docteur médecin, Laroche, docteur médecin, Duloing, docteur médecin.

Nous, Consuls et procureur syndic soussignés, certifions que la méthode indiquée par les observations ci-dessus, a eu dans cette ville et dans celle de Domme un succès étonnant. »

E suppl. 5.244 — G. G. 81 (Liasse) 66 pièces.

*
* *

Le mérite de la méthode émmemment simple du Dr Brunet c'est qu'elle est à la portée de toutes les bourses.

C'est là, qu'on le veuille ou non, un traitement à base psychotéraphique presque exclusive : « Cette maladie n'est à craindre qu'autant qu'on en fait cas » déclare le médecin Toulousain. Nous le retiendrons comme un lointain et génial précurseur du fameux Coué de Nancy. Comme ce dernier, il peut se vanter de guérisons..... miraculeuses. Mais comme celui-ci, le Dr Brunet, en dépit des éloges, paraît-il, mérités, a dû faire, contre lui, l'unanimité des apothicaires vexés de voir qu'on peut guérir des malades sans médicaments.

*
* *

Il semblerait, à première vue, que c'est une gageure de vouloir rapprocher des choses que l'on croit généralement opposées : l'hygiène et la prophylaxie avec le Moyen-Age.

Les esprits mal informés pensent que, seules les découvertes scientifiques modernes ont permis de lutter, efficacement, contre les redoutables épidémies meurtrières qui ravageaient, périodiquement l'Europe. C'est incontestablement vrai ; mais il n'en faudrait pas conclure, avec une désinvolte légèreté, que le souci de la sauvegarde de la santé des collectivités est d'application récente.

Dès le haut Moyen-Age, nous voyons apparaître cette constante préoccupation dans l'esprit des élus des plus petites communes : La sauvegarde de la santé publique. L'entretien d'un bon état sanitaire est à la base de l'administration Municipale, et tout au long des registres de Jurade sont consignés des arrêtés et règlements avec prohibitions et défenses et indications de peines — toujours très sévères — contre les contrevenants. Certes, il est quelques-uns de ces règlements qui nous font sourire, car leur inefficacité est, pour nous, patente ; d'autres, en revanche, sont encore d'actualité.

Au Moyen-Age, c'est un empirisme un peu obscur et nuageux, — mais fruit de l'observation courante — qui est l'animateur des décisions concernant la santé publique et sa sauvegarde, nous dirions aujourd'hui l'hygiène et la prophylaxie. Nous n'oserions trop en médire, pensant que l'empirisme peut, lui aussi, par des voies détournées, conduire à de splendides et fécondes découvertes.....

Dans les archives de Ste-Foy, entre autres choses nous avons glané d'intéressantes décisions des Consuls au sujet de la peste. Une lépreuse, accusée de paillardise — par surcroît — est expulsée de la ville. Un original remède contre la fièvre. Un cas de rage humaine. Enfin pour terminer comme il convient ce chapitre, nous indiquerons un cas de charlatanisme où la crédulité publique se donne — comme de nos jours d'ailleurs — libre cours.

*

* *

MESURES CONTRE LA PESTE

Les 20 septembre et 7 octobre 1549, la jurade décide qu'on fermera la rue de la Mer et qu'on mettra « en à ung chacun canton de la dite ruhe de la Mar une potance. »

On traitera avec un homme expert en la matière pour soigner les pestiférés et désinfecter les maisons. Les Consuls fourniront les drogues pour les malades pauvres seulement.

Le 1er septembre 1555. — Les Consuls de Ste-Foy décident d'installer aux portes de la ville des postes de garde, à cause de la peste qui règne dans plusieurs lieux circonvoisins.

Le 11 mars 1558. — Ordre à une femme accusée de paillardise et suspecte de lèpre de quitter la ville, ainsi que ceux qui sont atteints de la même maladie.

Le 13 janvier 1561. — On installera des portiers à cause de la peste qui sévit à Toulouse. Délibération concernant les mesures àprendre contre la peste et la famine 26 mars 1630 : « Les malades pauvres seront transportés avec leur famille dans des huttes établies hors de la ville. On payera un ou deux chirurgiens pour les traiter. A cet effet, une somme de 300 livres sera imposée sur les habitants les plus aisés. Les Consuls de Ste-Foy passèrent une convention avec le sieur Mouragne, médecin, à raison de 8 livres par semaine pour soigner les pauvres. De plus, il est spécifié que : « à la fin dudit traictement, sera donné honnestement audict Mouragne, argent pour faire sa quarantaine ».

Le 15 juillet 1546. — Au sujet de la peste de Bordeaux, Relation de ce que « la malladie contagieuse augmente grandement dans la ville de Bordeaux et que mesmes, à cause de ce, les collèges et universités de la dite ville ont fermé depuis peu de jours et que Messieurs les Maire et Jurats de la ville de Libourne font faire garde aux portes de la ville et empêchent que les venants de la dite ville de Bordeaux n'entrent dans leur ville, comme aussi les villes de passage qui sont sur le fleuve de Garonne comme sont Marmande, La Réolle, Thonneins, Le Port Ste-Marie et la ville d'Agen ne souffrent qu'aucun venant de la dite ville de Bordeaux n'entre dans leur ville. »

En date du 11 mai 1731, défense de tenir des « brusleries dans le cœur de la présente ville, lezquels seront dans les lieux les plus reculés de la ville et moins fréquentés, pour esviter les inconvénians qui pourroient arriver par l'infection et puanteur du vin bruslé ».

Le 15 avril 1747. — Il est fait mention dans le registre de la Jurade du passage « d'un chien soupçonné de rage. Il est ordonné aux habitans qui ont des chiens de les tuer ou de les tenir renfermés pendant l'espace de 40 jours ».

Le 2 juin 1721. — Ordonnance de l'Intendant portant que les habitants de Ste-Foy-le-Grand « dans les maisons desquels il y a des lieux qui n'ont point de cave seront tenus d'en faire dans l'intérieur de leurs maisons à peine contre chacun des refusans de 100 livres d'amende. »

Le 30 avril 1777. — Ordonnance du Bureau des Finances portant que les habitants de Ste-Foy « seront tenus de supprimer aux façades de leurs maisons les tuyeaux de cheminée et de latrine qui débordent dans les rues — comme aussy de couvrir leurs éviers de façon que les eaux ne tombent sur le pavé que de 6 pouces de haut. »

Le 23 décembre 1794. — Défense aux bouchers de la ville « de tuer aucun bœuf, veau et vaches sans préalablement représenter les dits bestiaux à l'officier municipal de police et un certificat des lieux où ils les auront pris, signé des propriétaires, certifié des officiers de justice ou des curés des lieux, ladite mesure prise à cause de la maladie contagieuse qui sévit aux environs de Saint-Emilion. »

Un original remède contre les fièvres

employé dans la juridiction de Ste-Foy en 1772 avec succès :

1.° Purger le malade.

2° Lui donner une dragme de quina avec une pincée d'iris de Florence et une prise d'azarum le lendemain de la purgation et deux heures avant l'accès.

3° Continuer deux jours de suite le quina, avec l'iris et l'asarum, 3 prises en tout.

4° Comme les fièvres sont fort opiniâtres cette année, si elles reparaissoient quelques jours après, il faudroit se purger de nouveau et reprendre quelques prises de quina avec l'iris et l'azarum.

Relation d'un cas de rage humaine

Dans le cahier des baptêmes, mariages et sépultures de l'Eglise de St-Avit-du-Moiron de 1758 à 1790 et de l'Eglise de St-Nazaire son annexe nous trouvons l'indication du décès d'un enfant qui avait été mordu par un chien enragé :

« Il resta quatre jours sans manger ni boire, vray hydrophobe, il avoit horreur de l'eau et de toute boisson, quoiqu'il fît des efforts pour en prendre ; la gorge étoit prise ; il ne pouvoit avaler ; il ne me paroissait pas respirer par le nez qu'il se frottoit sans cesse ; ses cris ressemblaient aux aboyemens de chiens (11 mai 1784).

Le 22 juin 1771. — Dénonciation du sieur Miramond, vicaire, contre une femme « qui abusant de la simplicité et de la crédulité de nombre de personnes de son état, leur aurait persuadé qu'elle avait plusieurs secrets pour guérir radicalement toutes sortes de maladies, et que, dans cette persuasion, quelques-uns auraient pris de ses remèdes, et qu'il est de bruit public qu'elle disait tenir les dits remèdes ou quoi que ce soit la recette pour les composer d'un envoyé de St-Jean d'Abel, voyageant par l'air. »

CHAPITRE XIV

A propos de ceux de la R. P. R.

La révocation de l'Edit de Nantes. — Pratiquants et prosélytes au XVIIe siècle. — La propagande des « femmes fortes ». — Une recrudescence de la persécution au XVIIIe siècle. — Baptême sous condition. — Abjurations. — Mariages au désert. — Un renouveau des « dragonnades ». Emprisonnement des Pagès, des Sandeaux pour délit d'opinion religieuse par ordre du Maréchal de Richelieu.

Le 18 octobre 1685, la Révocation de l'Edit de Nantes n'éclata pas comme un coup de tonnerre dans le ciel radieux et serein de la France..... Depuis plusieurs années déjà, de gros nuages noirs s'amoncelaient à l'horizon, et les 1.700 mille protestants que comptait — depuis 1661 — le Royaume, en butte aux tracasseries des Intendants qui, pour se faire bien venir du Roi, ne leur épargnaient ni persécutions, ni brimades, les religionnaires attendaient, fermes et résolus, le déchaînement de la tempête.

L'Assemblée du clergé de 1682 ne réclamait pas de mesures de rigueur contre les protestants, elle recommandait au contraire la mansuétude et la charité leur faisant redouter : « des malheurs incomparablement plus épouvantables et funestes s'ils persistaient dans l'hérésie ». Le premier rôle dans le déchaînement de ces « *malheurs* » revient

aux Intendants. « L'histoire politique raconte
« leurs maladresses, leurs illusions, leurs cruau-
« tés, et puis les couronnant toutes, cette mala-
« dresse, cette illusion, cette cruauté suprême :
« la révocation de l'Edit de Nantes.

Les faits qui suivent sont de précieux documents venant illustrer la vérité de nos assertions.

Les lecteurs y verront qu'à mesure que s'affir-
mait la répression, le zèle de ceux de la Religion
Prétendue Réformée s'accroissait.

A ce sujet le prosélytisme des *femmes fortes*
s'installant au chevet des malades et des mou-
rants pour disputer aux prêtres catholiques l'âme
dolente des pauvres patients et leur faire quitter
« le val soucieux de ce vieil monde » dans la religion de Monsieur Calvin est une chose digne d'être
retenue.

*
* *

Le 3 mai 1684. — Enquête par les Consuls de
Sainte-Foy-la-Grande afin de constater les exercices de la R. P. R. pratiqués secrètement par les
ministres ; visite du logis où pend pour enseigne
Le Lion d'Or et de la *Maison forte de Lalamber-
trie.*

Les 8 et 15 septembre 1686, Arrestation dans
l'Auberge de *La Croix Blanche* de 3 jeunes étrangers qu'on soupçonne n'être pas convertis et vouloir sortir du royaume. Par ordre de l'Intendant,
ils sont conduits à Bordeaux. Parmi leurs effets
on trouve : « Un paire de *psaumes de Marot* fort
usez, plus un autre livre intitulé *Prières et médi-
tations pour se préparer à la communion*, par
Charles Drelincourt, ministre de la parolle de
Dieu en l'église de Paris, imprimé à Castres ; plus
Les Complіments françois ; plus *Iphigénie*, tragédie; plus *l'Héritier ridicule ou la dame intéressée*,
commédie ; plus les satires et autres livres du
sieur Revnier. »

Le 7 décembre 1690, perquisition dans une maison où, d'après la déclaration du curé : « On chantoit journellement des chansons en forme de cantique, injurieuses à la religion et à l'Estat. »

Saisie de nombreux papiers compromettants, parmi lesquels une pièce en vers de 26 quatrains et la pièce suivante dont nous respectons l'orthographe :

Ont nous a maltraité pour aler à la messe
Nous n'y voulons pas aller, nous voulons aller au
[prêche,
Du fond du cœur
Pour chanter le louange de nostre rédenteur
Car Notre Seigneur dit dans sa sainte Parolle
Qu'il le faut adorer, mais non pas aux ydolles.
Sortons d'icy, de cette Babylone ! Allons nous re-
[pentir.

Ont dit que nos enfants seront bons cathelliques
Mais je leur dis que non, qu'ils s'en iront en Suisse
Du fond du cœur
Pour chanter le louange de nostre rédenteur
Il ne faut point regretter le bien de cette vie
Car la femme de Lot en a esté punie
Sortons d'ici, de cette Babylone ! Allons nous re-
[pentir.

Nos ministres viendront de ce pays estrange
Qui nous annonceront les mistères des Anges,
Du fond du cœur
Chanterons les louanges de notre rédenteur
Vous avez grand raison disent nos adversaires.
Si de messe et sermont nous n'en voulons point
[croire
Sortez d'ici, de cette Babylone ! Allez vous re-
[pentir.

Si je savais voler comme fait l'hirondelle
Je m'en irai ce soir loger en Angleterre

Du fond du cœur
Chanteront la louange de nostre rédenteur
On nous a fracassés nos frères de Luzerne (Lu-
[cerne)
Pour les faire aller à l'Eglise Romaine
Sortez d'ici, de cette Babylone ! Allez vous re-
[pentir.

Le 9 novembre 1690. — Plainte du curé contre
« Certaines femmes bourgeoises, nouvelles converties, de cette ville, qui se sont érigées en prédi-
cantes et ont pris le nom de *femmes fortes*, parcourent les maisons où il y a des malades, surtout les
pauvres, et quoiz qu'ils ne manquait pas de secours nécessaires, tant par les libéralités de l'hospital, que par les soins du dit curé, elles leur four-
nissent, sous prétexte de charité, des aliments et
autres choses nécessaires, pour ensuite les empescher qu'ils ne vivent et ne meurent en bons catholiques.

Une de ces femmes engagea une nouvelle convertie à ne plus aller à la messe, luy offrant pour
l'en empescher du bled, du bois, de l'huille, de la
graisse et de l'argent même, si elle en avait
besoin.

Plainte du sieur Jean Catugier, curé de St-Avit-
Grave-Moiron contre les nouveaux convertis de sa
paroisse qui tâchent de détourner ses paroissiens
et empescher qu'ils n'aillent à la messe et n'assis-
tent aux autres exercices de la religion et provo-
quent des assemblées de protestants. Il se plaint
encore qu'une femme et sa fille détournent les
nouveaux convertis de leurs devoirs de catholiques et chantent des psaumes de Marot ; la dite
fille aurait même dit à une femme : « Nostre
temps viendra ; on nous bâtira des temples et
pour lors il ne faudra pas que nous recevions ceux
qui vont présentement à la messe ».

Le 25 juillet 1693. — Plainte du curé de Ste-
Foy contre une femme, nouvelle convertie, qui

allait chez des femmes malades « pour tâcher de les séduire et les faire mourir huguenotes. » Un témoin affirme que la dite femme dit à une malade : « M'entendez-vous ? la fit prier à l'huguenote en lui faisant dire Nostre Père, Je crois en Dieu et un pseaume selon la rime de Marrot. »

Plainte renouvelée du curé aux Consuls le 12 décembre 1693 « contre certains habitans qui font les prédicans et vont de maison en maison pour empescher les malades de mourir dans les sentiments de la religion catholique.

Dans un registre de la Jurade de 1626 à 1759, nous lisons le procès-verbal du transport des Consuls, curé et vicaires chez un habitant dangereusement malade. Invité par le curé, à son lit de mort à abjurer, il répond : « qu'il vouloit mourir comme il estoit dans la R. P. R. » et malgré les pressantes exhortations du curé : « il auroit percisté en son opiniastreté. »

Le 3 janvier 1691, Emprisonnement d'un homme et d'une femme qui « sous prétexte d'un prétendu contrat de mariage (ils s'étaient mariés au Désert) habitaient ensemble sans qu'il y ait eu aucune publication de banqz ny que la bénédiction nuptialle leur ayent esté départie. »

Les 14 janvier et 28 juin 1692, par ordre du Cardinal de Sourdis, la femme du juge Bricheau est enfermée dans le couvent des religieuses de Notre-Dame d'Agen et une nommée Marion Vidal capturée est conduite à Castillon puis de là prisonnière à Bordeaux.

*
* *

En vertu des Edits de Louis XIV et de la Déclaration royale de 1724, la loi guettait les protestants à la naissance, au mariage et à la mort pour faire vérifier s'ils faisaient acte de catholiques.

C'est ainsi que les enfants des religionnaires

étaient, obligatoirement, portés à l'Eglise paroissiale pour y être baptisés, alors même que leurs
parents les auraient prétendus baptisés au Désert.
Sur les registres de baptême de la paroisse ils
étaient notés comme batards si leurs parents n'avaient pas, à l'Eglise, reçu le sacrement du baptême.

Plus tard, il fut interdit, sous peine d'emprisonnement, à un homme et une femme d'habiter ensemble à moins que la bénédiction nuptiale
ne les ait unis suivant l'Eglise catholique. A leur
mort, les protestants étaient enfouis, de nuit,
dans leur jardin, par leurs plus proches parents.

On ne s'étonnera pas que toutes ces rigueurs
aient été la cause de nombreuses conversions et
d'abjurations trop intéressées pour les croire sincères.

Dans certaines provinces l'Edit de 1724 fut appliqué avec tact et modération — pour autant
qu'il fut possible de mettre de la douceur dans
cette inqualifiable pression sur la conscience humaine —. Dans d'autres, les rigueurs de la loi
s'apesantirent avec une férocité sévère et inouïe
sur les malheureux contrevenants.

Notre surprise fut grande de lire que l'Intendant Tourny tint la main à ce que l'arrêt du Parlement de Bordeaux du 21 novembre 1757, entérinant les déclarations royales de 1724, fut strictement appliqué en Guyenne.

Les documents qui suivent : *certificats de baptême sous condition, Abjurations, Mariage, Inhumation* montrent ce viol de la conscience humaine
à la naissance, au mariage et à la mort.

L'emprisonnement des Pagès, demeurant à
Sandaux, dans la commune de St-André-de-Capbeauze, pour délit d'opinion religieuse, est tout
simplement odieux. L'esprit demeure confondu
de penser que ces tristes choses se passaient pas
même 40 ans avant la déclaration des Droits de
l'homme et du citoyen.

« Le sieur *Lamothe, lieutenant de maréchaussée,*
étant venu à la tête de quelques-unes de ses bri-
gades et de quelques cavaliers du régiment de
Sales, dans cette paroisse, ainsi que dans celles
des environs le 18 novembre 1757, *par ordre de
Monsieur le Maréchal de Thomond,* commandant
en chef dans cette province, et de *M. de Tourny*
fils, *Intendant,* pour faire vérifier le désarmement
général et *faire porter à l'église tous les enfants
qui n'y avaient pas été baptisés,* il nous a fait
porter l'enfant de Pierre Carrié, mentionné dans
l'acte ci-dessous, lui faisant payer 30 livres d'a-
mende, et *a établi garnison de trois cavaliers pendant cinq jours chez Pagès,* métayer du sieur La-
terasse, aux Sandeaux, dont le fils cadet, qui se
dit marié au Désert par un ministre, avait dé-
campé avec sa prétendue femme et leur enfant
âgé d'environ 2 ans, pour ne le faire pas porter à
l'église pour y être baptisé ou recevoir le supplément des cérémonies de l'Eglise. De plus, il a
fait payer 20 livres d'amende à Pierre Verdier, 10
à Pierre Pelisan, 12 à François Crezan, 10 à Daniel Chignon, auxquelles ils avaient été condamnés ci-devant par M. l'Intendant pour avoir refusé ci-devant de faire baptiser leurs enfants à
l'Eglise. Dans les autres paroisses, il a fait payer
10 et 50 livres d'amende aux réfractaires.

Le sieur Sorbier en a fait de même depuis Bergerac jusqu'à Castillon. On en a fait de même du
côté de Clerac et de Tonneins ».

Baptême : Anne Carrié, fille naturelle et légitime de Pierre Carrié, vigneron, et de Marie Fau,
née au lieu du Ralle, dans cette paroisse, née le
22 du mois de mai de l'an mille sept cent cinquante sept, a été baptisée *sous condition,* par
nous, prêtre et curé soussigné, dans notre église
paroissialle St-André, y ayant été portée, à cet
effet, par la dite Marie Fau sa mère, le parrain
étant François Delorme, fils de Pierre, et la mar-

raine Anne Buty, femme de Jean Tricoche, en présence de la dite mère et de Jean Coulau, notre domestique. Le parrain a signé avec nous et non les autres qui ont déclaré ne scavoir signer de ce requis par nous. Le 18 du mois de novembre de la dite année 1757.
Andrault, curé de St-André — Delorme, parrain.

Publication de l'arrêt du 21 novembre 1757 :
L'arrêt du Parlement de Bordeaux du 21 novembre 1757 qui, en renouvelant l'exécution des édits et déclarations du Roy et nommément celle de 1724 et arrêts de la Cour *concernant les Religionnaires* Calvinistes ou Protestants *déffend leurs assemblées, casse et annule tous leurs prétendus mariages* faits devant leurs ministres ou prédicants ou devant des ecclésiastiques autres que les propres curés, *déclare leurs enfants bâtards,* etc..., a été lu et publié et affiché le 6 décembre 1757 et pareillement lu, publié et affiché à la porte de notre église paroissialle le dimanche xie du mois par Garrau, sergent royal.

BAPTÊME. — Jeanne, fille naturelle et bâtarde de Jean Couli, brassier, et de Catherine Arbi, né le 18e jour du moi de décembre de l'an mille sept cent cinquante-sept, au village des Chapelains, a été baptisée par nous, le lendemain, curé soussigné, en notre église paroissialle St-André, le parrain étant Jean Coulau notre domestique et la marraine Jeanne Vivant, femme d'Antoine Rigaud, tonnelier, en présence de Jean Arbi, brassier, père de la dite Catherine (dans la marge se trouve l'indication) Nota. Cette fille a été légitimée par le mariage subséquent de ses père et mère le 17 juillet 1758.

ABJURATION. — Le 25 juin 1758, fête du Saint-Sacrement, Jean Couli, brassier, fils de feu Pierre et de Marie Brissaud, ce présent habitants de

cette paroisse et Catherine Arbi, fille de **Jean
Arbi** dit Grisaud, brossier et d'Anne Pauvert, habitants du village des Chapelains, ont fait de
leur bon gré et volontairement *abjuration publique de la Religion prétendue réformée ou Calviniste protestante* qu'ils avaient professé dans plusieurs de leurs assemblées, dans une desquelles *ils
s'étaient, même mariés*, contre toutes les règles
le 17 décembre dernier *au lieu de Jarnac*, et ils
ont fait profession publique de la Religion catholique, apostolique et romaine promettant avec
serment, la main sur les saintes Évangiles, d'y vivre et d'y mourir.

MARIAGE de Jean Couli avec Catherine Arbi.
Le 17° jour du mois de juillet de l'an 1758,
après avoir publié dans notre église de St-André
au prône de la messe paroissialle pendant 3 dimanches consécutifs, savoir le 2, 9 et 16 de ce
mois les Bans du mariage à contracter entre Jean
Couli, brossier, âgé de 23 ans, habitant de quelque temps cette paroisse, fils naturel et légitime
de feu Pierre Couli aussi brossier, et de Marie
Brissaud, habitante ordinairement de la paroisse
de Riocaud, et Catherine Arbi, fille naturelle et
légitime de Jean Arbi dit Grisaud, brossier, et
dame Maubert, habitants de la paroisse, la dite
Catherine, âgée de 23 ans, sans avoir découvert
aucun empeschement, pareilles publications faites
dans l'église de Riocaud ainsi qu'il nous *conste*
par le certificat du sieur Sabourot, curé de dit
Riocaud, *les dits parties ayant préalablement fait
publiquement abjuration de la Religion prétendue réformée calviniste protestante, et fait profession de la foi et religion catholique, apostolique
et romaine, avec promesse et serment d'y vivre
et d'y mourir le 25 juin dernier ; reconnaissant et
déclarant pour nul et invalide le prétendu mariage qu'ils avaient ci-devant contracté ensemble
au désert par-devant le prédicant ou ministre Du-*

gas le 17 octobre dernier *dans une assemblée tenue par le dit prédicant au lieu de Jarnac,* et s'étant depuis disposés au sacrement de mariage par ceux de pénitence et d'eucharistie, nous prêtre et curé soussigné ayant reçu des dits Jean Couli et Catherine Arbi leur mutuel consentement les avons solennellement conjoints en mariage par paroles de présent dans notre susdite église de St-André selon les formes et cérémonies prescrites les dites parties reconnaissant pour leur fille légitimée par ce présent mariage Jeanne, née le 18 décembre 1757 et baptisée par nous le lendemain dans cette église, la dite Jeanne ici présente.

INHUMATION. — Dans un registre des Cahiers de baptêmes, mariages et sépultures de l'Eglise St-Avit-du-Moiron et de l'église de St-Nazaire son annexe, nous trouvons à la date du 30 juillet 1696 :

« Inhumation d'un habitant qui quoiqu'il eût vécu presque toute sa vie dans l'hérésie de Calvin, est mort, néanmoins en bon catholique..... et il a esté, pour cellà, enterré dans le cymetière de l'église parroissialle de St-Avit, dans le temps que presque tous les autres habitans, nouveaux mais très méchans convertis, meurent dans leur obstination sont privéz de la sépulture ecclésiastique et enterrez de nuict par leurs parens dans leurs jardins ».

*
* *

EMPRISONNEMENT DES PAGÈS
PAR ORDRE du MARÉCHAL de RICHELIEU

« Pierre Pagès, fils naturel et légitime de Jacques Pagès, laboureur, et de Marie Sequebouille, habitans depuis près de deux ans de cette paroisse au village des Sandeaux, né le 22ᵉ jour du mois de

marz de l'an mille sept cents cinquante-trois, a
été baptisé sous condition par nous, prêtre et
curé soussigné dans notre église parroissialle de
St-André le 24ᵉ jour du mois d'août de l'an 1758,
le parrain étant Pierre Tricoche, fils de Jean, maçon, du présent bourg et la marraine Marie Fournaud, femme de Jacques Bérard, laboureur, en
présence de Bertrand Savariaud, tisserand et vigneron.

Louis, fils naturel et bâtard de Jean Pagès,
laboureur, et de Marguerite Bardon, habitant depuis près de deux ans de cette paroisse au village
des Sandeaux né le 30ᵉ jour du mois de mars de
l'an 1756, a été baptisé sous condition et les cérémonies du baptême lui ont été supplées, par nous
prêtre et curé soussigné, dans notre église paroissialle le 24 du mois d'août de l'an 1758.

Marie, fille naturelle et bâtarde de Jean Pagès,
laboureur, et de Marguerite Bardon, habitans depuis près de deux ans de cette paroisse au village
des Sandeaux, née le cinquième jour du mois de
février de l'an mille sept cents cinquante-huit, a
été baptisée par nous sous condition et les cérémonies du baptême lui ont été supplées par nous,
prêtre et curé soussigné, dans notre église paroissialle de St-André le 24ᵉ jour du mois d'août du
susdit an, le parrain étant Bertrand Savariaud,
tisserand et vigneron du dit village, et la marraine demoiselle Sybille Cartier, en présence de
Jean Coulau, notre domestique, de Pierre Tricoche, fils de Jean, de ce bourg, et de Marie Fournaud, femme de Jacques Béraud, laboureur, cette
dernière habitante du dit village des Sandeaux;
la marraine et la dite Tricoche ont signé et non
les autres qui ont déclaré ne savoir de ce requis
par nous.

Pierre Tricoche, Marie Cartier, Andrault, curé.

Ces trois derniers enfants baptisés ci-dessus, Pierre, Louis et Marie, avaient été baptisés au désert à ce qu'on prétend.

Le premier, sous le nom de Jean le 7 août 1753, par le prédicant Gibert.

Le deuxième, sous le nom de Jacob, le 11 avril 1756, par le même Gibert.

Le troisième, le 8 février 1758, par le prédicant Dugas.

« Les pères de ces enfants qui venaient de la paroisse d'Eynesse, dans celle-ci avaient opiniâtrement refusé de les faire porter à notre église pour y être baptisés ou y recevoir les cérémonies du baptême, nonobstant un logement effectif de trois cavaliers de maréchaussée sur eux par ordre de M. le Maréchal de Thomond, commandant, et de M. l'Intendant au mois de novembre dernier et deux apointements du juge de Ste-Foy du 9 février 1758 à eux signifiés le 24 mars par Brun, sergent royal, qui les condamnaient chacun à 50 livres d'amende ; ils ont même souffert l'exécution et au lieu d'obéir, ils ont fait appel du dit apointement pour griefs qu'ils déduiroient par devant qu'il appartiendrait et fait (signifier) au procureur du Roy ou au greffier trois certificats de baptême de leurs trois enfants délivrés les deux premiers par Gibert et le 3e par Dugas, soi-disant pasteurs.

Mais le Parlement différent de donner un avis à ce sujet, M. le Maréchal de Richelieu, gouverneur de Guienne, ayant envoyé et donné ordre le 2 juillet 1758 de conduire dans les prisons de Ste-Foy les dits Pagès à leur frais et le dit Brun jusqu'à nouvel ordre, ils y ont été conduits par la maréchaussée, ayant mandé de leur faire bien entendre que c'était pour les punir d'avoir eu l'insolence d'avoir fait appel et fourni les dits certificats.

Le dit Brun, ayant témoigné son repentir et

fait satisfaction sortit 15 jours après et les Pagès retenus par leur opiniâtreté.

Cependant les dits Pagès ou leurs femmes m'ayant fait conduire et porter leurs 3 enfants pour les baptiser ou leur suppléer les cérémonies du baptême, par Bertrand Savariaud, vigneron du sieur Pinet, et Marie Fournaud, femme de Jacques Beraud, avec les 3 certificats des dits prédicants ou ministres, je les ai baptisés sous condition et suppléé les dites cérémonies le 26 du même mois.

Les dits Pagès ayant ensuire fait dresser et présenter à M. de Richelieu un placet signé d'eux pour témoigner leur faute, leur repentance et leur soumission avec les dits extraits de baptême à l'église et demandé leur élargissement, ils ont obtenu permission de sortir de prison et payé les droits du geôlier le 11 septembre 1758 ».

Dans le registre E suppl. 5187 G G 24 des Cahiers des baptêmes, mariages et sépultures de l'église de St-André-de-Capbeauze de 1767 à 1790, à la date du 22 septembre 1767, il est fait mention du :

« *Baptême sous condition de 4 enfants.* Nota, que ces quatre enfants ci-dessus dernièrement baptisés, nés des parens qui, mariés à l'église, se sont pervertis ou qui se prétendent mariés au Désert par devant quelque ministre, ont été menés ou portés à l'église à cet effet de la part de leurs parens pour éviter des frais ou la prison, sur le bruit fondé que M. Dudon, procureur général du Roy au Parlement de Bordeaux, avoit donné des ordres fort sérieux au sieur Cartier, son substitut, et aux autres, en conséquence de ceux qu'il avoit obtenu ou reçu de la Cour, d'obliger absolument et sans délai les protestans de faire porter les enfants à leur église paroissialle pour y être baptisés, ou les cérémonies leur être supplées, sous peine d'amendes et de prison sur le moindre refus jusqu'à ce qu'ils eussent obéi, ce qui a commencé de s'exécuter à Ste-Foy le samedy 9 may 1767 et les jours suivans ; et cela ayant été interrompu et suspendu par *l'assassin attenté contre le curé de Ste-Foy la nuit du 29 au 30 may*, lesdits baptêmes ont été continués sur de nouveaux ordres tant au dit Ste-Foy que dans les paroisses circonvoisines et dans celle-ci, dans laquelle, cependant, la plus part des enfans ont été portés à l'église avant l'assignation donnée le 22 septembre ».

Un remarquable immeuble de Ste-Foy, disparu
d'après une eau-forte de Léo Drouyn

CHAPITRE XV

Au sujet des Vins de Sainte-Foy au xviiie siècle

La fraude et la mévente. — Arrêt du Parlement de Bordeaux interdisant le coupage et le « sucrage ». — Procès au sujet de la jauge et du cerclage des barriques de vin de Sainte-Foy. — Arrêté du Conseil du Roi en date du 16 février 1636. — Les ordonnances de Messieurs de Pellot et Boucher, Intendants de Guienne (10 septembre 1667 - 15 novembre 1730).

L'histoire est un perpétuel recommencement ! C'est ce que vérifieront aisément nos lecteurs par la lecture de ce chapitre consacré, lui aussi, aux vins de Ste-Foy et qui pourrait avoir en sous-titres « La mévente et la fraude » « L'animosité de Libourne contre Ste-Foy ».

Nous avons vu le souci constant — et cela, dès le plus haut Moyen-Age — des Consuls de Ste-Foy, légitimement fiers de l'exceptionnelle qualité de leurs vins, d'assurer aux seuls vins récoltés dans les 18 paroisses de la juridiction et les côteaux de St-Avit-du-Tizac et de la Rouquette, le droit exclusif à l'appellation « Ste-Foy ».

En dépit des excellentes mesures prises par les Consuls — sur lesquelles nous ne reviendrons pas, afin d'éviter de fastidieuses et inutiles redites — pour supprimer, ou tout au moins empêcher, le plus qu'il était possible, la fraude de s'exercer ; celle-ci, n'osant pas s'étaler au grand jour, n'en faisait pas moins de terribles ravages.

Il est touchant de voir que nos ancêtres, tout en se plaignant légitimement du préjudice pécuniaire que leur causait la mévente — conditionnée par la fraude — s'élevaient avec encore plus de vigueur contre le préjudice moral que ne manquait pas de leur faire de mauvais vins vendus sous le nom de Ste-Foy : « ce qui détruirait la bonne réputation des vins de Ste-Foy qu'elle a acquise dans les pays étrangers et causerait un décri général ».

Il faut voir avec quelle vigueur les Consuls s'élevaient contre les inadmissibles prétentions de ceux qui voulaient — abusivement — se servir de la « merche » connue et réputée de « Ste-Foy » pour désigner des vins recueillis ailleurs que dans le périmètre réservé en vertu d'usages « locaux, légaux et constants » et livrer leurs vins sous la marque de celui du cru de la ville et juridiction.

De nos jours, la loi sur la délimitation et des décisions judiciaires sont venues réglementer les appellations d'origine. Les vins récoltés dans l'étendue du canton de Ste-Foy — qui se trouve être sensiblement pareil à l'ancienne juridiction de la ville — ont droit à l'appellation Ste-Foy-Bordeaux. Ce n'est pas sans un vif sentiment de surprise et d'étonnement que nous avons lu ces jours derniers dans les journaux une note sous la rubrique Pessac-sur-Dordogne, dans laquelle les habitants de cette commune, mécontents du jugement du Tribunal de Libourne leur enjoignant de déclarer leurs vins sous l'appellation « Entre-Deux-Mers » réclament aux pouvoirs publics le droit de donner à leurs vins le nom de « Ste-Foy » dont ils ont joui de tout temps, ...disent-ils.

Une telle prétention qui eût fait bondir les Consuls du Moyen-Age, a passé complètement inaperçue. Nulle municipalité intéressée, nul syndicat responsable ne s'est élevé contre une semblable thèse. Est-ce à dire que nos divers élus sauvegarderaient avec moins de vigilance les

droits imprescriptibles de nos vins et de nos seuls
vins, en vertu de droits acquis depuis des siècles
à l'appellation « Ste-Foy » ?.....

Nous ne le croyons pas. Mais l'ignorance de
précieux documents comme ceux que nous livrons
à nos lecteurs peut être cause — dans le cas qui
nous intéresse — de décisions judiciaires éminemment préjudiciables à nos chers concitoyens.

*
* *

Dans le registre des Délibérations de la Jurade
de 1655 à 1664, côté sous les rubriques E suppl.
4.991 — B B 5 — nous trouvons les curieuses et
intéressantes déclarations suivantes en date du 10
février 1663 :

« La plus grande partie du revenu des habitants de la présantz ville et juridiction conciste
en vins, que, sy lesdits habitants ne vendent les
vins de leurs crûs, il leur seroict impossible de
pouvoir satisfaire au payement des taillhes qu'il
plaist au Roy leur donner annuellement, et *parce
qu'il se rencontre que beaucoup de marchandz
font vanthe de vins et le qualifient de Saincte-
Foy, bien qu'il ne le soict pas,* qui faict que *lhors-
que lesdits vins sont arrivez dans les lieux estran-
gers pour lés débiter, il se trouve des vins tout
differand de goust que ceulx de la dite ville et juridiction, ce qui nous cauze un décry général* et
que les marchands estrangiers ne veullent pas venir en ceste ville pour achepter de vin qui revient
à une totalle ruyne des dits habitants ».

Les Consuls feront faire :

« des marques et cachetz conformes au sceau et
armoiries de la ville pour icelle marques coumet-
tre à telles perssonnes de probitté qu'ilz jugeront
à propos, lequel fera sermant de se porter aux
portz de la présent ville, le port de la Beauze,
Eynesse, et Saint-Avit-de-Soulège où se chargeat

les dits vins pour marquer les barriques quy seront du crû desdits habitants et non d'autres avec lesdites marques. Ledit proposé à cet usage recevra 1 sol par barrique marquée ».

Dans un autre Registre de Délibérations de la Jurade, à la date du 4 novembre 1718, il est donné un avis favorable à la poursuite contre certains particuliers qui, dans le Port de Libourne, ont fait mettre la marque de Ste-Foy à des vins étrangers à cette juridiction, ce qui

« détruiroit, sans doute, *la bonne réputation des vins de Sainte-Foy, qu'elle a aquize dans les pays étrangers* ».

De plus, la Municipalité décide qu'il sera procédé à une visite soigneuse et détaillée des chais de la ville pour voir s'il y existe des vins étrangers à la juridiction.

*

* *

En ordonnance de l'exécution des Arrêts du Parlement de 1602, 1619 et 1683 concernant la distinction des vins qui doivent être marqués de la marque de la ville,

La Jurade enregistre la copie d'un arrêt du Parlement en date du 22 décembre 1738 portant « *inhibition et deffenses de mêler, falcifier, ny transvaser les vins qui se recueillent dans la province de Guyenne, de mettre dans les vins blancs aucunes mixtions de sucres et de sirops, ny de faire dessendre les vins du haut païs dans les temps prohibés par les estatuts, arrêts de règlemens et transactions.* »

Ce jour, le Procureur général du Roy est entré en la Cour (ou Parlement) et a dit que par les statuts de cette ville et par les arrêts des réglements de la Cour qui les ont autorisé et particulièrement par celui du 16 mai 1683, on a toujours cherché le moyen de maintenir le commerce avec les pays étrangers, en conservant la réputation et pureté des vins qui se recueillent et qui font la principale et presque la seule richesse de cette province, que si par toutes les précautions qu'on y a prises, on a prévu tous les inconvénients que la (   ) peut produire, on a, en même temps, imposé des peines très sévères contre les contrevenants à des lois si utiles au bien public, et surtout contre ceux qui par *un mélange odieux falsifient* les vins, confondent indifféremment tous les crus (coupage) et changent la jauge, le cerclage et la couverture des barriques, etc..., etc...

La Cour, faisant droit à la réquisition du procureur général du Roy, fait inhibition et défense à toute sorte de personne de quelque qualité et condition qu'elle soit, de couper, mêler, transvaser les vins, non plus que de les falsifier par des mixtions de sucres, sirops et autres liqueurs étrangères, en façon quelconque, à peine de 10.000 livres d'amende applicables le 1/3 au dénonciateur, les autres 2/3 au Roy ; même de déchéance du droit de bourgeoisie, à l'encontre des bourgeois de Bordeaux, et de punition corporelle, tant contre eux que contre tous autres si le cas y échoit. Et pour prévenir les autres fraudes, fait pareille défense, aux mêmes peines, à toutes sortes de personnes de changer la jauge ni le cerclage ou couverture des barriques faisant la distinction et différence des crûs et juridictions ; comme aussi de faire descendre des vins au-devant cette ville dans le temps prohibé par les statuts, arrêts de règlements et transaction, pour raison de celui de les faire décharger ailleurs que sur les Chartreux afin qu'ils puissent être marqués de la marque de la ville suivant l'usage. Au surplus, enjoint aux propriétaires, marchands ou commissionnaires qui voudraient faire décharger les vins sujets à la marque, de faire, préalablement, aux jurats, des déclarations des chays ou celliers où ils voudront mettre les dits vins ; de remettre des certificats attestés par les officiers des lieux, de la quantité des dits vins, et du lieu où ils ont été recueillis. — Ensemble une déclaration de la vente et achat qu'ils en avaient fait sur les lieux, et feront ensuite une pareille déclaration de la vente qu'en aura été faite pour les porter aux pays étrangers. Lesquelles déclarations et certificats seront enregistrés sans frais par les maire et jurat pour y avoir recours quand besoin sera Comme aussi en conformité du statut de la présente ville fait inhibition et défense aux bourgeois manants et habitants d'icelle d'aller ou envoyer acheter aucun vins du Haut Pays et de tous autre lieux du Diocèse de Bordeaux et Pays de Nouvelle Conquête aux peines portées par celui.

Enjoint aux maires et jurats de St-Macaire, Langon, Bourg, Blaye, Libourne, et autres magistrats des villes et à tous les officiers royaux du ressort de la Cour, même ceux des Seigneurs ayant la Haute-Justice, de tenir la main, chacun endroit soy à l'exécution du présent arrêt et de se transporter à cet effet dans les chais et celliers des propriétaires ou marchands et où besoin sera pour y dresser les procès-verbaux nécessaires des fraudes qu'ils découvriront.

E suppl. 4.998 B B 12 (Registre) Grand in f° 145 feuillets. Registre des délibérations de la jurade de 1737 à 1753.

ARRÊT DU CONSEIL DU 16 FÉVRIER 1686
Extrait des Registres du Conseil d'Etat

Entre les Consuls de la Ville et juridiction de Ste-Foy, demandeurs en requête, suivant l'arrêt du 11 juillet 1634 d'une part — *Et les Maires et Jurats des Villes de Bordeaux, Libourne et St-Emilion, défendeurs d'autre part,*

Et encore, entre *les manants et habitants des*

juridictions de Pujol, Rauzan, Gensac et Civrac, demandeurs en requête suivant l'arrêt du dit conseil du 9 janvier 1653, d'une part. Et le syndic de la ville de Bordeaux et les dits Maire, Sous-Maire et Jurats de la dite ville de Libourne, défendeurs d'autre part. *Et les officiers, manants et habitants de la Sénéchaussé du Duché de Fronsac*, et autres revenus parties intervenantes avec lesdits syndics de Bordeaux, Maire et Jurats de Libourne, suivant leur requête du 11 août 1635.

Et encore, *le sieur Comte de Gurson* et du Fleix tant en son nom que pour les hommes et tenanciers des dits Comtés de Gurson et du Fleix — Et le *sieur de Montazeau et de Ponchat* tant en leur chef que pour les hommes et tenanciers des dites paroisses. — *Le sieur Baron de Théobon*, seigneur captal de Puychagut et Villeneuve, tant en son chef que pour les hommes et tenanciers des dites seigneuries. Et les habitants de la terre et juridiction de *Montravel en Périgord*, aussi reçues parties intervenantes, suivant leur requête du 19 juin, 13 octobre et 27 novembre 1635. Et encore, les syndics et députés du Pays d'Agenais, d'Armagnac et d'Albret, et les syndics du bas-diocèse de Montauban aussi intervenant suivant leurs requêtes du 11 mai et 31 octobre 1635... Vu

Le Roy en son Conseil, avant faire droit sur lesdites instances et interventions des dits de Fronsac, Coutras et Montravel, et des dits Comtés de Gurson et du Fleix, sieur de Montazeau et de Ponchat, et Baron de Théobon ès-dits noms, a ordonné et ordonne que par devant les Commissaires, qui à ce fait seront députés par Sa Majesté, les anciens étalons, si aucuns en a des jauges des dites communautés seront représentés par les Consuls et officiers des lieux, et la contenance d'icelles jauges, mesurées et comparées avec la jauge du Bordelais en présence des Commissaires. Comme aussi sera par eux informé es-dits lieux, et autres qu'ils verront bon être, sur le fait des

dites jauges anciennes et de la quantité des pots
que les barriques à vue des dits lieux ont accou-
tumée de contenir, pour ce fait, et le procès-verbal des Commissaires rapporté, et tout ce que bon
semblera aux dites parties, être ordonné par Sa
Majesté en son Conseil ce qu'il appartiendra par
raison.

Cependant, *ordonne Sa Majesté que le susdits
de Ste-Foy*, de Rauzan, Pujol, Civrac, Gensac et
autres habitants des dits lieux du Pays de Nouvelle Conquête, ou demi marque, *pourront faire
leurs barriques cerclées et barrées d'une ou plusieurs barres, de telle sorte que bon leur semblera,
pourvu qu'elles ne soient d'aulan ni de la même
forme et figure que celle des Bordelais, et que la
barrique ne contienne plus de 96 pots 1/2 mesure
de Bordeaux.*

Et pour obvier aux contraventions ordonne Sa
Majesté que *lors de la descente des dits vins et de
l'acquit des droits d'iceux au Bureau du Convoye
et Comtablie de Bordeaux et Libourne*, ceux qui
en auront la conduite, *seront tenus de laisser au
commis du visiteur* du dit bureau *un double certificat des dits officiers des dits lieux ou des Propriétaires de la quantité et du crû des dits vins,*
l'un desquels certificats les dits Maire et Jurats
de Libourne pourront retirer si bon leur semble
du dit Commis ou visiteur qui sera tenu de leur
remettre sans délai, ou à celui qui sera par eux
commis pour s'en servir, ainsi qu'il appartiendra,
sauf aux dits Jurats et autres habitants de la Sénéchaussée de Bordelais à faire preuve des dites
contraventions et se pourvoir en justice contre
les contrevenants ainsi qu'ils verront bon être le
tout par manière de provision, sans préjudice du
droit des dites parties au principal et jusques à ce
qu'autrement par Sa Majesté en son Conseil en
aye ordonné, tous dépends pour cet égard réser-
vés ; et sur les interventions des dits députés des
Pays d'Agenais, Armagnac, Albret, et bas diocèse

de Montauban afin de la descente de leurs vins au dit hâvre de Bordeaux avant la fête de Noël, Sa Majesté les a déboutés de leur demande, fins et conclusions, et néanmoins sans dépends.

Fait au Conseil d'Etat du Roy tenu à Paris le 16e février 1636. Signé : Bordier.

Les magistrats municipaux de Libourne outre-passèrent leurs droits. Il s'en suivit une série de tracasseries et d'ennuis — dont le plus ordinaire n'était rien moins que la confiscation des vins transportés — qui s'abattit sur les marchands transportant les vins de Ste-Foy et Bergerac par la rivière de Dordogne.

Les registres de la Jurade de Ste-Foy abondent de plaintes et de récriminations — justifiées — si nous en jugeons par la teneur des pièces suivantes : une ordonnance de l'Intendant de Pellot, puis une ordonnance de M. de Boucher au pied d'une requête de la Municipalité de Ste-Foy qui donnent raison à nos concitoyens.

— Ordonnance de Monsieur de Pellot du dix septembre 1667.

« Claude Pellot, seigneur de Port, David et Saudars, conseiller du Roi en ses conseils, Maître des Requêtes ordinaires de son Hôtel et Commissaire départi par Sa Majesté en Généralité de Guienne.

Entre les Syndics des marchands des Villes de Bergerac et *Sainte-Foy,* fréquentant la rivière de Dordogne, demandeurs, d'une part ; et les Maire et Jurats de Libourne, défendeurs, d'autre part.

Vu les requêtes à nous présentées par lesdicts syndics ; contenant que quoique par les arrêts rendus au privé et grand conseil, les Maire et Jurats de la dite ville de Libourne n'aient autre droit que de retirer des Commis ou Visiteurs du Bureau un double certificat qu'ils sont tenus de lui remettre des officiers des lieux, ou des propriétaires, de la quantité et du cru des vins qui sont dans leurs bateaux, *sans qu'ils aient droit de les jauger,* néanmoins sous ce prétexte, néanmoins *ils arrêtent les bateaux* que les suppliants envoient dans leurs ports *pour décharger leurs vins dans des navires, et exigent indûment des dits marchands des sommes considérables* pour raison de ce nos ordonnances mises au bas des dites requêtes portant que les dits Maire et Jurats de Libourne seraient assignés par devant nous du 27 août dernier. Exploit d'assignation donné en conséquence du premier de ce mois, Transaction passée entre les Maire et Consuls de la ville de Bergerac, Le syndic des marchands fréquentant la dite rivière de Dordogne, et les Maire et Consuls de la dite ville de Libourne par laquelle il est convenu que les dits marchands de Bergerac demeureront quittes et déchargés envers les Maire et Jurats de Libourne de tout tribut, droit de péage, mesurages et autres impositions qui se peuvent prendre et lever sur toutes sortes de marchandises qui se débiteront, chargeront et mesureront sur les ports et hâvres de la dite ville de Libourne, du 8 janvier 1602. Arrêt du Grand Conseil par lequel il est fait défense aux dits Maire et Jurats de Libourne d'arrêter à leurs ports et hâvres les vaisseaux des marchands du dit Bergerac fréquentant la dite rivière, chargés de vins pour être mis dans les navires et les transporter en mer, en rapportant certificat du clerc de la ville qu'ils sont du crû et banlieue, et de les troubler en leur exemption sous prétexte du droit de jauge, du dernier Août 1655. Requête présentée par le dit syndic des marchands à M. le Marquis de Saint-Luc, lieutenant-général de Sa Majesté en Guienne, avec son ordonnance mise au bas d'icelle, par laquelle ouï le sieur Dubrussy, directeur du Convoye, et les Députés de Libourne, il est ordonné que ledit arrêt du Grand Conseil sera exécuté avec défenses aux jurats du dit Libourne d'y apporter aucun empêchement du 6 Mai 1655.

Autre ordonnance portant que la précédente sera exécutée du 9 septembre du dit an. Requête à nous présentée par lesdits syndics des marchands fréquentant la rivière de Dordogne avec notre ordonnance au bas portant que le dit arrêt du Grand Conseil et les ordonnances de M. de Saint-Luc seraient exécutées avec défense aux dits Maire et Jurats de Libourne d'y contrevenir. Signification d'icelle du 10 juin suivant..... etc...

Nous, après avoir ouï les Jurats de la ville de Libourne en leurs députés qui ont soutenu avoir droit et privilège de jauger tous les vins qui passeront par devant leurs hâvres, et être en possession immémoriale d'empêcher les fraudes des dits habitants de Bergerac et de Sainte-Foy qui ont dit que leurs magistrats jaugent leurs vins dont ils leur baillent leur certificat et ouï sur ce rapport le sieur Dupuy, Procureur du Roi au présidial de la ville de Condom, Nous ordonnons que lesdits arrêts du 16 février 1636 et dernier août 1655 seront exécutés selon leur forme et teneur. Ce faisant que *les dits habitants de Bergerac et Sainte-Foy seront tenus de faire jauger leurs barriques par les Juges et Consuls des dites villes de Bergerac et Sainte-Foy, lesquels y mettront la marque des lieux, dont ils bailleront leurs certificats dans lesquels ils énonceront les crûs où ils se sont recueillis, les propriétaires d'iceux, et la jauge,* à peine de confiscation des dits vins et encas de contravention et de fraude lesdits Juges et Consuls en demeureront responsables en leurs propres et privés noms et seront condamnés conjointement avec les propriétaires en 1.000 livres d'amende. Et ceux de Ste-Foy qui auront la conduite des vins seront tenus suivant la coutume de remettre un double certificat des dits officiers en ladite forme au commis ou visiteur du Convoye ou Comptablie de Bordeaux étant dans le dit Libourne, l'un desquels certificats les dits Maire et Jurats de Libourne pourront retirer si bon leur semble, des mains du dit commis ou visiteur qui sera par eux commis, pour s'en servir, et par les autres habitants de la sénéchaussée de Bordelais, à faire preuve des dites contraventions et se pourvoir en justice contre les contrevenants ainsi qu'ils verront bon être. *Faisons défenses aux dits Maire, Jurats et habitants de Libourne d'arrêter les dits bateaux des dits marchands de Bergerac et de Ste-Foy sous prépexte du droit et privilège de jaugeage par eux prétendu,* duquel nous les avons déclaré exempts ; si ce n'est qu'ils veuillent descendre leurs vins et les mettre à terre; mais pourront les habitants du dit Libourne envoyer sur les lieux pour voir faire les jauges, en leur présence, par les Juges et Consuls de Bergerac et Sainte-Foy, et vérifier si les dits certificats sont véritables.

Ainsi donc, les ordres de l'Intendant sont formels. Il semble qu'il ne soit plus possible, à l'avenir, aux Magistrats de Libourne, d'apporter aucun empêchement au commerce des vins de Ste-Foy à condition, bien entendu, que les dits marchands foyens n'observent les règles sus-dites énoncées.

En dépit de la stricte et formelle observation des règlements en vigueur, les marchands et négociants en vins et aussi les propriétaires qui expédiaient leurs vins à Bordeaux par la rivière de Dordogne eurent, de nombreuses fois, à subir les sévices éminemment dommageables, de la part des Maire et Jurats de Libourne.

Les Consuls et Jurats de Ste-Foy réclamèrent pour mettre fin à d'aussi préjudiciables abus et décidèrent de présenter à Monsieur Boucher, Intendant en Guienne, la requête suivante en date du 15 novembre 1730.

« Jean-Jacques Troussilh, Procureur syndic de la

communauté de Ste-Foy, fondé de procuration du corps de ville, conformément à l'acte de délibération a recours à votre Grandeur pour faire réparer un attentat nouvellement commis par les Jurats de Libourne et pour arrêter les suites comme très préjudiciables au public, à la liberté du Commerce et aux droits de Sa Majesté.

Il y a déjà longtemps que la Communauté de la dite ville de Libourne, même celle de Bordeaux, ont tâché de traverser le commerce et la descente des vins des pays de nouvelle conquête, dont Ste-Foy est la capitale. En 1636 ayant prétendu réduire la jauge des barriques de Ste-Foy au-dessous de la contenance qu'elle devait avoir et les empêcher en même temps qu'elles ne fussent cerclées d'aulan pour qu'elles ne fussent pas confondues avec les barriques de jauge et figure bordelaise, il intervint un arrêt du conseil le 16e février de ladite année, lequel par provision fixe la contenance des barriques de Ste-Foy , et quant au cerclage, il est dit expressément que les habitants de la dite ville et lieux de Nouvelle Conquête pourront faire leurs barriques cerclées et barrées d'une ou plusieurs barres, de telle sorte que bon leur semblera pourvu qu'elles ne soient cerclées d'aulan, ni de la même forme et figure que celle de Bordeaux.

En 1667, les jurats de la ville de Libourne ayant fait quelques nouvelles difficultés aux marchands des villes de Bergerac et de Sainte-Foy, la contestation fut portée devant Monsieur de Pellot, prédécesseur de votre Grandeur, comme chargé de l'exécution du dit Arrêt du Conseil, lequel par son ordonnance du 10e septembre de la même année, fait entre autres choses défense aux jurats de Libourne d'arrêter les bateaux des marchands sous prétexte du droit de jaugeage si ce n'est qu'ils voulussent descendre leurs vins et les mettre à terre, sauf aux dits jurats d'envoyer sur les lieux pour voir faire les jauges en leur présence par les juges et consuls de Bergerac et de Sainte-Foy.

Au préjudice de ces décisions qui règlent d'un côté les cerclages des barriques et qui fixent de l'autre la manière dont les dits jurats doivent procéder au cas qu'ils se plaignent de quelque contravention ils se sont avisés le   du présent mois de Novembre, *de se transporter sur des bateaux chargés des vins de la dite Juridiction de Ste-Foy, où ayant trouvé quelques barriques qui avaient 4 ou 5 cercles tout au plus de chataigner et de chêne ils les ont saisies, sans autrement faire signifier aucun procès-verbal,* ils ont même porté leur attentat jusqu'à se transporter dans un vaisseau et faire désarrimer les barriques qui y étaient placées, pour en retirer une qui était à fond de cale, et qui était cerclée de quatre cercles de chêne.

Cette entreprise a justement alarmé non seulement les négociants à qui ces vins appartenaient, mais encore tous les propriétaires de la dite juridiction qui pourraient avoir des barriques cerclées de la même manière que celles qui ont été saisies ; *les négociants ont fait leur acte de protestation, et les propriétaires ont réclamé la protection de leurs magistrats,* lesquels conjointement avec les principaux habitants ont pris délibération portant que votre Grandeur sera très humblement supplié de vouloir punir un attentat aussi inouï, et faire en même temps défense aux dits jurats d'user de pareilles voies de fait, jusqu'à ce que le fonds de centralisation soit terminé par Votre Grandeur.....

L'exemple de ce qui se passa en 1667 forme un préjugé décisif contre les dits jurats : il leur fut fait défense d'arrêter les bateaux des marchands de Bergerac et de Sainte-Foy sous prétexte du droit et privilège de jaugeage parce qu'en effet, le bien du commerce qui demande la liberté et surtout la célérité de l'expédition, ne permet pas que sous de vains prétextes on arrête les cargaisons de vins dans un temps aussi critique que l'est l'entrée de l'hiver où l'on a tout à craindre par les glaces qui se forment quelquefois de bonne heure en Hollande où les dits vins doivent être envoyés.

Le privilège du cerclage ne peut pas être plus grand que celui du jaugeage : ainsi quand les habitants de Ste-Foy auraient excédé la faculté qui leur est accordée par le dit arrêt du Conseil, les Jurats de Libourne ne doivent point procéder par saisie et confiscation, qui est une pure voie de fait : dans un pareil cas les habitants de la juridiction de Ste-Foy sont en possession de faire mettre quelques cercles de chataigner à chaque bout de leurs barriques ; la chose était de notoriété publique et les jurats devaient se pourvoir envers Votre Grandeur pour obtenir des inhibitions : ce moyen de forme serait donc suffisant pour faire casser la dite saisie.

Mais dans le fond, n'est-il pas étonnant de voir que lesdits jurats veillent empêcher les habitants de Ste-Foy de mettre quelques cercles de chataigner à chaque bout de leurs barriques ? Si l'on s'en tient à la lettre du dit arrêt du Conseil, il leur est fait seulement défense de cercler d'aulan ce qui ne signifie autre chose que le noisettier ; et si l'on consulte l'esprit même de l'arrêt, on trouve que les dits habitants ne doivent point avoir des barriques de la même forme que celles de Bordeaux, or celles qui ont été saisies en sont absolument différentes.

Quand même il n'y aurait que le cerclage, qui est presque tout d'aubier ou de saule, sur 24 cercles, quand il y en aurait 4 ou 5 de chataigner ou de chêne, les autres ne sont-ils pas suffisants pour conserver la différence prescrite par le dit arrêt du Conseil, les barriques de Bordeaux étant toutes cerclées de chataigner ? Il n'y a personne qui puisse s'y méprendre..., etc..., etc... »

L'ordonnance de M. Boucher, Intendant, est ainsi conçue et de manière à donner pleine satisfaction aux foyens.

« Vu la requête, l'arrêt du Conseil du 16 février 1636 et l'ordonnance de M. de Pellot ci-devant Intendant en la Province de Guienne du 10 septembre 1667 et autres pièces énoncées en la présente requête.

Nous avons donné acte au suppliant, en la qualité qu'il agit, de l'appel qu'il interjette des procès-verbaux des saisies dont est question, sur quoi les parties se pourvoiront ainsi qu'elles aviseront bon être *ordonnons* cependant par provision que l'ordonnance de M. Pellot du 10 septembre 1667 sera exécutée selon la forme et teneur, et en conséquence *que les vins saisis et arrêtés par les jurats de Libourne seront rendus et restitués à ceux à qui ils appartiennent, à leur caution juratoire. Faisons défenses aux dits jurats de Libourne de se transporter sur les vaisseaux et bâteaux, ni de retarder en rien le cours du commerce des négociants de Ste-Foy et juridiction,* attendu l'importance de la matière, à peine de tous dépends d'ouvrages et intérêts. Enjoignons au premier huissier ou sergent requis de faire pour exécution de la présente ordonnance tous exploits requis et nécessaires, à peine d'interdiction et de 100 livres d'amende.

Fait à Bordeaux ce 15 novembre 1730.

Ainsi signé : Boucher.

Cette ordonnance consacre une victoire de nos concitoyens sur les Libournais à qui il est enjoint de « *ne retarder en rien le cours du commerce des négociants de Ste-Foy.* »

CHAPITRE XVI

Mélanges Historiques

Le Terrier de la Ville de Sainte-Foy. — Les Portes de Ville. — Les Murailles. — Les Tours. — La Citadelle. — Les noms de rues au Moyen-Age et de nos jours. — L'Hopital de Sainte-Foy. — Noms de Médecins de la Ville aux XVIIe et XVIIIe siècles. — A propos du Cimetière. — Les Couvents des Cordeliers, des Récollets et des Dames de la Foi. — La démolition du Couvent des Cordeliers en 1561. — L'installation des Récollets en 1630. — La construction du Couvent des Dames de la Foi en 1686.

Sous les indications E suppl. 5007. C C 3 (cahier) In f°, 86 feuillets, il existe aux Archives Municipales de Ste-Foy, une pièce du plus haut intérêt. C'est le « *Terrier de la Ville* » de l'année 1772 duquel nous donnerons les extraits les plus typiques pour l'agrément et instruction de nos lecteurs. Dans cet ordre d'idée, il est juste d'observer qu'il existe à la Mairie deux autres pièces, l'une de 1621 qui a pour titre : « *Arpentement de la ville de Ste-Foy-sur-Dordogne.* » L'autre, datée de 1670, est un « *Terrier de la ville, au profit de la Comtesse d'Aiguillon comme engagiste du Domaine du Roi.* » Ce document nous apprend entre autres choses que la contenance totale est de 1022 playdures trois quarts et seize cannes, dans lesquelles playdures sont compris les Couvents

des R. P. Cordeliers et Récollets et l'hospital et
temple de ceux de la R. P. R. Les dets de la ville
contiennent 108 playdures trois quart.

Le Terrier de 1772 qui nous intéresse nous a
paru sinon mieux fait, du moins plus accessible
et d'une plus facile compréhension. Il y est, notamment dit..... :

— Henry Guiraud de Bonnière, écuyer, chevalier de St-Louis, ancien capitaine de grenadiers,
1er échevin; Jean Lagarde, second échevin, et
Jean Trigant de Geneste, avocat, procureur syndic, lesquels reconnaissent tenir du Roi, à cause
de sa seigneurie ét Comté d'Agenais : une place
commune de la dite ville, avec la place où l'église
paroissialle d'icelle est construite et édifiée dans
une partie de la dite place et au bout de laquelle
est un petit cimetière entouré de murailles au levant de la dite église; plus la place du marché
ancien au milieu de laquelle est actuellement
construit l'Hôtel-de-Ville, laquelle place sert à tenir le marché; plus l'ancienne maison commune
de la dite ville avec les prisons y attenant, et la
dite maison commune cédée pour y tenir le parquet; plus le droit de pêche et de chasse qu'ils ont
eu de tout temps sur la rivière de Dordogne, dans
toute l'étendue de la juridiction ; plus la place
dans laquelle est située la halle, près de la porte
des Frères et cédée à la communauté par les propriétaires du local ; plus la place appelée du Temple.

Les maisons de Ste-Foy sont dénombrées, ensuite, quartier par quartier.....

Quartier de Lajonie. — Quartier d'Imbert où
se trouve : La Commanderie du St-Esprit, où est
un grand jardin et une maison en brique et pierre
où était anciennement une église. — Le Quartier
du Bourguet avec la maison de l'hôpital, avec
l'église et une autre petite maison et un jardin.

La Communauté possède un moulin à eau avec
ses écluses, chaussées et autrement ses apparte-

nances et dépendances, situé près de la ville entre le cimetière d'icelle et la présente ville, le long des murs par le dehors ; plus les fossés anciens et nouveaux de la dite ville, le long desquels sont le chemin du tour de la ville et les promenades publiques.

La contenance totale est de 1022 playdures trois quarts seize cannes, chacune d'elles composées de 12 cannes de long sur 4 de large et chaque canne de six pieds de Roi en carré, revenant à 914 plaidures 16 cannes pour l'enclos de la ville et à 108 plaidures trois quarts pour les detz de la ville. Les droits dus au duc d'Aiguillon, comme engagiste du domaine du Roi sont de 6 deniers pour chaque plaidure contenue dans l'enclos de la ville et de 3 deniers pour chaque plaidure comprise dans les detz de la ville, de cens et rente foncière, payables par moitié le jour de la fête de Ste-Foy et le jour de Noël.

*
* *

À ce paragraphe consacré au « *Terrier* » — nous dirions aujourd'hui au *Cadastre* — de la Ville de Ste-Foy, nous avons pensé qu'il était utile d'ajouter une série de documents historiques, pris dans les Archives Municipales, où nous avons relevé d'intéressantes indications sur *La Citadelle* en 1627 et 1628. Des renseignements sur les murailles de la ville, ses portes et les tours qui les flanquaient. Le nom des rues de la ville au Moyen-Age — de quelques rues seulement.

Nous avons tenu à justifier chacune de nos citations — extraite des Registres des Délibérations de la Jurade — d'une date qu'il sera facile à nos lecteurs de contrôler. Il est, de ce fait, impossible de mettre en doute aucune de nos assertions.

Au sujet du nom des rues de Ste-Foy, nous nous livrons à quelques considérations d'ordre général,

que nous prions nos concitoyens de ne regarder
que comme un délassement philosophique qu'il
nous a plu de faire pour rompre, un peu, avec
l'aridité des textes et la fatigue de la lecture des
calligraphies — souvent impossibles — des nombreux documents que nous avons eu à fouiller
dans les Archives Municipales pour notre enseignement et l'agrément de nos lecteurs que nous
avons eu la noble ambition d'instruire tout en
amusant.

PORTES DE VILLE

Le 5 Novembre 1669. — Défense aux meuniers
de prendre des grains pour les convertir en farine
sans les avoir fait peser au poids public et de passer par d'autres *portes* que celles *du Pin* et *de
St-Antoine.*

Le 20 Juin 1695. — Procès-verbal de visite de
la maison de Ville et des *Portes du Cimetière,
Perrine et des Frères.*

Le 5 Mai 1754. — Délibération portant qu'on
ouvrira la *Porte de Pardailhan*, située au centre
des allées afin d'éviter les dégradations commises
dans les dites allées.

Les bouchers et voyageurs qui viennent de St-
Philippe, Ligueux et Saussignat par le chemin
qui aboutit à la dite porte, étant obligés de traverser les allées pour entrer enville.

Le 28 Juin 1755. — Pose de 66 crochets dans
les murs de ville à la *porte Tourny* pesant en tout
90 livres pour l'usage de tenir au dit lieu, la foire
aux chevaux. La dépense s'est élevée à 29 livres
5 sols.

Le 8 juillet 1562. — Ordre de fermer les portes
de ville, on n'ouvrira qu'un « *portanet* » à la
Porte de la Mer.

Le 7 Août 1756. — Il est fait mention d'une
dépense de 60 livres pour la construction d'un
escalier à la *Porte de la Fontaine.*

LES MURAILLES ET LES TOURS

Le 10 Juin 1743. — Requête d'Etienne Lardit, lequel demande à prendre à titre de rente annuelle et perpétuelle la *Tour* appelée *de Couly* attenante aux murs de la présente ville.

Le 29 Octobre 1753. — Réclamation du sieur Goullard au sujet des prés situés le long des *murs de ville* qu'il avait arrentés. Il lui est permis d'ouvrir par le dehors *les tours* comprises dans l'arrentement, à la charge de les tenir closes et murées, sans aucune communication avec la ville, et de pouvoir appuyer sur les murs sans les endommager ni jeter les eaux de la ville.

Le 26 Février 1782. — Mémoire du sieur Lamothe, avocat, concernant l'arrêt du Conseil d'Etat du 15 Novembre 1781 qui attribue au domaine du Roi, *les murs et fossés des villes* de la généralité de Bordeaux. Le dit arrêt n'est pas applicable à Ste-Foy, dont le Roi est seigneur direct ; à lui se paye un cens annuel (ou quoi que ce soit au seigneur engagiste qui le représente). C'est au Roi que se fait, par la ville, ou les officiers municipaux la reconnaissance ou déclaration censuelle ; il payait les lods et ventes pour les mutations et est payé des ensaisissements.

Le 24 Août 1728. — Adjudication des réparations à effectuer aux murs du bastion qui est à l'extrêmité de l'enclos des Cordeliers, et de la *Tour* qui est *proche de l'ancienne brèche.*

Le 18 Septembre 1741. — Lettre de l'Intendant invitant les Consuls à faire réparer une *guérite* située *sur le mur de ville*, au-dessus du Jardin des Récollets.

LA CITADELLE

Cette construction érigée, en même temps que le fort de Coreilhe, sur les ordres d'Henri de Navarre, à la fin du XVI⁰ siècle, ainsi que nous l'avons exposé dans un chapitre précédent, avait été démantelée à la suite de l'entrée de Louis XIII à Ste-Foy en 1622. Ses murailles furent relevées peu d'années après sur les indications du duc d'Épernon. La citadelle de Ste-Foy devint, à cause de son exceptionnelle situation, une redoutable forteresse. C'est à la restauration de la citadelle en 1627 et 1628 que se réfèrent les intéressantes notes suivantes :

Le 16 Mars 1627. — Réception d'un avis annonçant que Monseigneur de St-Luc vient être *gouverneur de la ville et citadelle*, et que huit compagnies commandées par lui viennent en garnison. Il est décidé qu'on assurera l'approvisionnement de la citadelle. M. de Saint-Hellix ayant annoncé la descente des Anglais dans l'Ile de Ré.

Le 23 Août 1627. — Réclamation contre les travaux que M. de St-Hellix fait faire à la citadelle, comme de creuser des fossés, élargir les bastions alors que, d'après l'ordonnance, de Monseigneur le duc d'Epernon, on ne devait réparer que les brèches.

Le 6 Mars 1628. — Demande d'approvisionnements par M. de Saint-Hellix.

On fera savoir au dit sieur que depuis le mois d'Août dernier, la Communauté a fourni cent manœuvres tous les jours, à fortifier la dite citadelle; a donné grand nombre d'arbres pour faire une palissade tout autour des fossés de la dite citadelle du côté de la ville ; fourni quantité de barriques pour mettre sur les bastions ; et le dit sieur de Saint-Hellix a pris aussi plusieurs beaux arbres autour de la dite ville et sur les dits habitants pour faire un pont dormant à la dite citadelle.

Le 7 Mars 1628. — Relation de ce qu'en construisant la citadelle de la présente ville de Ste-Foy, un grand nombre de maisons auraient été démolies et autant enfermées dans la dite citadelle, notamment : « *l'ospital neuf des paovres* ».

Le 22 Mars 1635. — Lettre du Roi annonçant

la démolition de la citadelle, le départ de la garnison et la translation des armes de la dite citadelle dans le magasin de la ville.

Le 21 Juillet 1635. — Délivrance de 135 paires d'armes à l'envoyé de M. de la Hoguète, major à Blaye.

LES NOMS DE RUES

Le 4 Mars 1699. — Autorisation à la dame de Lalande de faire construire une arcade, avec un pilier pour soutenir sa maison. Le dit pilier devant avoir une brasse d'épaisseur avancera de deux pieds sur la *place publique.*

En Juin 1704. — Requête présentée par Pierre Valet au sujet de la reconstruction de sa maison, ce qui l'oblige à refaire *l'arceau qui aboutit à la grand-rue et fait l'entrée de la couverte.*

Le 19 Septembre 1772. — Procès-verbal de l'état de la maison du sieur Moreau située *rue Saint-Jacques.* Procès-verbal de visite de la maison du sieur Constantin, curé du Canet, située *rue Sainte-Foy,* que le dit curé veut faire reconstruire.

Le 1er Juillet 1784. — Requête en vue de l'alignement d'une maison située *rue de Lourme* et *rue Sainte-Foy.*

Le 16 février 1781. — Ordonnance du bureau des finances, autorisant Jeanne de Tauziac de Mombrun, veuve de M. Gerault de Langalerie, à fermer une partie de *l'ancien chemin de ronde* formant une petite ruette.

Le 25 juillet 1789. — Adjudication de pierres provenant de la partie des murs écroulée sur le bord de la rivière du côté du *ruisseau des Frères.*

Le 25 Décembre 1645. — Réparation à un puits situé au milieu de la rue *Ste-Marguerite.*

Le 10 Décembre 1564. — Décision portant que le *sol de la Dixme* et les vacants appartenant à la ville seront vendus ou affermés, et qu'on pourra faire bâtir des boutiques le long de la *Grand'Rue* et joignant *le Temple*.

Le 20 Septembre 1549. — Il est décidé qu'on fermera la *rue de la Mer* et qu'on mettra à chaque croisement de la dite rue une potence.

Le 25 Juillet 1789. — Délibération autorisant l'acquisition d'un terrain au *Camp de Richelieu*, paroisse de Pineuilh, pour établir le cimetière des nouveaux catholiques.

Nous avons trouvé dans les Archives Municipales des noms d'autres rues : *Rue du Laurier* et *Rue du Puits des Amours*.

Tels sont les noms antiques que nous avons pu relever au cours du dépouillement des Archives Municipales de Sainte-Foy-la-Grande.

Quelques années avant la guerre, pour se mettre au goût du jour, le plus grand nombre des rues de Sainte-Foy furent débaptisées. La politique, m'a-t-on dit, ne fut pas étrangère à cette innovation. Si notre chère ville y gagna en modernisme, elle y perdit, incontestablement, beaucoup plus en charme et en poésie. Les vieux noms qui avaient, victorieusement, résisté à l'épreuve du temps — ce grand maître — possédaient une puissance d'évocation et une force, judicieuse, d'adaptation qu'il ne pouvait venir à l'idée de personne de leur disputer. C'est par substitution que l'on a procédé. Il n'empêche que c'est d'un déplorable effet..... Nous voyons mal les relations qui existent entre les rues de notre chère cité et de grands hommes comme Pasteur, Denfert-Rochereau, Jean-Jacques-Rousseau, ou des politiciens comme Ferry, Gambetta, Waldeck Rousseau..... Cette façon d'envisager les choses n'est nullement blasphématoire, mais est le fruit d'un judicieux raisonnement, oscillant entre ces deux pôles de la pensée du sage, la philosophie et l'opportunisme. En effet, le souvenir des grands hommes s'estompe, bien vite, dans la poussière des temps révolus et retourne au néant d'où ils sortirent. Quant aux politiciens, la faveur publique s'attachant à leur nom pour leur donner le parrainage d'une place, d'une rue, d'un quai, d'une avenue, d'une galerie, d'une voie nous paraît chose éminemment précaire et variable ; nous dirons d'elle comme le Polyeucte de Corneille : « Et comme elle a l'éclat du verre, elle en a la fragilité. » — Rien ne nous assure, en effet, que la démocratie continuera à communier, toujours, dans le culte de ces mêmes politiciens pour qui brûle, présentement, l'encens de la reconnaissance. Rien ne nous empêche de penser que la marée montante des idées nouvelles ne fera pas reléguer au magasin des accessoires démodés ces grands bonshommes dont les noms flambent en lettres blanches sur l'émail bleu de nos plaques indicatrices.....

Il eût été plus sage — plus philosophiquement sage — de laisser à nos vieilles rues leurs antiques noms consacrés par des siècles d'usage. D'ailleurs la tradition ancestrale — plus forte que toutes les décisions — fera pour certaines de nos voies, ce que le public persiste à fidèlement faire pour la rue Victor-Hugo ...elle a été, est, demeure et restera dénommée La Perrine.

Suit la nomenclature des dénominations actuelles avec, en face, l'ancienne désignation.
rue Denfert-Rochereau — rue de la Mer.
rue de la République — rue de Langalerie ;
rue Chanzy — rue Sainte-Catherine ;
rue Waldeck-Rousseau — rue Bourguet ;
rue Alsace-Lorraine — rue du Temple;
rue Marceau — rue du Loup ;
rue du 4-Septembre — rue des Jardins ;
rue Louis Pasteur — rue de l'Union ;
rue Elisée Reclus — rue Notre-Dame;
rue Victor-Hugo — rue Perrine ;
rue J.-J.-Rousseau — rue de l'Orme ;

rue de Langalerie — rue de l'Hôpital ;
place de la Halle primitivement place des Frères ;
place Gambetta — place d'Armes ;
place du Marché — place du Temple ;
quai du Président-Carnot — quai de la Brèche.

Nous dirons à la décharge des administrateurs municipaux de l'époque que les voies suivantes conservèrent leurs noms : rue Sainte-Foy, Porte Tourny, du Puits des Amours, des Lauriers. Ceci compense cela. Aussi sommes-nous sûr que la postérité ne jugera pas plus sévèrement nos consuls que nous l'avons fait nous-même. Ils furent, c'est certain, bien intentionnés. D'ailleurs, le temps contre lequel « rien ne peut rien » se charge de remettre en place, sur un même plan égalitaire, et de ramener à leur juste valeur les nobles désirs et les fertiles réalisations des humbles pygmées que nous sommes ; les utiles actions et les vaines agitations de la pauvre pléïade d'éphémères que nous formons.

L'HOPITAL

Une des pièces archaïques des Archives Municipales de Ste-Foy fait mention d'une maison ou « *maladrerie* », réservée aux pauvres lépreux. Il nous a été impossible de rassembler des documents sur cette installation charitable.

Il faut voir en cette « maladrerie » le précurseur de l'hôpital du xvie siècle dont, à grandes lignes, nous résumons sommairement l'histoire dans la suite des temps.

L'hôpital de Ste-Foy dont la création remonte à 1541 est une fondation Municipale et non une fondation Royale. A cette époque, les Consuls achetèrent un fonds des Cordeliers et érigèrent, à proximité du couvent de ces derniers, l'hôpital. Pour préciser, c'est dans le jardin du couvent des R. P. Cordeliers que fut érigé l'hôpital.

A la fin du XVIe siècle, lorsque, sur les ordres d'Henri de Navarre, on construisit à Ste-Foy la citadelle, l'hôpital fut englobé dans l'enceinte des fortifications nouvelles.

Après la démolition de la citadelle, l'hôpital se trouva placé près de la Porte des Frères, sur la grande route de Libourne à Bergerac, au Nord, en deça du ruisseau le Rance.

Plus tard, l'hôpital fut situé dans les bâtiments où s'élève, de nos jours, l'Ecole supérieure de garçons. Aujourd'hui, l'hôpital municipal de Ste-Foy occupe depuis plusieurs années l'ancien collège catholique.

Il est curieux de noter qu'à une cinquantaine de mètres près, l'Hôpital moderne se trouve sensiblement au même endroit où s'élevait l'hôpital du XVIe siècle.

Au sujet de l'hôpital de Ste-Foy, nous avons relevé les indications historiques suivantes :

Le 27 Novembre 1567. — Mention d'une requête adressée à Monsieur de Montluc par les religieux de la Ville, lesquels disent que « les Consuls et aultres habitans de cette ville ont faict ruyner leur couvent, chambre, de quoy ont requiz estre remys dans leur couvent où, pour ce qu'il est inhabitable, dans l'hospital qu'est basty dans leur jardyn ».

Le 8 Janvier 1656. — Election de deux procureurs-syndics, l'un catholique et l'autre de la R. P. R. et de deux syndics de l'une et l'autre religion pour l'hôpital.

Le 11 février 1697. — Acceptation d'un *legs* fait *en faveur de l'hôpital Neuf* par Jean Labadie. Consentement à ce que le dit Labadie « face bastir et orne une chapelle dans le fons du dict hospital ».

Le 24 Mai 1710. — *Nomination* d'Anne et de Marie Coutou comme *hospitalières*. Allocation de 40 livres pour acheter des chemises et des draps aux *pauvres de l'hôpital*.

Le 1ᵉʳ Avril 1750. — Délibération portant qu'on s'opposera à l'exécution d'un arrêt du Parlement attribuant à l'*Hôpital* le produit de l'afferme de la boucherie du Carême. Le dit hôpital a été construit en 1541. Un arrêt du Conseil de 1639 reconnaît qu'il a été construit par la ville. Les consuls ont maintenu leur droit d'administration jusqu'en 1719.

Le 15 Juin 1750. — Requête au Parlement par laquelle le sieur Duval établit que l'*hôpital* de Ste-Foy est un *hôpital municipal* et non hôpital royal.

Sa fondation remonte à 1541, époque à laquelle les Consuls achetèrent le fonds des Cordeliers.

Dans le vestibule de l'ancien Hôpital occupé par l'Ecole primaire supérieure de garçons, il existe une magnifique grille en fer forgé du xviiiᵉ siècle que nous signalons à l'admiration de nos concitoyens et à la vigilance attentive de la Municipalité. C'est une pièce du patrimoine artistique et historique de notre chère vieille cité qu'il convient de sauvegarder. Nous avons pensé qu'il suffisait de l'indiquer à notre édilité pour en assurer sa conservation.

NOMS DES MÉDECINS DE SAINTE-FOY
aux xviiᵉ et xviiiᵉ siècles

Dans les Archives nous avons glané entre autres choses intéressantes des noms de médecins... Elie Faure, Jean Danglade, Moraigne, Griffon, Jean de Lapoyade, Jacques Mouragne, Isaac Gaussen, François Bellet, Pierre Baby, aux dates qui suivent :

En 1633. — Il est fait mention dans les registres des délibérations de la Jurade de *Elie Faure*, Docteur en médecine, et *Jean Danglade*, médecin.

En 1636. — Réception du sieur *Moraigne* en qualité de *médecin-juré* de la ville et de l'hôpital.

En 1660. — Délibération portant qu'on offrira

150 livres de gage au sieur *Griffon*, docteur en médecine, afin qu'il reste dans la ville. Les villes de Cadillac et du Mas d'Agenais lui ayant fait des propositions très avantageuses.

En 1664. — Réception en qualité de *médecins de l'hôpital* des sieurs *Elie Faure* et *Simon Danglade*, lesquels s'engagent à soigner les pauvres sans nul gage ni salaire.

En 1665. — Enregistrement des lettres de Docteur en médecine de *Jean de Lapoyade.*

La même année, il est fait mention de la réception et enregistrement des lettres de Docteur en médecine de *Jacques Mouragne.*

En 1673. — Enregistrement des lettres de Docteur en médecine de *Jacques Mouragne* et de *François Bellet.*

En 1772. — Enregistrement des lettres de *Maître en chirurgie* accordées à *Pierre Baby* le 6 septembre 1757.

Le 10 Mars 1630. — Décision portant que les malades pauvres seront transportés avec leur famille dans des huttes établies hors de la ville.

La peste et la famine sévissaient faisant des tas de victimes.

Il fut convenu qu'on payera un ou deux chirurgiens pour traiter les pauvres malades. A cet effet, une somme de 300 livres sera imposée sur les habitants les plus aisés.

Les Consuls passèrent une convention avec le sieur *Mouragne*, médecin, à raison de 8 livres par semaine pour soigner les pauvres. « A la fin du dict traitement sera donné honnestement audict Mouragne, argent pour faire sa quarantaine ».

AU SUJET DU CIMETIÈRE

Primitivement, les inhumations avaient lieu autour des églises. C'est ainsi que, dès les temps lointains de sa fondation, l'église paroissiale de Ste-Foy fut environnée d'un cimetière.

Nous avons vu que l'Eglise Notre-Dame fut, sinon antérieure, du moins contemporaine du siècle qui vit ériger en « *bastide* » Ste-Foy-le-Grant. L'urbanisme du XIIIe siècle ne réserva plus au levant de l'Eglise Notre-Dame qu'un étroit emplacement pour enfouir les corps. Le petit cimetière situé au chevet de l'Eglise Notre-Dame fut réservé aux enfants.

L'usage d'ensevelir les adultes dans l'intérieur des églises se développa avec une extraordinaire fréquence. La place était excessivement réduite et limitée malgré le précieux appoint formé par l'Eglise des **R. R. P. P.** Cordeliers ; de plus, ces inhumations n'étaient permises qu'à ceux possédant une grosse fortune. C'est pour cela que, dès cette époque, les Consuls choisirent, hors de la ville, un emplacement approprié pour y créer un cimetière.

Le « *grand cimetière* », c'est ainsi qu'il est désigné dans les Registres de la Jurade, à cause de ses grandes dimensions, était situé à l'ouest de la ville à 150 mètres environ en dehors des murailles. Au nord, il était limité par les palus alluviales bordant la Dordogne, au levant et au midi le cours capricieux et ondoyant du Veneyrol le séparait des prairies avoisinantes ; il n'avait pas de limite bien nette au couchant.

Pour se rendre au cimetière, les convois funèbres sortaient de la ville par la porte nommée à cet effet, Porte du Cimetière, franchissaient les écluses et la chaussée du moulin communal situé sur le Veneyrol et parvenaient dans l'enceinte réservée aux inhumations.

Le « grand cimetière » était très mal tenu, ainsi qu'on le verra plus loin. Il fut même interdit au XVIIIe siècle par Monseigneur l'Evêque d'Agen, à cause du « désordre affreux » dans lequel il se trouvait.

Le 1er Septembre 1788. — Délibération portant que le *grand cimetière* sera clôturé.

Le 7 Mai 1739. — Le *Grand Cimetière* de Ste-Foy fut frappé d'interdit pendant près de dix mois « attendu qu'il estoit dans un désordre affreux ».

L'Evêque et Comte d'Agen écrivit aux Consuls pour en lever l'interdiction à la date du 7 mai 1739.

Le 26 Mars 1770. — Bail à ferme de l'herbe qui croitra dans l'étendue du *Grand Cimetière* et du revenu de la terre qui se laboure ordinairement autour d'icelui..... et ce, pour 7 ans à raison de 12 livres par an.

Le Cimetière actuel de Ste-Foy occupe une partie de l'ancien Grand Cimetière que la grand'route de Ste-Foy à Pellegrue a scindé en deux parties d'inégale importance et dont la plus considérable, seule, a continué de servir à la destination que lui avaient assigné les Consuls du XIIIe siècle.....

Les tristes convois funèbres suivent l'itinéraire de jadis. L'eau du Veneyrol, sous l'antique chaussée du vieux Moulin communal, mêle — comme autrefois — le bruit de ses cascatelles aux sanglots qui s'élèvent des cortèges en deuil.

Je ne sais rien d'aussi poignant que cette bruissante mélopée plaintive — s'élevant du fond de cette verdoyante cluse — qui semble bercer, au passage, la tristesse de ceux qui conduisent à leur demeure dernière des êtres tendremnt chéris. Au pied des ifs funéraires et des mornes cyprés, catholiques et protestants, enfin réconciliés dans la paix de la tombe, reposent à l'ombre tutélaire des grands bras de la Croix.

LES COUVENTS

Si nous en croyons la tradition, les établissements religieux auraient été excessivement nombreux à Ste-Foy.

Nos concitoyens sont persuadés que les Couvents abondaient dans notre chère ville. Aussi, avons-nous entendu répéter, à satiété — même par des esprits cultivés — que les neuf dixièmes des souvenirs historiques que nous possédons de ci, de là, tout au long des voies rectilignes de notre cité, sont des débris de couvents.

Il n'en est rien. Nous pouvons, à coup sûr, déclarer qu'il n'y eût à Ste-Foy que trois couvents dont les ruines et le souvenir soient parvenus jusqu'à nous : Un Couvent de Cordeliers, un Couvent de Récollets et un Couvent des Dames de la Foi — De l'établissement religieux fondé par les bénédictins de l'abbaye de Ste-Foy-de-Conques en Rouergue, au début des temps historiques, aucun vestige n'a survécu. Le souvenir, même, de cette pieuse fondation — qui fut l'origine de Ste-Foy — était presque complètement enseveli dans l'oubli. Nous sommes heureux d'avoir pu à notre tour concourir à fixer ce point peu connu de notre histoire locale.

Nous nous refusons de considérer comme un couvent La Commanderie des Hospitaliers. C'était plus exactement une Maison forte.....

L'ordre des Frères Mineurs ou Franciscains, plus connus sous le nom de Cordeliers, fut fondé en 1215 par St-François d'Assise. A la fin du XIIIe siècle ils étaient installés à Sainte-Foy.

Le Couvent des Cordeliers était situé au nord-est de la ville. La porte de Bergerac, désignée dès la plus haute antiquité sous le nom de Porte des Frères, indique le voisinage du Couvent des Frères Mineurs ou Franciscains appelés communément Cordeliers. Il était situé, sensiblement à l'emplacement des immeubles compris dans le quadrilatère formé par les allées de Coblentz, la rue de la République, la rue des Lauriers et les murs de ville sur la Dordogne, entre la tour cylindrique du quai de la Brèche et l'ancien bastion nord-ouest de la citadelle qui s'avance en éperon défensif sur le fleuve.

Nous ignorons la date exacte de la construction du Couvent des Cordeliers ; nous pensons qu'elle est contemporaine de la création des remparts et murs de ville. En effet, nous savons que le pape Boniface VIII élu en 1294 protégea les Cordeliers de Ste-Foy et de St-Emilion.

Une preuve de la haute antiquité de l'installation des Cordeliers dans notre ville nous est fournie par un document de l'an 1310..... c'est l'arrentement d'une maison, à Elie Carretier, sise à l'intersection de la rue Ste-Foy et de la grand'-place, c'est l'emplacement qu'occupe actuellement la demeure de M. Beyssey. Il y a aux Archives Municipales des quantités de documents concernant les Cordeliers qui demanderaient des années de dépouillement. Il est patent que les Cordeliers étaient très nombreux et avaient de grands revenus. Leur couvent, très riche, excita les convoitises. En 1561 il fut complètement ruiné par les calvinistes. Pierre Soulier, dans son Histoire du Calvinisme (page 21 et suivantes) nous a laissé la relation des sanglants épisodes qui se déroulèrent, cette année-là, dans notre chère cité.

« Dans l'Eglise Notre-Dame tout fut brisé et
« renversé. On massacra tous les prêtres qui ne
« voulurent pas s'unir à ces sacrilèges attentats.
« De là, ces furieux, encore avides de sang, se
« rendent aux Cordeliers pour y faire une sembla-
« ble exécution. Quelques moines, effrayés du sort
« qui les attend, préfèrent l'apostasie à la palme
« du martyre. Mais le gardien et deux autres reli-
« gieux ont assez de courage pour affronter la
« mort et rester fidèles à la foi catholique. Ils
« sont traînés au sommet du clocher Notre-Dame
« et précipités sur le pavé. Un sort non moins
« cruel attendait d'autres victimes. Le couvent
« n'était pas alors composé de moins de quarante
« religieux. Six ou sept furent précipités dans le

« puits du monastère, et plusieurs autres massa-
« crés. On n'épargna que ceux qui se rachetèrent
« par l'apostasie. Le Couvent fut complètement
« rasé, on arracha même les pierres de leurs fon-
« dements pour en effacer jusqu'aux moindres
« vestiges. »

Les Cordeliers revinrent peu après et commen-
cèrent à rebâtir leur couvent avec une persévé-
rance et une obstination qui font honneur à leur
constance. Mais l'incertitude des temps troublés
où catholiques et protestants s'affrontaient avec
un extraordinaire acharnement et une inconceva-
ble fureur est cause que la réinstallation des Cordeliers à la fin du XVIᵉ siècle et au début du XVIIᵉ
siècle fut des plus instable et des plus précaire. Il
fallut attendre la reddition de Ste-Foy au Roi
Louis XIII en 1622 pour assister à la rentrée en
masse des religieux qui relevèrent les ruines de
leur Couvent et érigèrent une église dans l'enclos
de leur jardin. Une partie des biens considérables
qu'ils possédaient furent donnés aux Récollets qui
s'établirent en ville en 1630.

Mais il est permis de dire que les excès Calvinistes de 1561 avaient porté aux Cordeliers de Ste-
Foy le coup fatal dont ils ne se relevèrent jamais
complètement.....

Le déclin des Frères Mineurs fut tellement complet et absolu qu'il ne nous en est rien parvenu
comme ruine dans notre ville, riche, pourtant, de
souvenirs du passé.

Le Couvent des Récollets. — Situé au nord-
ouest de la ville, le Couvent des Récollets se dres-
sait dans le quadrilatère compris de nos jours entre les rues Louis Pasteur, Ste-Foy, les allées de
Coreilhes et les murailles limitant la ville sur le
fleuve entre les dites allées et la rue Louis Pasteur. Les grands établissements Aurélien Grenouilleau en occupent la plus notable étendue. Sur la
rue Louis Pasteur, en face de curieuses maisons

se voient encore plusieurs fenêtres de l'église conventuelle des Récollets.

L'installation des Récollets à Ste-Foy est de date relativement récente. Ce ne fut qu'après le passage de Louis XIII que ces religieux érigèrent leur couvent sur des terrains appartenant aux Cordeliers, qui les leur cédèrent en vertu d'une décision royale.

Les Récollets sont une branche de l'Ordre des Cordeliers. En effet, ils naquirent à la suite de la réforme dite de l'étroite observance introduite dans l'Ordre des Franciscains par le bienheureux Jean de la Puebla en 1480. Les religieux qui y adhérèrent formèrent deux congrégations, celle des mineurs observant réformés en Italie et celle des mineurs récollets en Espagne.

Les Récollets furent introduits en France, à Tulle et à Murat, tout d'abord, en 1592, puis à Paris en 1603. Nous les voyons installés à Ste-Foy avant 1630. La preuve nous en est fournie par une lettre-patente de Louis XIII datée de février de cette année-là les autorisant à vendre certains biens et immeubles, dont leur règle leur interdisait de jouir, pour bâtir une église.

Le Couvent des Dames de la Foi est de date encore plus récente. En effet, c'est par lettre-patente de Louis XIV en décembre 1685 que la directrice demoiselle Marie de Balhot de Lagadou eût l'autorisation de s'installer dans la ville de Ste-Foy. Il en demeure des restes considérables compris dans le quadrilatère formé par les rues Denfert-Rochereau, anciennement de la Mer, Ste-Foy, des Lauriers, et J.-J.-Rousseau.

CHAPITRE XVII

Affaires Militaires au XVIIIe siècle

Le Maréchal de Richelieu et les Compagnies Bourgeoises. — L'animateur des Milices Bourgeoises : M. le Duc de Lorge, Marquis de Durfort. — Les Compagnies Bourgeoises de Sainte-Foy en 1761. — Etat-Major. — Etat nominatif des 4 Compagnies. — Une Compagnie par quartier. — Officiers surnuméraires et Compagnie de prédilection. — Règlement des Compagnies Bourgeoises.

Les compagnies bourgeoises ne furent pas une création du Marquis de Durfort duc de Lorge ; avant lui, le Maréchal Comte de Thomond et le Maréchal Duc de Richelieu s'occupèrent activement du recrutement des milices bourgeoises et du fonctionnement des dites compagnies.

Dans les Archives Municipales existent de nombreuses pièces émanant des dits Seigneurs plus haut cités. Mais les plus intéressantes ou du moins les plus complètes sont signées du Marquis de Durfort duc de Lorge.

C'est tout d'abord en date du 6 Décembre 1761 un état nominatif des quatre compagnies bourgeoises.

« Ste-Foy dedans les murs », pour employer une expression chère aux clercs-greffiers de la ville dès le plus haut Moyen-Age, fut de temps immémorial divisé en quatre quartiers qui avaient nom : Quartier de Lajonie, Quartier de Leymarie, Quartier d'Imbert, Quartier du Bourguet. Une compagnie bourgeoise composée de un capitaine, un lieutenant, un enseigne, trois sergents, quatre caporaux et 40 fusiliers est formée par chaque quartier pour concourir aux patrouilles de nuit, chargées d'assurer la police de la ville.

Le duc de Lorge édicte un règlement pour les compagnies de milice bourgeoise, répond avec précision au questionnaire que lui adressent les Consuls au sujet de la police de la ville, définit les droits et les devoirs de la Jurade et des officiers de milice bourgeoise, crée une innovation des plus intéressantes et du plus heureux effet, une classe de 40 officiers surnuméraires qui forment la « *troupe bourgeoise de prédilection* » concourant aux services des patrouilles et dont la place est prévue et réglementée dans les cortèges en cas de cérémonie publique.

Ce sont les curieux et inédits documents suivants :

ETAT DES COMPAGNIES BOURGEOISES DE SAINTE-FOY EN 1761

QUARTIER DE LAJONIE

Capitaine : Bachon.
Lieutenant : Bourdey.
Enseigne : Tabert.
  Sergents :
Clocher aîné ; Lacroix ; Demay, tapissier.
  Caporaux :
Simon Lafargue ; Matignon père ; Dubasty ; Isaac Marcou.
  Fusiliers :
Jean Jacoupy, Beaupoil, de Bizat, Pierre Monboucher, Merens, Mignon oncle, Dubois, Mandron, Dupuy aîné, tailleur, Elie Dupuy, second, Simon Dupuy boutonnier, Dupuy, potier d'étain, Faure fils, Duverdier, Briau fils aîné, Charpentier dit fouet, Laforest, Sicard gendre de Labarthe, Jean Penicaud, Coustillac, Etienne Fournier, Jacoupy fils, Mandron fils aîné, Bournet dit Narde

fils, le gendre de Merlande, Bouquay, Antoine Cappelle, Pierrey, Pierre Pillat, Tinègre, Larage jeune, le fils de Simon Lafargue, Vigier, Boiton, Marcou plus jeune, Dupuy coutelier, Philisbert, boulanger, Maillard, Mignon neveu.

QUARTIER DE LEYMARIE

Capitaine : Lagarde.
Lieutenant : Raymond Trigan.
Enseigne : Chassaing.
   Sergents :
Jean Jacoupy, Bouchet, Teyssandier.
   Caporaux :
Michel Grenier, Couchard, Roussau, Pierre Lafargue.
   Fusiliers :
Deffarges aîné, Etienne Jacoupy, Baptiste Marchand, Louis Bernard, Jean Chevalier, Pierre Dubasty, Gabriel Anglery, Pierre Boilhe, Jean Cassagne, Louis Elucher, Gabriel Vernède, Etienne Purrey, Jean Purrey, Claude Marrot, Augustin Gourd, François Deffarges, Jean Faure fils, Coutras, Pierre Bomartin, Pierre Goubier, Joseph Parrot, Armand Martin, François Teyssier, Jean Serre, Pierre Rivière fils aîné, Pierre Marzelle, Viellefon, Charles Brugère, Pierre Bloy fils, Charles Mangon, Jacques Cassaigne, Pierre Rodrigue, Pierre Goudenèche fils, Simon Comarque, Pierre Dubernat, Jean Billac, François Laffon, Lacroix, Jean Parron, maçon, Martial Babot, Etienne Dupuy.

QUARTIER D'IMBERT

Capitaine : Sambellie.
Lieutenant : Miramon.
Enseigne : Garrau fils.

Sergents :
Elie Meyssonet, Claude Bertrand, Jean Montaillar.

Caporaux :
Jean Merveillaud, Jean Matignon, Jean Bonamy.

Fusiliers :
Marsac, cordonnier, Boutitou fils dit Bouchaud, Larraud fils, Androt Boucher, Jean Meynot, Dupuy cordonnier, Pierre Eymerie tonnelier, Jean Brejon, François Boucheau, Deymier perruquier, Denis Merveillaud boulanger, Jacques Faure, Pierre Celerier, Barthelemy Poumeau, cloutier, Antoine Mondot, Jean Purrey, Rousseau cordonnier, Laugel, maréchal, Marrot, Courtois, Monaille fils, Jean Massé, tanneur, Michel Courtois, tanneur, Deffarges jeune, Jean Monteillat fils, Faux, Lagraix fils, Pierre Monmoreau, Jean Hugon, Pierre Montaillat jeune, tailleur, Paison, Brisseau fils, Sivadon fils, Lapierre, Lafargue fils de l'aîné, Feydeau, maître à danser, Pradier, aubergiste, Jean Marrot, chapelier, Gros, boulanger.

QUARTIER DU BOURGUET

Capitaine : Lejeune..
Lieutenant : Cassagne.
Enseigne : Joseph Naud.
Sergents : Boutereau, Monboucher fils, Calmel fils.

Caporaux :
Durand, Sicard aîné père, Boutitou, Barnabé.

Fusiliers :
Baillet, Blanc, Fayolle, Sartral, Soustrougne, Jeannot, Tramond, Boutereau, Sicard dit Charles, Brun, Purrey, Billot, Papin dit fretemiche, Beausoleil, Perrier aîné, Sulureau, Laverdure, Duroux fils, tisserand, Bousset, Courty, maçon, Verprat, dit Latrapat, Daniel Lapeyre, Jacques Chevalier, Pierre Chevalier, Larrieu, Beylard,

Durand fils, Bettouteau fils, Martin, François Reynaud, Merlin, Bourdil, Lafaye, Turquet, Jeanton, cloutier, Jean Truffet, Cadet Reynaud, Charles Reynaud, Grenouilleau dit Maître Jean, Martin, crodonnier.

Arrêté à Bordeaux, fait en double, le 6 décembre 1761.

Signé : Louis de Durfort, duc de Lorge.

Etat des Compagnies de Milice Bourgeoise

de Sainte-Foy

OFFICIERS TITULAIRES

1re Compagnie
Les sieurs François Bachon, capitaine ;
Jean Bourdey, lieutenant ;
Jean Taber, enseigne.

2° Compagnie
Lagarde, capitaine ;
Jacques Bonneton fils, lieutenant;
Chassaing, enseigne.

3e Compagnie
Guillaume Sambellie, capitaine ;
Miramon, lieutenant ;
Charles Garreau, enseigne.

4e Compagnie
Jean Lajeunie, capitaine ;
Baptiste Cassaigne, lieutenant;
Joseph Naud, enseigne.
Major, le sieur Gros.
Soit en tout 13 officiers titulaires.

OFFICIERS SURNUMÉRAIRES

Le sieur Lajeunie, premier chef s'il accepte ;
Le sieur Lajeunie second chef ;

Jean-François Bachon.
François Bachon.
Andrault ;
Jagourd ;
Ambroise Dumaine ;
Raymond Bernard ;
Jacob Guignard ;
Barthélémy Brun ;
Doutre ;
Ellien Gaussen ;
Jay ;
Pierre Dupuy ;
Mestre Sucaufour (?) ;
Moïse Baysselance ;
Valet aîné ;
Jean Valet ;
Celérico ;
Ristaut ;
Septième Piocheau ;
Piocheau fils second ;
Bricheau Lattrique ;
Laporte père ;
Laporte fils ;
Duvergier fils aîné ;
Saint..... Labroue ;
Etienne Gaussen ;
Gaussens, dit Temple ;
Etienne Baysselance fils ;
Gabriel Lejeunie ;
Pierre Baysselance ;
Jean Maymac, cap⁰ de vaisseau ;
Jean Brichou ;
Joseph Mestre ;
Ruffe aîné ;
Ruffe jeune ;
Le sieur Lescure ,ancien lieut⁰ d'infanterie;
Le sieur Sanfourche ;
Denoix fils aîné ;

Soit 40 officiers surnuméraires.

SERGENTS TITULAIRES

1re Compagnie

Clocher aîné ;
Lacroix aîné ;
Dumay.

2e Compagnie

Daniel Bouet ;
Jean Jacoupy ;
Jean Teyssandier.

3e Compagnie

Jean Boutereau ;
Jean Monboucher ;
Jean Calinel.

4e Compagnie

Elien Mayssonet ;
Claude Montaillac ;
Bertrand.

SERGENTS SURNUMÉRAIRES

Charles Garreau, Planteau, Lefrançois, Pierre Maymac, Maymac aîné, Lami aîné, François Lamy, Dupuy, de St-Philippe, Elie Echaussié, Briau aîné, Alexandre Lenoble, Pierre Martineau, Jean Gorin, marchand graineux, François Gros jeune.

Soit en tout 14 sergents surnuméraires.

SOLDATS SURNUMÉRAIRES

Vincent, Faure père, Mandron fils, Coustillac, Gélix dit Saintonge, Coudeyron, Dupuy père, Etienne Rambeau, Merlande, Boisseau, Matignon fils, Genty, Lacroix, père, Mignon neveu, Marion aîné, Clocher fils, Conor père, Conor fils, Maillard fils de la veuve, Blanc dit Jean de Paris, Sicard, Brichaud Culotte, Philibert, Coculé, Goulard fils, Sicard fils aîné, Penicaud, Jouanneau cordier, Larose aîné, Laroze second, Melat aîné, Baron,

François Marchand, Lenoble fils, Pierre Chevalier, Mathias Jouanneau, Simon Grenier fils, Pierre Latour, Etienne Dupuy, Jean Marzelle, Lacroix père, Lacroix fils, Jean Ragaleau, Pierre Babaud dit Rey, Jean Bouquey, Antoine Ferrière aîné, Jean Roquemaure, Jean Billat, Pierre Ossar, Jean Parrant dit Laplaine, Pierre Vergé, Jean Chevallier tonnelier, Pierre Valige, Etienne Landy, Lugereau dit Marot, Jean Bruxelles dit Duborie, Jean Bicaud fils, Simon Marot, Jean Bouchereau, Martial Deffarges, Pierre Faure père, Pierre Detrieu, Etienne Jarry, Pierre Raçon, Pierre Raçon jeune, Pierre Rivière fils second, Antoine Fourtin, Pierre Lagarde, Jean Valade, Etienne Mingot, François Bouchereau, Pierre Bloy père, Jean Marsa, Jean Labrande, Simon Blanc, Gabriel Mazière, François Lafon, Jacques Nouvel, Pierre Germain, Pierre Echausie, Brain cadet, Brain Puycharnaud, François Baraton, Balan, Gentille, Ramond, Sartrat jeune, Billoutau père, Fumouze Martin, Jean Guerrier, Laplante, Capian, Labrousse, Guilhem Faure, Pierre Boulanger, Caris, Barbouty, Louis Conor, Jean Augereau, Jean Lajaunie dit Picolette, Isaac Purrey, Gourd, filassier, Jean Brugère, Roux Manière, Jean Mestre, Etienne Sur, Jean David, André Brugère, Pierre Blanchard, Etienne Fourtin, Galice, Jean Blanc, Sicard aîné, Martin, Lavelier, Pauliac, Labibale, Larue jeune, Pierre Vergé, Larue aîné, Lafleur, Benoit, Rambaud, Caris, Arnaud Feneteau, Purrey, Louis Melé, Noyer dit Rossignol, Jean Melé jeune, Mathieu Brugère, Papin, Fourcade, Cordonnet, Roche, Chaudeborde, Naud, Try, Pierre Coutou, François Penaud, Antoine Dutreil, Pierre Hilaret, François Hilaret, Guilhem Hilaret, Lapleine, Jean Hillaret, François Barraud, Jean Rodes, Jean Redon, François de Longueville, Jean Ramond, Jacques Dumané, Pierre Dumané, Simonet, Charles Renaud, François Reynier, Louis

Chabrier, Louis Renaud, Jean Renaud, Jean Sirice, Jean Trufet, Gabriel Eymond, Panajou, Lapeyre, Laverdure, Giron, Dieu Mégard, tambour, François Rambaud, paveur, Gaillard, Grenouillaud, Montau, Pierre Mannet, Bergerac, Gros, Charles Sicard, Delmas, Marcillac, Guerrier, cloutier, Chabrier, couvreur, Frédéric Mengaud, Margouta, Lajaunie dit Picoulette, Jarry voiturier, Jean Lasserre François Brejon, Rivière, musicien, Beaulieu, perruquier, Boutitou père, Blanc, Lafargue aîné, Lafargue jeune, Pierre Papin, Montaillac, Parraud père, Jacques Beylard, sergent royal, Morin dit Picard, François Gros, Poumeau, Pierre Micheau, Gabriel Purrey, marchand de volailles, François Mayssonnet, chapelier, Pierre Goulard, François Dupuy, tonnelier, Dupon dit Courtefesse, Caquette, Matignon père, Labrousse, Bicaut sacristain, le gendre de Bicaut, Moïse Vernède, Vernède père, Alexandre Seuret, Pierre Labadie, Mérigot, Jean Marraud, batelier, Jean Marraud, chapelier, Jean Fredou, Beylot, Rochet, Ferrade, Mailler, Pierre Massé, Denoix, bourgeois, Jacques Duroux meunier, Demoy, Pierre Faure, maçon, Pierre Callefort, teinturier, Jean Bournit, Lapouge, Labastide, Jean Hugon, Pradier, Beyat, Granjot, Veron, tonnelier, Anselme Boutet, Lafargue père, Lafargue fils, Etienne Naud, Brun, sergent royal, Miteau, Morue dit turc, Geraud, éperonnier, Feydau, maître à danser, Jean Delpech, Veline, tambour, Beylard, cousin du greffier.

Soit en tout 250 personnes. Plus 17 domestiques qui remplaceront le nombre des 17 soldats surnuméraires qui seront tirés pour compléter les 4 anciennes compagnies et les porter à 40 fusilliers, et dans le nombre des dits domestiques sera compris celui du sieur Bachon, qui payera pour son domestique 8 sols, si son tour arrive lorsqu'il sera employé à la terre.

DÉCISIONS SUR LES QUESTIONS
QUI PEUVENT SE PRÉSENTER

Article I. — Si le Jurat est en droit de prendre
là patrouille pour faire la ronde avec elle si le cas
le requiert et s'il peut la commander ?

Réponse. — Le Jurat ou Consul doit se faire
suivre lors de ses tournées par les valets de ville
ou le guet, et demander main forte à la patrouille
s'ils en ont besoin.

Article II. — Si l'Officier peut faire arrêter
quelqu'un et le faire mettre en prison ; s'il peut le
faire sortir de son autorité privée sans en faire
part au jurat ou Consul de service ?

Réponse. — Aucun officier à moins qu'il ne soit
de patrouille, ne peut arrêter personne; et quand
il en a arrêté pendant qu'il est en fonction, il est
obligé de le remettre au jurat de police que si le
prisonnier n'est coupable que de fait de police est
obligé de le remettre en liberté au bout de 24
heures sans attendre d'autre ordre, ainsi de même
pour un vagabond. Si au contraire le prisonnier se
trouve repris de justice ou voleur, le jurat est obligé de le faire remettre dans les 24 heures à la justice, pour son procès lui être fait.

Article III. — Quels sont ceux que l'on doit regarder comme officiers retirés du service et si les
officiers municipaux sont en droit de les punir
lorsqu'ils manquent à venir commander la patrouille ?

Réponse. — Tous officiers retirés qui ne repré-
sentent que des lettres de service, sans preuve
d'avoir servi dans les troupes, et un certificat authentique de prestation de serment, ne peuvent
être regardés comme officiers et sont sujets à la
patrouille comme les autres habitants, à l'égard
de ceux qui viendront à prévariquer dans leurs

fonctions, ce n'est pas à l'officier municipal à les punir, mais la Communauté doit en donner avis au Commandant de la Province et proposer en même temps des sujets pour les remplacer.

Article IV. — Qu'est-ce que l'on doit faire des prisonniers arrêtés par la patrouille et quelle punition doit-on imposer aux habitants qui y sont sujets et qui refusent de la monter (la patrouille)?

L'officier municipal peut-il les faire mettre en prison de sa propre autorité ou doit-il attendre les ordres du Commandant de la Province ?

Réponse. — Tous vagabonds ou gens sans aveu qui sont arrêtés par la patrouille doivent être mis en prison pour 24 heures et en cas de récidive pour 48 heures, au bout duquel temps, l'officier municipal doit les mettre en liberté sans attendre d'autre ordre. Si c'est un malfaiteur ou un homme repris de justice, l'officier municipal doit, sans attendre d'ordre, le remettre entre les mains du juge et en donner avis au gouvernement.

À l'égard des refusants ou des défaillants à la patrouille, l'officier municipal, sans attendre d'ordre leur fera signifier de se mettre en prison pour 24 heures et au cas de récidive pour 48 heures, et si l'homme ne veut pas se rendre volontairement la Communauté en avertira le Commandant de la Province qui le fera arrêter par la maréchaussée et il ne sortira qu'après avoir payé le prix de la capture.

DÉCISION POUR LES CHEFS DES OFFICIERS SURNUMÉRAIRES DE SAINTE-FOY

Première Décision

Le sieur Lajeunie ayant été reconnu chef de tout ce qui formait la compagnie de prédilection, comme ancien garde du Roy, ne doit point profiter de cette prérogative, à l'avenir, à moins qu'il

ne veuille commander la patrouille bourgeoise, à
son tour, comme officier surnumréaire.

Deuxième décision

Le sieur Lajeunie, seigneur de fief âgé de 66
ans s'il ne veut pas être second chef de la Compagnie de prédilection, et premier chef, si le sieur
Lajeunie, ancien garde du corps, refuse, et en
cette qualité commander la patrouille comme officier surnuméraire, comme il n'a aucun titre
d'exemption. En cas de refus de l'une de ces deux
qualités, il sera compris comme soldat à la patrouille afin de payer 8 sols pour celui qui le remplacera; et pendant l'année qu'il sera collecteur
de St-Lazare, il sera exempt de la dite patrouille,
comme aussy s'il élit son domicile à Ste-Foy et
qu'il ne soit pas capité.

RÈGLEMENT DU SERVICE
SUR LA FORMATION DES COMPAGNIES
approuvé par le Duc de Durfort de Lorge

Par l'état et dénombrement arrêté ce jour de
tous les contribuables à la patrouille de la Communauté de Ste-Foy, il se trouve quatre anciennes compagnies, composées chacune de trois officiers, trois sergents, quatre caporaux et de quarante fusiliers.

D'après cette formation, pour diminuer d'autant qu'il est possible le service journalier de la
patrouille, pour tous les contribuables, il a été
décidé que MM. les Maire et Consuls de Ste-Foy,
fourniraient une classe de quarante officiers surnumérairees, compris dans la classe arrêtée ce
jour de ceux qui formaient ce qu'on appelait à
Ste-Foy troupe bourgeoise d'expédition, et ces
quarante officiers commanderont chacun à leur
tour la patrouille comme il va être expliqué ci-
après et au cas de cérémonie publique, ils ne fe-

ront point de service aux compagnies, mais marcheront en corps à part sous le commandement de leurs deux chefs. Après les anciennes compagnies, il a été décidé que Messieurs les Maire et Consuls créeraient 14 sergents surnuméraires dont le service journalier va être exposé ci-après ; en cas de cérémonie publique les susdits sergents surnuméraires formeront une escorte particulière qui se rangera aux deux côtés de la porte de l'hôtel-de-ville, et ne marchera à la suite d'aucune troupe.

ARTICLE PREMIER
(Service des Officiers)

Il ne sera commandé par chaque jour pour la patrouille ordinaire, qu'un officier et un sergent ou caporal, de sorte que les officiers surnuméraires ne seront commandés qu'après que tous les officiers titulaires auront coulé à fond leur tour de patrouille, et que par le nombre tant d'officiers titulaires que surnuméraires, un officier ne commandera la patrouille qu'une fois tous les 53 jours. Il en sera usé de même pour les sergents qui étant au nombre de 12 titulaires et 14 surnuméraires, et roulant pour leur tour de service avec les 16 caporaux, font le nombre de 42 personnes, et partant, chaque sergent ou caporal ne montera la patrouille qu'une fois en 42 jours. Les officiers, sergents ou caporaux qui seront de tour pour commander la patrouille seront tenus de coucher au corps de garde, de faire chacun leur ronde de patrouille, tant dans la ville que dans les faubourgs, et ne se retireront chez eux qu'au jour après avoir remis leurs armes à l'officier municipal de police et fait le rapport des personnes arrêtées par la patrouille s'il y en a, et au cas de contravention à ce règlement, MM. les Maire et Consuls seront autorisés à décerner les arrêts à l'hôtel-de-ville à tout officier qui manquera à son service, et à faire mettre en prison pour 24 heures tous sergents, caporaux ou soldats, et au cas que ceux qui auront manqué leur service ne se soumettent pas à la punition qui leur sera prescrite par les Maire et Consuls, dès que le Commandant de la Province en sera averti, ils seront traduits en prison par la maréchaussée et n'en sortiront qu'après avoir payé les frais de leur capture.

Service du Soldat

A l'égard des soldats, il en sera commandé 10 par jour, et l'on commandera à fond une compagnie avant que l'autre ne commence ; ensuite d'abord après le tour des quatre compagnies fini, on coulera à fond toute la classe des surnuméraires à 10 par chaque jour de sorte que par l'état arrêté à jour, chaque soldat factionnaire ne sera commandé de patrouille qu'une fois en 51 jours hors les temps où on est forcé d'augmenter le nombre de la garde ordinaire.

Au surplus, MM. les Maire et Consuls employeront aussi les surnuméraires à monter la patrouille au lieu et place des absents ou malades qui seront tenus de payer huit sols pour chaque fois à ceux qui monteront la patrouille pour eux, s'ils ont la faculté de payer.

ARTICLE SECOND
(*Lumière et Bois*)

Attendu que cette communauté a exposé n'avoir aucun revenu, elle ne sera point tenue de fournir aucun bois au corps de garde de la patrouille, que ceux qui l'assureront seront libres de porter eux-mêmes s'ils veulent avoir du feu. La Communauté fournira seulement par jour une chandelle pour l'officier de garde et une lampe ou lanterne pour mettre au-devant de la porte du corps de garde.

Et afin de suivre l'usage établi par le gouver-

nement pour la sûreté publique, MM. les Maire
et Consuls de Ste-Foy sont autorisés à rendre une
ordonnance de police par laquelle il sera enjoint
à toute personne, de quelle condition qu'elle
puisse être, de n'être point dans les rues sans lumière, une demi-heure après la retraite battue, à
peine d'être arrêtée par la patrouille et conduite
au corps de garde jusqu'au lendemain matin.

CHAPITRE XVIII

Le Budget de Sainte-Foy en 1770

LE REVENU DES BIENS PATRIMONIAUX S'ÉLÈVE A 601 L 10. — LE PRODUIT DES OCTROIS S'ÉLÈVE A 2.549 L 2,8. — LES CHARGES ORDINAIRES MONTENT A 3.073 L 1, 10. — LES CHARGES EXTRAORDINAIRES S'ÉLÈVENT A 597 LIVRES. — LES PROCÈS EN COURS SOUTENUS PAR LA VILLE CONTRE LES JURATS DE BORDEAUX A PROPOS DE LA JAUGE ET CONTRE LES GRANDS BOUCHERS DE SAINTE-FOY.

Dans la liasse E supp. 5136 - DD - 1 des Archives Municipales de Ste-Foy, nous avons trouvé une intéressante pièce dont nous donnons la copie, c'est l' « Etat des revenus patrimoniaux et d'octrois dont jouit la ville de Ste-Foy sur Dordogne dressé en conséquence et en exécution de la déclaration du Roy du 11 février 1764 ». Cette pièce signée des échevins et notables de la ville : Filliol, Trigant Geneste, Garrau Chassain, Bonnières, Pachon, Maisonnet, Jagour, a été soigneusement calligraphiée. Le greffier secrétaire Garrau a paraphé la dite pièce. Sur deux grandes feuilles de papier collées faisant une surface de 1 m. 40 de long sur 0 m. 80 de haut, les colonnes s'alignent, les chiffres s'ajoutent et les observations abondent.

C'est, si l'on veut, le budget de Ste-Foy pour l'an 1770.

Nos lecteurs verront que la situation de la ville n'était, financièrement parlant, pas des plus brillantes.

La négligence des Consuls avait été la cause de ce que certains droits de la communauté — qui avaient rapporté de gros deniers dans le passé — étaient tombés en déshérence.

Les dépenses, cependant réduites et modestes, l'emportaient sur les revenus ; aussi les échevins suppliaient-ils Sa Majesté de vouloir bien les rétablir dans certains droits que les Statuts de la Ville octroyés — à nouveau — par le Roi Louis XII en 1498 leur avait promis de faire figurer dans les ressources de la Communauté. Il n'est pas sans intérêt pour nos lecteurs de rapprocher ce budget en 1770 des prévisions et recettes budgétaires contemporaines de notre chère cité.

NATURE DES BIENS PATRIMONIAUX
Leurs produit et titres qui en constituent
la propriété et jouissance

Anciennement la Communauté de Ste-Foy pouvait percevoir un *droit* sur chacun des *bestiaux* qui entraient dans la ville, de deux deniers ; de ceux qui se vendaient aux *boucheries*, de deux deniers. Elle percevait encore un droit sur le *sel* des étrangers de un denier par muid ; sur les *vins étrangers* entrant dans la ville après la fête de la St-Martin de trois sols par tonneau ; sur ceux sortant de la dite ville d'un sol, *sur chaque boisseau* de blé se vendant en la halle, à la charge de l'entretenir couverte, et les mesures en état, d'un denier ainsi qu'il est porté par les articles 25, 30, 43, 44, 47, 48 et 62 de ses statuts du mois de décembre 1498, confirmés par nos Rois et Sa Majesté glorieusement régnante, à l'avènement de laquelle à la couronne, la dite Communauté paya en 1728, ainsi qu'il fut ordonné par arrêt du Conseil de cette année, une somme de 488 livres imposée par délibération du 2 juin de la dite année. Mais la perception de ces droits qu'on a, pourrait mettre aujourd'hui dans la classe de patrimoniaux, ayant été négligée, *cette communauté n'a que quelques modiques rentes* qui lui sont payées pour le prix des baux qu'elle a consenti à fief nouveaux de certaines tours ou fossés dépendant de la ville comme il suit :

1° Celle faite par six bouchers crabiers en ville en conséquence d'un arrêt du parlement du 7 février 1702 .... 200 l.

2° Celle d'un emplacement d'une tour et jardin adjugée au sieur Briau le 7 mars 1738. 36 l.

3° Celle de la ferme de la tranche du saumon mise au bail en conséquence d'un arrêt du Parlement du 6 septembre 1751 et suivant l'usage anciennement pratiqué .... 11 l.

4° Celle de deux autres tours arrentées le neuf septembre 1743 .... 13 l. 10

5° Celle d'un fossé adjugé au sieur Briau le 14 mai 1753 .... 24 l.

6° Celle d'autres fossés adjugés au nommé Goulard en conséquence de la délibération du 24 février 1756 .... 60 l.

7° Celle que font trois bouchers crabiers hors la ville suivant les arrentements faits le 2 novembre 1752 et 21 août 1756.......

L'article était de 103 livres 6 sols 8, mais par arrêt du parlement du mois de mai 1715 obtenu sur requête par les grands bouchers, le débit de la chair leur ayant été interdit, la dite rente n'est plus servie.

8° Autre rente faite par deux bouchers de la paroisse de Ligueux et d'Eynesse établis depuis les 15 août et 11 octobre 1755 qui ont été interdits par le même arrêt dont il a été parlé ; mais rétabli par autre subséquemment rendu sur la plainte des habitants des dites paroisses qu'ils ne pouvaient se pourvoir en ville dans les mauvais temps .... 18 l.

9° Rente que font 12 boulangers jurés en conséquence d'un arrêt du parlement du 13 juillet

1757 qui homologue leur statut........... 120 l.

10° Autre faite par Pénicaud d'un terrain à lui arrenté le 30 décembre 1760 .... 21 l.

11° Autre faite par le possesseur d'un moulin (on verra plus loin sous la rubrique observations les indications supplémentaires à cet effet) 30 l.

12° Autre faite par les héritiers du nommé Blanc pour une tour à lui adjugée le 5 mai 1764 .... 22 l.

13° Autre faite par le dit Pénicaud pour arrentement de terrain à lui fait après une délibération des notables et aux formes prescrites par l'édit d'août 1764 le 23 décembre 1769 .... 21 l.

14° Autre faite par le nommé Bonneau pour une échoppe faisant partie du logement de l'un des valets de ville qui menaçait une ruine prochaine, que le rentier s'est chargé de rétablir, d'élever, et d'en laisser une partie au rez-de-chaussée pour le dit valet de ville. L'arrentement ainsi fait aux formes prescrites par l'édit se monte à 24 l.

Total des revenus patrimoniaux .. 601 l. 10

OCTROIS

Nature des octrois ou autres droits qui lui ont été accordés, leur produit, et titres en vertu desquels elle en jouit.

On impose chaque année en conséquence des mandements de MM. les Commissaires de la partie tant sur le rôle de la taille que sur celui de la capitation, savoir :

Pour frais locaux et municipaux fixés par arrêt du conseil du 6 juillet 1666 à la somme de 631, 10, 10 dont on ne trouve plus l'état réglé par **M.** Pillot, lors Intendant de la généralité de Bordeaux, ci .... 631 l., 10, 10

Pour le voyage de la vérification du rôle de la taille à l'élection d'Agen, insuffisante attendu la **cherté des vivres** .... 60 l.

Pour le bois des assemblées à l'hôtel-de-ville, cette somme est aujourd'hui insuffisante, attendu la cherté du bois .... 40 l.

Pour celui du chauffage des patrouilles et la chandelle ordonnée être imposée par le mandement de la capitation de l'année dernière 1769 .... 120 l.

Pour les gages de 2 régents abécédaires 300 l.

Pour ceux d'une régente .... 100 l.

Pour l'intérêt que la ville fait à l'hôpital dont l'imposition se fait chaque année depuis le 17 décembre 1721, en conséquence d'une ordonnance de M. Boucher, intendant 239, 11, 10

Cependant on ne trouve qu'une obligation de l'année 1658 de la somme de 2.100 fr. en faveur du syndic du dit hôpital; s'il n'est pas d'autre titre, l'intérêt est exhorbitant.

Pour celui qui fait aller l'horloge, qui est l'un des valets de ville et qui n'a d'autres gages (ainsi qu'il sera observé plus loin au chapitre des dépenses ordinaires) .... 30 l.

Pour la rente que la ville fait au Roi.... 30 l.

Pour les gages de deux régents grammairiens .... 500 l.

Pour le loyer de la maison servant à la maréchaussée .... 105 l.

Pour le loyer des presbytères de la juridiction, savoir :

St-Avit-de-Soulège .... 20 l.
Thoumeyragues .... 10 l.
St-Martin-de-Margueron .... 30 l.
St-Pierre-d'Eynesse .... 45 l.
St-Pierre-de-Riocaud .... 12 l.

On impose, en outre, tous les 3 ans pour l'habillement des 5 valets de ville, dont la dépense s'élève communément à la somme de 708 l., qui reviennent pour chaque année à celle de 236 l.

Il se perçoit année commune une somme de 40 livres pour les certificats qui sont donnés pour la sortie des denrées du pays de nouvelle conquête ;

cette somme tournait, précédemment, au profit du greffier, mais par une délibération du 30 mars 1768, il fut dit qu'elle tournerait au profit de la communauté comme il sera plus amplement observée au chapitre des charges ordinaires   40 l.

Total des octrois 2.549, 2, 8

FORME DANS LAQUELLE SE FAIT LE RECOUVREMENT

Le recouvrement des patrimoniaux se fait par le syndic receveur qui n'en peut disposer que sur le mandement des dits sieurs échevins ; et celui des octrois par le collecteur principal qui les compte au syndic receveur, sur les mandements des mêmes officiers.

CHARGES ORDINAIRES

A l'acquit desquelles le produit des revenus patrimoniaux et octrois est affecté ; et motifs des dites charges.

Il résulte des anciens registres que dans un temps où le corps de ville était composé de 4 échevins seulement et d'un procureur syndic, les frais municipaux dont il est question au paragraphe des octrois étaient employés au gage des dits officiers, à ceux des sergents, portiers de ville, réparations tant des portes que de l'hôtel de ville, au payement de la rente due au Roy, au louage de la maison du premier consul, et à celui du commandant de la province, que depuis y ayant eu un maire, elle a ensuite un maire titulaire et un alternatif ; leurs gages, outre l'intérêt de la finance du titulaire, furent fixés à 136 par délibération autorisée par M. le Commissaire de parti, et ceux du procureur syndic à 69 de telle sorte que les dits gages forment une somme de ......   449 l.
qui sera, sous le bon plaisir de Sa Majesté, répar-

tie comme il suit, savoir :

Au maire .... 166 l. 10
Au premier échevin .... 91 l. 10
Au second échevin .... 91 l. 10
Au Procureur syndic .... 99 l. 10

Ces officiers, cependant, n'ont voulu recevoir qu'un modique acompte de 22 l. 10 attendant que Sa Majesté ait statué à cet égard et la suppliant de considérer que s'ils vaquent à tout ce dont était chargé un plus grand nombre d'officiers, réduits à un moindre, en conséquence de son édit, ce n'est qu'avec plus de soin et de peine, et en abandonnant leurs intérêts particuliers pour celui du public.

Les gages du greffier secrétaire étaient antérieurement à l'édit du 12, ce qui joint à ce qui lui était payé pour la faction des rôles et les certificats délivrés pour la sortie des denrées du pays de nouvelle conquête, dont le produit était purement casuel peut aller année commune à 40. Mais par délibération du 30 mars 1738, les Notables, en conformité de ce qui est porté par l'article 25 du dit édit, délibérèrent que les gages du secrétaire seraient à 200 en ce que les officiers municipaux feraient faire dorénavant les rôles, et percevraient les droits qu'on perçoit pour les dits certificats dont le montant tournerait au profit de la communauté, lui faisait des gages honnêtes. De sorte que la dite somme composera un article des dites charges, si S. M. veut bien autoriser la dite délibération .... 200 l.

Salaire des 4 valets de ville dont le nombre fut par ladite délibération fixé sur l'ancien pied qui était de cinq .... 136 l.

Il est observé qui si les dits gages sont aussi modiques, c'est parce que la communauté fournit un logement à chacun des dits valets de ville qui est dans la tour de chacune des portes avec un petit jardin y attenant, qu'à l'une d'icelle n'y ayant point de jardin on paye au valet de ville qui l'habite quinze livres pour lui tenir lieu de jardin, ci .... 15 l.

Que le cinquième logé au parquet où il fait les fonctions de concierge n'a d'autre gage que la somme de 30 l. imposée pour l'horloge qu'il est chargé de monter tous les jours .... 30 l.

Pour 5 paires de souliers qu'on donne aux dits valets de ville chaque année .... 20 l.

Pour leurs étrennes .... 10 l.

Pour l'entretien du pavé de la place .... 10 l.

Pour les cierges et gants des officiers municipaux et gants des dits valets de ville le jour de la Chandeleur. L'article des dits gants ayant été omis dans le précédent état............... 25 l.

Pour les flambeaux et pour le feu de la Saint-Jean .... 16 l. 5

Pour le repas de l'élection consulaire .. 80 l.

Au sacristain chargé de sonner la retraite attendu qu'il n'y a point de tambour, il doit être payé chaque année en conséquence d'une délibération des notables du 23 novembre 1769.. 24 l.

Pour le port des deniers royaux à Agen 120 l.

Le collecteur principal chargé de l'envoi des dits deniers royaux retient la dite somme sur les frais locaux et municipaux.

Pour les aumônes, le jour du jeudi saint 12 l.

Pour le voyage de la vérification du rôle de la taille à Agen .... 60 l.

Pour le bois des assemblées à l'hôtel-de-ville .... 40 l.

Pour le chauffage et chandelle des patrouilles .... 120 l.

Pour les gages de 2 régents abécédaires 300 l.

Pour ceux d'une régente .... 100 l.

Pour l'intérêt que la ville fait à l'hôpital 239, 11, 11

Pour la rente que la ville fait au Roy.. 80 l.

Pour les gages de 2 régents grammairiens 500 l.

Pour le loyer de la maison servant à la maréchaussée .... 105 l.

Pour le loyer des presbytères de la Juridiction, savoir :

Pour celui de St-Avit-de-Soulège ...... 20 l.
Thoumeyragues .... 10 l.
St-Martin-de-Margueron .... 80 l.
St-Pierre-d'Eynesse .... 45 l.
St-Pierre-de-Riocaud .... 45 l.

Pour l'habillement des valets de ville on impose tous les 3 ans celle de 708 l., ce qui revient pour chaque année à celle de............ 236 l.

Pour les 6 deniers pour livre de la recette des patrimoniaux et octrois que fait le syndic receveur, montant ensemble à la somme de 3.210, 12, 8 .... 78, 15

Total des dépenses ordinaires .. 3.073, 1, 10

CHARGES EXTRAORDINAIRES

A l'acquit desquelles est appliqué l'excédent des revenus extraordinaires acquittés et motifs des dites charges extraordinaires.

Pour l'entretien et réparation de l'hôtel de ville et des logements des valets de ville ...... 60 l.

Pour l'entretien de 160 fusils des compagnies bourgeoises déposés en l'hôtel de ville en conséquence d'une ordonnance du maréchal de Richelieu .... 40 l.

Pour l'impression des billets servant à l'entrée des vins .... 30 l.

Pour cire papier des actes ou convocation des notables, port de lettres, entretien des marques à feu de la ville pour marquer les vins et pour exprès qu'il convint d'envoyer à Bordeaux ou ailleurs pour les cas urgents .... 100 l.

Dépenses des réjouissances publiques. Poudre qu'on distribue aux milices bourgeoises, flambeaux et pour frais de passage des personnes constituées en .... 150 l.

Pour le louage des chevaux des invalides qui passent en ladite ville .... 20 l.

Pour l'entretien des portes de ville, fontaines, promenades ou allées, réparations à l'horloge, charpente de la cloche qui s'élève à près de 30 pistoles, que les allées ou promenades sont dans l'état le plus triste et que le ravage que viennent de faire les eaux par un débordement autant considérable que subit et inopiné arrivé la nuit du 30 décembre 1761 fait craindre la perte d'une partie des murs de la ville contre laquelle les eaux frappent avec le plus d'impétuosité et près de laquelle se sont ouverts un ..... qui a décharné le mur, lequel arrivant à tomber entraînerait la perte totale du quartier de la ville qui borde la Dordogne, ci .... 197 l.

Total des dépenses extraordinaires .... 597 l.

Montant des frais de perception, année commune, prise sur les 10 dernières années et dénombrement de tous les employés préposés au recouvrement ; leurs appointements ou autres émoluments.

Le précédent trésorier n'avait aucun droit pour la levée et perception des deniers de la communauté ; on le dispensait seulement des logements de gens de guerre ; mais en conséquence de l'édit de Sa Majesté, les gages du syndic receveur nommé furent fixés à six deniers pour livre des sommes qu'il percevra, lesquelles s'élèvent à 3150, 12 tant patimoniaux que d'octrois, ce qui revient pour le dit syndic receveur à celle de 78 l. 15.

Montant des sommes empruntées et qui sont hypothéquées sur les revenus patrimoniaux et d'octroi et le denier auquel elles ont été constituées.

La communauté doit à l'hôpital pour l'intérêt de certaine on ne sait quelle somme, le trésorier du dit hôpital n'ayant pu produire aucun titre comme il a été observé dans le chapitre des charges ordinaires. Il s'impose annuellement 239 l. 10, 11.

On n'en trouve d'autre titre constitutif qu'en obligation de 1653 de la somme de 2.100 l. et il est établi par des registres et états qu'en 1665 elle était de 3.450, qu'en 1719 et 1720 il ne fut imposé pour cet intérêt que 88, 16, 10, quoiqu'antérieurement il fut le même qu'aujourd'hui.

Que les années subséquentes il fut imposé de nouveau 239, 11, 10 de sorte que, soit que le capital soit de 3.450 ou de 2.100 livres, l'intérêt aurait été payé pendant bien des années sur un pied d'autant plus exhorbitant que pour une déclaration du Roy de 1720 il est ordonné que les hôpitaux ne lèveront les intérêts de leur créance qu'au denier cinquante et que s'il n'a pas été dérogé à cette déclaration par autre postérieure, la communauté se trouverait libérée si l'excédent du légitime intérêt était imputé sur le capital, ainsi qu'il fut jugé pour la ville d'Ussel en Limousin pour arrêt du conseil, à quoi on ajoutera que si la considération des revenus entre pour quelque chose dans la décision à prononcer à cet égard, la communauté mérite plus de faveur que l'hôpital puisqu'elle n'a que très peu de revenus, que l'hôpital en a, au contraire, de considérables que les pauvres ne sauraient consumer. Outre la dette de l'hôpital, nombre d'habitants demandent à la Communauté des sommes considérables qu'ils disent leur être dues pour loyer de maisons et écuries, ou pour fourniture de bois et chandelles faites aux officiers auxquels ils ont aussi fourni des logements. Cette demande est d'autant plus surprenante qu'il a été imposé des sommes considérables pour le payement de ces objets qu'on trouve dans les archives des mandements tirés pour cet effet en faveur de quelques habitants qui se trouvent dans le cas des dites fournitures, et d'autres en faveur de certains particuliers qui devaient faire la distribution des sommes y contenues aux prétendants.

Ces mandements acquittés ne sont point quittancés, et on ne trouve pas les différents états de frais de casernement contenant les sommes imposées, ce qui peut faire croire la demande des dits habitants juste et que les sommes qui leur devaient revenir ont été employées à tout autre objet que celui de leur destination.

Elle doit, de plus, au sieur Coustiniel, procureur, pour les droits et avances qu'il a faites dans la poursuite du procès que la Communauté a au Parlement de Bordeaux contre les Bouchers-Jurés ou Grands Bouchers de la ville, conséquemment à l'autorisation de M. le Commissaire de parti en date du 29 novembre 1766.

Somme qui peut être employée annuellement au remboursement des capitaux et ce qui reste dû des dits capitaux au 1ᵉʳ janvier 1764.

Néant. — Les dépenses excédant les revenus. Précédemment l'excédent n'était pas aussi considérable en ce qu'il n'était pas question de la réparation de l'horloge, murs de ville, ni des habillements des valets de ville, dont le montant s'imposait en bloc et dans une seule année. Et qu'il serait bien moins onéreux aux dits habitants de répartir en trois. L'excédent au reste se prend sur les peines auxquelles sont condamnés les contrevenants aux règlements de police.

Dettes exigibles au 1ᵉʳ Janvier 1764

Il est dû à la communauté par les héritiers du sieur Babot, pour reliquats de rôle comme ayant fait la perception des deniers royaux les années 1701, 1703, 1710, 1713 et 1720 la somme de 758 livres 8 en capital. Mais étant décédé presque obéré, si on entendait exiger les intérêts des dites sommes, on serait forcé d'en venir à une saisie réelle du peu de bien qu'il a laissé et par événement la communauté pourrait tout prendre, au lieu que traitant avec les dits héritiers et se rachetant des intérêts ou de partie, il pourrait lui rentrer au moins le capital. Il lui est encore dû

La Grand'Rue à Ste-Foy

d'après une eau-forte de Léo DROUYN

par la succession vacante de feu Denis Meymac
pour reliquat de compte comme trésorier ou collecteur la somme de 578 livres 5, 1 pour la sûreté
de laquelle il consentit une obligation le 5 août
1755. Le dit Meymac étant décédé et ses biens
ayant été saisis réellement à la requête d'un de
ses créanciers, il intervint arrêt de décret l'année
dernière, par lequel la communauté se trouve colloquée au premier rang.

OBSERVATIONS

La Communauté prévoit comme on l'a dit au
paragraphe des patrimoniaux différents droits et
tels qu'ils sont portés par les articles de ses statuts qui ont été rappelés ; on ne sait pourquoi la
perception de ces droits n'a pas lieu, ce ne peut
être qu'un effet de la négligence des officiers municipaux.

C'est aussi, sans doute, par une suite de cette
même négligence qu'on n'a plus perçu nul *droit
pour la place marchande*, et de là un préjudice
non seulement pour la Communauté, mais encore
pour les marchands de la ville, les forains s'emparent les jours de marché des meilleures places,
font tout le commerce et privent ceux-là des petits profits qu'ils pourraient faire et qui leur seraient d'un secours pour le payement de leurs
charges.

Les poids et balances attribués à la Communauté par arrêt du Conseil du mois d'avril 1612.
Le droit de chasse et de pêche dont elle fit l'acquisition ainsi qu'il est établi par autre arrêt du
conseil du 3 avril 1703, étaient encore des objets
à ne pas négliger ; cependant, l'un et l'autre l'ont
été ; la communauté est privée du droit que lui
produisait le premier et les contraventions sont
une suite de cette négligence ; les meuniers surtout en commettent d'autant plus fréquemment
que le blé étant d'une grande cherté, ils y trou

vent un plus grand profit si l'on peut ainsi qualifier les fraudes ou friponneries qu'ils font.

Quant à ce qui est des dits droits de chasse et de pêche, la Communauté avait payé pour celà une somme de 4.400 l., compris les deux sols pour livre. Le seigneur engagiste ne pouvait s'en emparer ainsi qu'il l'a fait depuis une vingtaine d'années.

Le préjudice qu'elle en souffre ne consiste pas seulement en ce qu'elle est tout à la fois privée du droit et des 4.400 l. qu'elle a comptées, mais encore en ce que le dit seigneur engagiste ayant affermé le décret à divers particuliers, ceux-ci vendent le poisson par préférence à des regratiers qui portent hors de la juridiction, et les habitants meurent pour ainsi dire de faim dans le sein de l'abondance, la rivière de Dordogne étant des plus peuplées en poisson de toutes espèces.

Si la communauté ne s'est pas pourvue contre l'entreprise du seigneur engagiste c'est pour le défaut de fonds.

C'est encore pour cette raison qu'elle ne peut faire vider différents *procès* dont l'événement ne pourrait que lui être favorable. Le premier est au Conseil *contre les Maire et Jurats de Bordeaux depuis plus d'un siècle* : ceux-ci prétendent que les habitants du pays de nouvelle conquête ne peuvent loger leurs vins en *jauge bordelaise*, leurs privilèges, cependant, ne sont pas différents quant à ceux-ci de ceux de la ville de Bordeaux ; d'ailleurs les uns et les autres vivent sous la même loi, sous la même domination et ont le même droit aux grâces, aux privilèges qu'il plaît à Sa Majesté d'accorder à ses sujets. Si la diversité des jauges fait la diversité des prix de la denrée, si l'on vend plus ou moins cette denrée, parce qu'elle est dans une jauge d'une plus ou moins grande contenance, pourquoi les habitants du pays de nouvelle conquête, ne jouiront-ils pas comme les autres de l'avantage, ils ne doivent pas être d'une condition pire ; ils payent, comme les **autres,** une portion des subsides qu'il plaît à Sa Majesté d'imposer.

Le second *procès* est pendant au Parlement de Bordeaux depuis plus de 10 ans *contre les Grands Bouchers* fixés à six, qui quoique ayant été de tout temps à la nomination des officiers municipaux, astreints à prêter le serment devant eux, prétendent que les officiers n'ont pas le droit de nommer, lorsqu'ils viennent à quitter ou à décéder, qu'ils n'ont pas non plus, le droit de les destituer dans quelque contravention qu'ils touchent ; non plus que d'en augmenter le nombre. Une telle prétention choque d'autant plus qu'elle est contre le bon ordre et la police, gens de **cet** état n'en doivent pas être indépendants, et il est de l'intérêt public que l'officier de police qui l'exerce puisse mettre un frein à la passion décidée qu'ils ont de s'enrichir de la substance de leurs compatriotes.

D'ailleurs, un petit nombre ne saurait servir convenablement le public ; celui des bouchers de Ste-Foy aux Grandes Boucheries est fixé comme on l'a dit à six ; cependant ils ne sont que trois chacun de leurs étaux n'est pas mieux garni quoique la consommation soit la même que s'ils étaient six ; et s'ils étaient six ou d'un nombre tel que le jugeraient nécessaire les officiers de police, chacun ferait à l'envie et à qui mieux mieux pour s'attirer des clients, et alors les chairs de la meilleure qualité ne manqueraient pas comme il arrive le plus souvent.

Pour et avec leurs prétentions ils n'ont d'autre moyen que celui pris de ce qu'ils ont reconnu à Sa Majesté et lui payent une rente pour leurs maisons et étaux au Banc de Boucherie, et ce moyen ne saurait faire juger que les bouchers puissent arbitrairement débiter ou ne pas débiter de chairs, et que dans le cas de mort de quelqu'un des six, sont étal doive demeurer vaquant que les officiers municipaux ne puissent nommer un quelqu'un pour le faire valoir.

Au reste, *la Commune possédait* autrefois *un Moulin* construit sur un ruisseau qui est à très peu de distance de la ville, et fut vendu, à titre d'engagement, depuis bien des années à très vil prix. Il fait aujourd'hui une rente très considérable en grains à celui qui le possède et dont le prix n'est guère moindre que celui de l'engagement. Si la communauté se trouvait en état de le racheter, elle trouverait dans la rente de quoi pourvoir à bien des objets pour lesquels il faut imposer chaque année ; et elle pourrait, peut-être, faire ce rachat dans peu d'années si Sa Majesté voulait ordonner qu'elle percevrait, comme autrefois, les droits qui lui étaient attribués par les statuts ; ces droits, le produit du Moulin la dispenserait alors d'imposer sur elle-même quelques-unes des sommes qui s'imposent tous les ans, et les habitants seraient moins gênés pour le payement de leurs subsides.

Sur le tout les revenus de la Communauté ont été saisis féodalement sur le refus fait de fournir une déclaration que l'on veut exiger différente à celles qui l'ont été précédemment et desquelles il résulterait un avantage seulement pour les préposés à la réception des dites déclarations, pour laquelle ils percevraient des droits d'autant plus exhorbitants qu'outre une déclaration générale on entend en exiger, contre ce qui a été pratiqué, une particulière.

Par cette saisie les officiers municipaux ne peuvent pourvoir aux moindres objets et si l'on trouve de la différence entre l'état des revenus et dépenses de la Communauté et le compte fourni par le syndic receveur, ce n'est que parce qu'il n'a pu recevoir à cause de la dite saisie féodale.

Dans l'un et l'autre des procès, la Communauté a été autorisée, par le commissaire de Parti dans la Province, en conformité des déclarations de Sa Majesté.

Et le ..... des fonds usurpés par quelques particuliers sur les daix dépendants de la ville, et des rues qui touchent aux murs, ou le payement qu'ils ne pourraient se dispenser de faire d'une rente, s'ils rapportaient quelques titres qu'établissent qu'ils n'ont point usurpé.

Certifié par nous Echevins, juges de police de la ville et juridiction royale de Ste-Foy, conseillers de cette ville et notables de la même Communauté.

Le présent état fait à Ste-Foy dans l'hôtel de ville le 15ᵉ janvier 1770.

FILLIOL,
premier échevin

TRIGANT GENESTE,
échevin

GARRÁU,
substitut

CHASSAIN,
notable

BONNIÈRES,
conseiller

PACHON,
notable

MAISONNET,
notable

JAGOUR,
notable

GARRAU, greffier secrétaire.

CHAPITRE XIX

La Grande Peur à Sainte-Foy en 1789

Une névrose révolutionnaire. — La contagion de la peur. — Les brigands fantomes. — Les émissaires mystérieux. — La grande peur a Sainte-Foy. — Un Domestique du Curé de Fougueyrolle jette la panique dans la Ville. — Le tocsin d'alarme. — La populace s'empare des fusils de l'Hotel-de-Ville. — Des volontaires gravissent les coteaux de Saint-Avit et de la Rouquelhe. — Les brigands ont disparu. — L'alarme a été vive. — La Ville a frissonné.

En 1906, lorsque parut le si intéressant, curieux et vivant ouvrage des docteurs L. Nass et Cabanès, intitulé : « La Névrose Révolutionnaire », ce fut un étonnement de voir appliquer à la science historique les méthodes d'un Cesare Lombroso, d'un Sighele, ou d'un Gabriel Tarde.

Depuis cette époque le succès auprès du public et la faveur constante des lecteurs sont venus consacrer le talent des Docteurs Nass et Cabanès. Dans le chapitre liminaire de leur ouvrage consacré aux « Instincts de la foule » les auteurs étudient « La Contagion de la peur ».

La Grande Peur :

C'est le nom que l'on donne à cette épidémie — véritable peste morale — de terreur panique qui déferla sur la France entière au lendemain de la prise de la Bastille et qui, pendant près de trois semaines, secoua le pays tout entier d'une angoisse inouïe, rappelant, sous certains aspects, les frayeurs de l'an mille. Du nord au sud, de l'est à l'ouest, toutes les provinces, toutes les villes, grandes ou petites, des humbles bourgades aux simples hameaux, tous les habitants frissonnèrent. La France, en cette fin de juillet 1789 et au début du mois d'août, sentit passer sur elle un vent de folie collective faite d'angoisses mystérieuses et de peur irraisonnée.

Dans chaque ville, la Grande Peur se manifesta de la même façon. (Les Docteurs Mass et Cabanès en ont tracé un remarquable et vivant tableau auquel nous empruntons de belles images). Un soir, des bruits étranges circulaient : on annonçait l'arrivée de plusieurs milliers de brigands, armés jusqu'aux dents, et qui dévastaient tout sur leur passage, laissant après eux l'incendie, la misère, la mort. Telle une nuée d'orage qui s'amoncelle et éclate dans un ciel sombre, la nouvelle grossit, obsède les moins timorés. Un homme arrive en courant ; à quelques lieues des remparts, il a vu, de ses yeux, sur la route blanche un gros nuage de poussière, soulevé par une troupe en marche ; un autre a entendu le tocsin d'alarme du village voisin. Plus de doute, dans une heure, ou moins de temps peut-être, la ville va être aussi mise à sac.

Aussitôt bourgeois et ouvriers de prendre les armes : fusils, baïonnettes, piques, haches, instruments de travail, tout est réquisitionné. Une milice s'improvise : les plus courageux partent en avant à la recherche de l'ennemi... Reviendront-ils ?

En attendant, les femmes enfouissent les objets précieux, tremblent pour leurs enfants... Une heure, deux heures se passent. Mortelle angoisse ! La nuit tombe, doublant l'épouvante et l'alarme. Les patrouilles circulent, les torches éclairent lugubrement les carrefours......

Dans les campagnes, l'épouvante est plus grande. Le paysan, n'ayant pas la force du nombre, se sent désarmé et craint que l'arrivée des brigands ne marque l'heure de sa ruine irrémédiable. Le soir, la lisière des bois, à l'orée du village prend un aspect menaçant : la clarté de la lune, rendant plus opaque l'ombre des grands arbres, ajoute à l'effroi général... Un bruit anormal trouble-t-il le silence ? la panique met tous les courages en déroute.

Les paysans, chassés par la terreur, accourent en hâte, vers les villes, chacun poussant devant soi son maigre mobilier... On dirait une ville qui d'un instant à l'autre va être investie.....

Mais voici que reviennent les éclaireurs envoyés à la découverte. Ils n'ont rencontré aucun brigand. La peur diminue... Encore quelques jours et elle s'évanouira dans un vaste éclat de rire.....

Si, en de nombreux endroits, le souvenir de l'étrange événement s'est effacé ; il est resté particulièrement vivace en d'autres, où l'on n'avait pensé qu'à une alarme isolée ou locale. De patientes et fructueuses investigations dans les archives ont permis de recueillir sur ces journées d'affolement de rares et précieux documents qu'on a réuni en un faisceau de preuves irrécusables (1).

Les brigands fantômes :

A St-Céré (Lot), le 29 juillet 1789, un échevin de Gramat arriva tout courant et en sueur, annonçant qu'une bande de 4.000 pillards et bandits approchait, qu'il fallait s'armer et sonner le tocsin ; un peu plus tard, le bruit se répandit

---

(1) Voir du même auteur : La Révolution à St-Emilion ; Histoire anecdotique et documentaire d'après les Livres Consulaires et les Registres de police et d'ordre de la Municipalité de St-Emilion (du 24 juin 1788 au 26 pluviose an III).

que Brive, Tulle, Mayssac, Argentat et Martel étaient en flammes.

Pleins d'angoisses, les habitants de St-Céré prirent les armes et attendirent : rien ne parut.

Le même jour, dans les campagnes de l'Artois, courut subitement la nouvelle qu'une armée anglaise était débarquée sur les côtes ; d'autres disaient que les Impériaux avaient passé la frontière ; ou bien, c'étaient des brigands, des assassins, des incendiaires qui ravageaient le pays « y semant la mort et le pillage ». Personne n'avait rien vu, mais chacun se précipitait, terrifié, fuyant vers les villes ou se cachant dans les forêts.

Le même jour encore, le domestique du curé de la Brûlatte, dans le diocèse du Mans, accourut à cheval, vers huit heures du soir au village de Ruillé-le-Gravelais, criant que 1.500 brigands sortent d'Andouillé, qu'ils ont ravagé, égorgeant ceux qu'ils rencontrent, et qu'ils se dirigent vers St-Ouen-des-Toits.

Une heure après, le commandant des gabelles de Gravelle reçoit le même avis et part pour les forges de St-Brillet, avec ses gabelous, assisté de cent paysans armés de faux, de fourches et de bâtons.

Une telle panique s'empara de tous les esprits, que l'on sortit des maisons pour aller au hasard, sans savoir où ; le curé de Rouillé confessa de quatre heures à neuf heures et demie du soir, ce jour-là, les gens affolés par la pensée de la mort imminente. Le lendemain on apprit que l'alerte était sans motif et chacun rentra chez soi.

Ainsi, presque à la même heure, à toutes les extrêmités du Royaume, en Quercy, en Picardie, et dans le Maine, le même fait se présenta dans des circonstances identiques. Cette panique sans raison est constatée dans presque tous les villages de France qu'*ils* arrivent ; *ils* sont là.

Qui ?

On ne sait pas ; mais on a peur. L'épouvante

croît d'instant en instant, alimentée, surexcitée jusqu'au paroxysme, jusqu'à la folie, par des courriers mystérieux.

La contagion de la peur :

Quelques faits sont particulièrement caractéristiques ; un tisserand de Laval, qui écrivait son journal avec beaucoup de soins, note que les habitants des bourgs et des campagnes accouraient, le jour de « la grande peur », à travers champs et chemins, jusqu'à la ville ; ils arrivaient **par paroisses** entières disant :

Ils sont en tel endroit et pillent les maisons.

— Qui ça ? leur demandait-on ?

— Mais c'est une armée tout entière.

— Où est-elle ?

— Les gens disent qu'elle est proche.

— Qui l'a vue ?

— On n'en sait rien.

La ville fut bientôt encombrée de fuyards. Bien des gens se disposaient à porter secours à ceux dont on disait les fermes incendiées. Dès que l'on courait du côté de Craon, une nouvelle arrivait que c'était sur la route de Forcé ; on rebroussait chemin, puis on annonçait qu'il ne fallait pas se diriger de ce côté-là, mais vers l'Huisserie. On ne savait plus où aller. La matinée se passa en courses et en transes. On en a ri dans l'après-midi...

A Néris, près de Montluçon, le 30, à deux heures du matin, les cris « Aux armes ! Au secours ! Nous sommes brûlés ! » se font entendre.

Un forcené passe, tendant au bout d'une fourche un papier par lequel la paroisse de Montluçon « sur le point d'être perdue » réclame assistance.

Le curé fait sonner le tocsin, on s'arme, on se met en marche, mais « les Messieurs » de Montluçon renvoient, bien vite, cette troupe qu'ils ne veulent pas nourrir ; personne ne les menace, et ils n'ont point besoin de secours.

Les volontaires rentrent à Néris ; et dans l'après-midi arrivent, coup sur coup, trois cavaliers inconnus qui traversent le bourg au grand galop de leurs chevaux : c'est Limoges que les brigands dévastent, c'est là qu'il faut courir.....

Et il en est ainsi dans le Lyonnais, en Champagne, en Auvergne, dans le Limousin, en Saintonge, en Vendée, à Sedan, à Guéret, à Toulouse, à Montauban ; ici, seulement, comme on est dans le Midi, ce n'est plus comme ailleurs, trois mille, on en annonce « trente mille » et on en a vu une multitude.

Jusqu'aux régions les plus reculées, l'effrayante rumeur parvient avec la rapidité d'un écho : dans les Basses-Alpes, la panique est extrême, en Tarentaise, l'agitation est folle ; les populations descendent des montagnes ; la petite ville de la Seyne, sur la Durance, est en ébullition.

Le marquis d'Hugues se porte sur Tallard avec sept cents hommes pour défendre le bourg contre l'ennemi imaginaire.

Les émissaires mystérieux :

En plusieurs contrées, les procès-verbaux et les archives signalent le passage d'émissaires inconnus semant d'un mot la terreur, recommandant de prendre les armes et disparaisant aussitôt.

À Thiviers, dans le Périgord, un cavalier arrive dans le bourg en pleine nuit, frappe à la porte d'un menuisier, lui ordonne de confectionner sur le champ deux cents hampes de piques, puis il repart sans débrider et sans laisser d'adresse..... Les hampes furent faites et la municipalité les prit à bon compte.

On a traité de légendes ces récits d'ordres secrets émanés d'autorités invisibles ; mais il faut bien reconnaître qu'on en trouve trace à chacune des pages de cette singulière histoire. C'est ce qui a permis à certains historiens de croire que tous ces faits dérivent d'un vaste complot organisé, les uns prétendent par le duc d'Orléans, d'autres par Mirabeau, d'autres par le parti de la cour, d'autres encore par Lafayette.

Nous ne nous attarderons pas à discuter l'invraisemblance d'une telle opinion..... Qu'à la faveur des troubles qui suivirent la prise de la Bastille, quelques esprits chagrins ou frondeurs aient cru pouvoir profiter du désordre pour certains desseins ténébreux, c'est incontestable ; mais de là à en conclure que les faits que nous avons rapporté furent le résultat d'un vaste complot aussi secrètement ourdi que savamment préparé, c'est une chose qui ne résiste pas à un examen sérieux, approfondi et impartial.

La grande peur, a à l'origine, des causes d'ordre psycho-physiologiques — ainsi que l'ont démontré victorieusement les Docteurs Nass et Cabanès, et rentre dans le cadre des « Névroses Révolutionnaires ».

La grande peur à Sainte-Foy :

Ce long préambule était, à notre avis, absolument nécessaire pour restituer à cet épisode presque inédit de « la grande peur à Ste-Foy » sa véritable physionomie. La plupart de nos concitoyens ignorent que notre coquette cité et ses environs n'échappèrent pas à cette belle panique, qui secoua la France entière. C'est ce qui ressort de la pièce suivante extraite des Archives Municipales de Sainte-Foy-la-Grande, Registre des délibérations de la Jurade (1780-1790) E supplément 5001 — B B 15 (Registre) Grand in f° 197 feuilles.

— « Le 30 juillet, arrive vers les cinq heures du matin, un homme venant de la paroisse de Fouguerolle qui annonce qu'un corps d'ennemis met tout à feu et à sang à Chalais, éloigné d'environ neuf lieues de Ste-Foy. Il porte un billet du curé, son maître, qui dit qu'on sonne le tocsin dans toutes les paroisses circonvoisines, que partout la désolation est extrême, que d'autres curés lui ont fait passer le même avis. M. le Curé de Ste-Foy est prié d'en faire part à MM. les Officiers municipaux et aux autres curés qui sont à sa portée.

« Le porteur de ce billet sème l'alarme, lui-même, partout où il passe, et c'est aux paysans et à la populace que la nouvelle parvient d'abord.....

« L'épouvante s'empare de tous les esprits ; on se trouble, on s'agite, on crie, on se lamente ; chacun croit être à sa dernière heure.

« Le peuple, sans attendre aucun ordre, se saisit des cloches, sonne le tocsin et fait battre la générale. On s'arme de tout ce qu'on trouve sous la main car le bruit se répand de plus en plus que l'ennemi s'approche à grands pas, que déjà plusieurs villages voisins sont en feu et que le sang ruisselle de toutes parts.

« Les fusils de l'hôtel de ville se trouvent, en ce moment, chez les armuriers pour être mis en état ; on s'en empare, on les enlève : la foule, le tumulte ne permettent pas qu'on sache qui en prend. Tous ces fusils, ceux même qui appartiennent à l'armurier, ont disparu en un instant.

« Les gens de la rive droite de la rivière nous prient, avec des cris lamentables, de leur envoyer des secours contre des meurtriers qui allaient les égorger.

« Les cloches, les tambours entretiennent et augmentent l'effroi. Les habitants de la campagne accourent, armés de faux, de fusils, de volants, de haches, de fourches et remplissent bientôt toute la ville. Pour comble de malheur, les boulangers se trouvent alors dépourvus de pain et ne savent où prendre la farine.....

« Dès le matin, on avait envoyé vers l'endroit d'où venait l'alarme, et on avait eu la précaution de faire porter dans l'hôtel de ville toute la poudre à canon et tout le plomb de marchands.

« Environ (vers) les deux heures après-midi, les paroissiens de l'autre côté de la rivière nous font demander avec les plus vives instances de leur envoyer huit cents hommes au plus tôt, que l'ennemi n'est éloigné que d'une lieue, qu'on commence à le voir, qu'il immole, qu'il massacre tout ce qui se présente à lui.

« Nous nous déterminons, enfin, à mettre en marche quelques compagnies de la milice nationale dans l'idée que quelques bandes de brigands infestaient le pays. Mais aucun soldat n'avait ni poudre, ni balle, et jamais chose n'avait paru plus nécessaire. On en prit à l'hôtel de ville et on en distribua à tous ceux qui devaient être employés.

« Notre milice conduite par des braves officiers passe la rivière avec ardeur et gravit furieusement (sic) un côté escarpé, impatiente de voir l'ennemi et de le combattre...

« Les personnes qu'on avait envoyé à la découverte, dès le matin, reviennent en ce moment et au grand étonnement de tout le monde on apprend que cette alarme est sans fondemnt ou du moins (ce qui se trouva faux bientôt après) n'a d'autre cause que quelques disputes entre des particuliers de la Noblesse et du Tiers.

« A cette nouvelle les compagnies nationales reviennent tranquillement sur leurs pas et rentrent dans nos murs en bon ordre.

.   .   .   .

« Les habitants des diverses paroisses de notre juridiction qui, sous le bruit de nos prétendus dangers avaient, généreusement, volé à notre secours sous la conduite de la principale personne des lieux, ont désiré former une compagnie de milice nationale par paroisse, conformément à ce qui s'est fait à Ste-Foy et ailleurs.

« Ce qui les porte à le désirer ardemment c'est la crainte généralement répandue que des brigands attroupés — à ce qu'on dit en divers cantons — ne viennent, tout à coup, fondre sur notre pays et n'y causent de grands maux.

. . . .

« L'alarme du 30 juillet avait fait sur les esprits une impression si profonde qu'on ne pouvait se rassurer, et qu'à la ville comme à la campagne, *le peuple n'éprouvait presque d'autre sentiment que celui de la peur.* Aussi, s'abstint-on plusieurs jours de sonner les cloches et de battre la caisse pour prévenir toute maîtrise et pour ne pas renouveler l'idée de ce qui s'était passé.

« Telle était la disposition générale à la frayeur qu'on ne s'occupait, en quelque sorte, que de dangers à craindre, de surprises à prévenir, de précautions à prendre.

« Le Comité arrêta que pour rétablir le calme, il fallait instruire le peuple de tout le bien qu'il devait attendre du zèle de l'Assemblée Nationale, de l'harmonie qui régnait entre elle et le Roy et la réunion des trois Ordres ; lui représentant de la part de cette auguste Assemblée que nous n'avions rien à craindre ; qu'on travaillait, sans relâche, à nous rendre heureux »...

Les magistrats municipaux, en grand costume, avec les insignes distinctifs de leurs fonctions, c'est-à-dire en robe et chaperon, accompagnés d'une partie de la milice nationale de la ville, au son des fifres et des tambours parcoururent les principales rues de Ste-Foy-la-Grande. Ils firent publier, solennellement, à tous les carrefours les arrêtés de l'Assemblée Nationale et lire à la population les nouvelles propres à dissiper les inquiétudes et les alarmes.....

L'effervescence se calma, les craintes s'apaisèrent, les terreurs s'évanouirent..... « *La Grande Peur* » avait vécu.

CHAPITRE XX

Variétés Historiques

Sainte-Foy-la-Grande au xviiie siècle. — Quelques documents inédits sur Saint-André-de-Capbeauze. — Au sujet de l'instruction publique. — Lettres-patentes de Louis XIV aux Dames de la Foi pour leur installation en 1686. — Petite histoire du Grand Temple. — Choses de gueule de nos jours et dans le passé. — Noms des Consuls de Sainte-Foy au xviiie siècle. — La grande inondation de 1728.

Nous avons assisté à la création puis au développement de Ste-Foy à travers les siècles. Nos lecteurs ont pu suivre, ainsi, les vicissitudes qui ont accompagné la croissance de notre chère cité. Si nous établissons le bilan des fastes de notre ville et de ses misères, nous dirons, volontiers, qu'elles se balancent..... Peut-être, même, serions-nous tenté d'avouer que les fastes l'emportent sur les misères à cause de cette brillante période de la fin du xvie siècle qui fut éclipsée par les splendeurs, inégalées, des années heureuses des règnes de Louis XV et Louis XVI. Nous avons signalé le charme poétique et puissamment évocateur des vieilles maisons à pans de bois du xve siècle, la grâce des immeubles de la Renaissance ; le xviiie siècle devait laisser à Ste-Foy de remarquables constructions que l'œil amusé du promeneur découvre tout au long des artères rectilignes de notre chère cité.

Les maisons contemporaines des règnes de Louis XV et du début du règne de Louis XVI sont très nombreuses à Ste-Foy, égaillées un peu au hasard des rues des quatre vieux quartiers de Leymarie, du Bourguet, de la Jonie et d'Imbert.

Toutes, ou presque toutes, offrent de remarquables grilles ou des balcons en fer forgé. Pas une seule ne s'est dépouillée de ses entrées de serrures et de son heurtoir en fer forgé. C'est une chose qu'il nous plaît de signaler à cette heure où sévit l'elginisme et où des mercantis de la brocante sans entrailles arrachent, moyennant finance, ces humbles souvenirs du passé qui firent la joie de nos ancêtres dont ils furent contemporains. Certains de nos concitoyens, heureux possesseurs de ces jolies choses en ignorent non la valeur intrinsèque — qui n'est pas bien considérable — mais la valeur historique et documentaire qui s'attache à ces ouvrages d'art qui peuvent, aisément, supporter la comparaison avec les ferroneries d'art d'un Edgard Brandt que le snobisme contemporain a jugé bon de remettre au premier plan de la mode et de l'actualité.

Quand notre cher Ste-Foy aura jeté bas le masque de plâtre qui recouvre ses jolies et si curieuses maisons du xv⁰ siècle. Quand les jambages en X ou en N teintés d'ocre ou de brun rouge souriront de l'éclat de leurs vives tonalités sur les façades des maisons à pans de bois. Quand les quelques immeubles renaissance que nous possédons encore remettront leurs meneaux aux grandes fenêtres où flambent, aux rayons du soleil, les petits carreaux bleu verdatre. Quand nos jolies maisons du xviii⁰ siècle offriront leurs grilles et balcons en fer forgé débarrassés de la rouille qui les souille et les ronge ; et les entrées de serrure et les heurtoirs de porte où s'étale la symbolique coquille de St-Jacques, grattés de la peinture qui les enlaidit.....

Notre chère ville de Ste-Foy deviendra un véritable musée du passé où les siècles révolus auront laissé de nombreux et curieux souvenirs — que nous devons avoir à honneur de sauvegarder — dans le culte fervent et pieux de la petite patrie, pour l'amour de la grande, et pour attirer dans nos murs un nombre de plus en plus considérable de touristes et de visiteurs que séduit le charme incomparable de notre cité bénie.

Ainsi donc, si le XVIIIe siècle a imprimé lui-même à Ste-Foy un cachet tout particulier, c'est à lui que nous devons la verte ceinture de ses boulevards, tracés au delà des fossés du tour de ville et complantés d'arbres sous les ordres de l'Intendant, M. de Tourny ainsi qu'il ressort des pièces suivantes extraites des Archives Municipales de Ste-Foy.

Le 9 Février 1738. — Lettre du Maire de Libourne aux Consuls de Ste-Foy exposant que lors de l'établissement des allées du dit Libourne, ils ont obtenu l'autorisation de l'Intendant de la Province « d'autant qu'il s'agissait de la démolition d'une espèce de revalain (sic) ou boulevard, qui estoit au dehors de la porte de Périgueux. »

Le 4 Mars 1739. — En vertu d'une requête des principaux habitants de Ste-Foy demandant la création d'une allée autour de la ville, l'Intendant accorde l'autorisation de procéder à la plantation d'une centaine d'ormeaux autour de la ville.....

Les jeunes arbres furent achetés à la pépinière de Villeneuve-sur-Lot.

QUELQUES DOCUMENTS INÉDITS SUR
SAINT-ANDRÉ-DE-CAPBEAUZE

La paroisse de St-André-de-Cabeauze, ci-devant de Capbeauze ou Capdebeauze, de Béozé, est limitée à l'est par la paroisse St-Martin-de-

Pineuilh, de Pinolio alias de Brach ; de St-Jean
de La Roquille, l'ancien chemin de la ville de Ste-
Foy à Duras et à la Sauvetat entre deux jusqu'à
la rencontre du ruisseau de la Beauze du côté du
couchant ; par la paroisse N.-D. de Thoumeyragues et ensuite par celle de St-Martin d'Appelles,
le dit ruisseau de la Beauze entre deux jusqu'au
Pont de la Beauze, lequel ruisseau entre dans la
Dordogne au dit pont de la Beauze. Du côté du
Nord en partie par la rivière de Dordogne, le
grand chemin qui vient de Sauveterre au dit Ste-
Foy entre deux, et ensuite par la plaine de la
dite paroisse de Pineuilh; le chemin qui va du dit
Pont de la Beauze à l'église de Pineuilh entre
deux.

Elle contient environ 1.100 journaux, le journal
de 150 escats, et l'escat de 16 pieds de Roy en
carré.

Elle est située sur le tertre, excepté qu'elle des-
cend un peu dans la plaine du côté du nord. L'é-
glise paroissiale de St-André est située dans un
petit bourg où est la maison du presbytère, presque au centre de la paroisse, ayant au nord, la
ville de Ste-Foy, au levant le château de La Lambertie, au midi, l'Eglise de Thoumeyragues, et
au couchant celle d'Appelles.

Il y avait, anciennement, une autre église sous
le nom de Notre-Dame ou de Ste-Marie-de-Cap-
beauze au fond du côteau qui borde la plaine sur
la ligne de l'église de St-André par les Pelons ou
fougranier.

Les principaux villages sont, avec le dit bourg,
les Caris-Chapelains, les Mabiles, les Bérangers en
allant du dit bourg à l'église de La Roquille ; les
petits Caris, les Nourrissons-Sandeaux, le Ralle le
long du dit ruisseau de la Beauze ; les Palons et
Brejon ou Molières en allant de l'Eglise de St-
André au pont de la Beauze ; celui du Pintier de
Cabeauze et quelques maisons au bas du côteau
vers le nord ; le Peyra; Tourblanche avec les

Morins et les dits Berangers le long du chemin de Ste-Foy à Duras.

Le côteau le plus considérable et le plus agréable est celui de Pemignot ou Puymignon et de Cabeauze et Petities du côté du Nord qui domine sur la plaine de Ste-Foy. Depuis le dit Pont de la Beauze jusqu'à la rencontre du chemin qui sort de celui qui va de Ste-Foy à Duras ou à la Sauvetat monte à St-André.

Sur ce côteau sont deux moulins avec une maison tout près sur laquelle il y a un pigeonnier.

Les maisons les plus apparentes sont celles appelées Charavaud, Tolemon, celle de Partignan, au N du bourg ; celle des Morins sur la ligne du dit bourg de St-André à la maison noble de la Lambertie, celle des Pelons, celle de Brejon et celle de Pinolier sur le chemin du bourg au Pont de la Beauze. Il n'y a plus de bois dans la paroisse qu'un petit dit des Morins.

Sur le dit ruisseau de la Beauze existent 3 moulins ou « *moulinasses* » celle de Paris, celle de Duran dans la paroisse de Thoumeyragues et celui du Rale dans la paroisse de St-André. Il y a une tuilerie entre le village des Jaquets et celui des Sandeaux.

C'est dans le Registre des Baptêmes, mariages et sépultures de l'Eglise St-André de Capbeauze de 1762 à 1766, sur une feuille volante que nous avons trouvé ces précieuses et précises indications. Nous reconnaissons aisément l'écriture du curé de St-André, Andrault. Et pour que nous ne nous étonnions pas de trouver cette profane relation dans un cahier d'état-civil, l'abbé Andrault, note à la date du 26 et 27 septembre 1764 :

« Monsieur Claude Pezet, ingénieur géographe du Roy, par Commission donnée par Messieurs Cassini, Le Camis et Montigni, de l'Académie Royale des Sciences de Paris, en vertu d'un arrêt du Conseil de l'année 1756 pour la levée et confection de la *Carte générale de la France*, et en particulier de celle de la Guienne, a passé dans cette paroisse de St-André et y a pris sa situation, celle de l'église, des villages et maisons principales, des moulins et ruisseaux et leurs noms, avec les mémoires et observations ce concernant, et je lui en ai donné mon certificat. »

Liste des Curés de St-André-de-Capbeauze de 1594 à 1790.
Pierre Saillan, 16 juillet 1594.
Gaspard Dupuy, 11 août 1598.
Bernard Vidal, 18 juin 1608.
Gabriel de Boisset, 26 septembre 1615.
Jean Vidal, 31 mai 1617.
Jean Fixon, 4 juin 1620.
François Bastié, 21 novembre 1623.
Nicolas Combabessouse, 2 juillet 1652.
Antoine Decreato, 24 avril 1682.
Jean Lavergne, 3 novembre 1677.
Joseph Leyrac, 26 mars 1716.
Raymond Tardieu, 28 décembre 1718.
Raymond Feyt, 23 avril 1723.
Pierre Andrault, 6 juillet 1735.
Jean Martin, 16 mai 1768.
Inhumation de J.-B. Lajou, docteur en théologie, curé de la paroisse, le 15 janvier 1790.

*

* *

L'Instruction publique fut une constante préoccupation des Consuls de Ste-Foy. Ce paragraphe mériterait un développement beaucoup plus considérable que celui que nous pouvons lui donner. Les indications à ce sujet abondent dans les procès-verbaux des réunions des Consuls en Jurade tout au long de nos précieuses archives.

Peut-être, dans l'avenir, aurons-nous les loisirs nécessaires et suffisants pour traiter comme il conviendrait ce sujet passionnant du développement de l'enseignement public à Ste-Foy du xvi° siècle à nos jours.

Présentement il ne nous est possible de donner, sur cette question, qu'une sommaire indication, suffisante, toutefois, pour montrer à nos concitoyens l'estime en laquelle les Consuls tenaient les éducateurs de la jeunesse, la sollicitude dont ils entouraient les maîtres et la faveur avec laquelle ils accueillaient les succès remportés par les élèves.....

L'enseignement public à Ste-Foy offre, de nos jours, des ressources étendues. Des écoles privées et des écoles publiques peuplées d'un nombre considérable d'élèves font rayonner dans tout l'arrondissement le bon renom des éducateurs foyens.

Nous confesserons que, c'est un peu pour nos chers concitoyens et beaucoup pour les élèves fréquentant nos écoles privées et publiques que nous avons tenu à déchirer le voile d'indécision qui entourait les origines de Ste-Foy et jeter sur l'imprécision des souvenirs historiques — qui abondent dans notre chère cité — la vive lumière des documents authentiques conservés dans la poussière de nos Archives Municipales.

Le 13 Juillet 1562. — Délivrance des écoles à Pierre Lafosse, auquel on donne la maison de la Commanderie. Ledit Lafosse aura avec lui un autre régent, enseignera gratuitement les enfants pauvres et percevra seulement 12 s. 60 t. des autres enfants.

Le 9 Novembre 1626. — Délibération portant que le sieur Moquand, qui se présente comme régent « sera examiné par les ministres affin de juger de sa capaccité, nonostant le dire et réquisition du dit Pierre Gaussen, qui a requis qu'il soit examiné par les Révérandz Pères Jésuittes et

Récolletz, comme estant grandement cappables pour juger de la dite cappacité. »

Le 30 Mars 1640. — Décision portant qu'à l'avenir on aura un régent catholique et un régent protestant, lesquels ne recevront aucun gage de la communauté.

Le 3 Mars 1664. — Relation de ce que les consuls ont fait venir le sieur Godard, docteur régent : « quy est homme de probitté et bien entendu pour l'instruction des enfans estudiant au latin, lequel avec ledict sieur Odoy tiendront escolle et chascun leur classe ».

Le 6 Février 1701. — Avis favorable à l'établissement d'un second régent à cause du nombre des enfants. La somme de 150 livres perçue par le sieur Lacadie, sera à l'avenir, répartie entre les deux régents.

« On a remarqué qu'il estoit plus avantageux de payer certain sallaire pour chaque enfant qu'on envoye aux escolles que de donner des gages sans aucune rétribution particulière, à cause que, les régens estant seurs de leurs gages et n'espérant rien pour chaque enfans en particulier, ils se négligent tousjours et n'ont pas de soin des escolliers qu'on leur envoye. »

Le 7 Mai 1703. — Augmentation des gages du sieur Volck, régent grammairien, lequel recevra de la Communauté 200 livres plus 40 sols des écoliers depuis la sixième jusqu'à la quatrième et 3 livres de la quatrième à la réthorique. Le dit sieur Volck « s'engage de nouveau de prendre quatre enfans des plus pauvres habitans de la présent ville, sur les billets qui seront donnés par Messieurs les Consuls, sans aucune rétribution. »

Les 19 et 20 Février 1747. — Déclaration du maire au sujet de la nomination d'un régent grammairien...

« La présante assemblée n'ignore pas le cas qu'on a fait dans toutes les villes de ces sortes de personnes : Rome, Athènes et tant d'autres villes qu'on ne nomme pas ont eu pour leurs maîtres des attentions particulières et ces villes les ont comblés de leurs plus grandes faveurs ; Bordeaux même, qui est notre capitale, se souvient toujours avec une certaine vénération de son Ausone.....

Nous pouvons dire que l'ignorance ne s'était introduite pendant plusieurs siècles que par le défaut de ces hommes nécessaires. L'esprit mal tourné des princes fut la cause de ces malheureux temps, pendant lesquels la férocité prit la place de la politesse, la cruauté celle de la douceur ou de l'humanité.

Il est décidé que le sieur Gros sera examiné par M. Andrault, curé de Capbeauze, Descamp, vicaire, et le curé de Ste-Foy avec le sieur Mestre, avocat. Le lendemain eut lieu l'examen de Gros, auquel on fit traduire plusieurs auteurs tant en vers qu'en prose, de latin en français, de français en latin, et ensuite, ayant appelé quelques jeunes gens qui avaient quelques commencements de principes, le dit sieur Gros leur fit la répétition devant les examinateurs qui trouvèrent le dit candidat régent très versé dans le principe de la langue latine, qu'il entre facilement dans le sens des auteurs latins qu'il traduit fort bien en français. Sa méthode d'enseigner parut aux examinateurs très claire et très précise aussi fut-il agréé comme régent grammairien.

Le 24 Juillet 1751. — Relation de ce que les écoliers du collège de la présente ville de Ste-Foy « qui sont sous la conduite des Révérand Pères Modeste Hardy et Fabien Lauret, religieux Récollets, régents du dit Collège sous le gardiénat du Révérend Père Martial Hardy, seraient venus au présent Hôtel de ville et nous auroient porté les affiches dédiées au présent corps de ville, qui annoncent la représentation de la *tragédie d'Ester* qui doit être représentée dans le dit collège le 28 du présent mois, et qu'ensuite il sera fait un examen de la capacité des dits écoliers. « Il est décidé qu'une allocation de 100 livres sera accordée pour distribuer des prix et autres choses de convenance. »

*

* *

L'Installàtion des Dames de la Foi dans notre ville faisait partie du plan d'offensive royale contre le protestantisme..... Longtemps avant la révocation de l'Edit de Nantes, Louis XIV avait, peu à peu, sapé l'édifice fameux qui formait le statut légal des Eglises protestantes de France. L'absolutisme monarchique s'était attaqué au Souverain Pontife dans l'affaire de la Régale ; le Roi Soleil ne voulut pas admettre que l'unité religieuse ne fut de mise en son royaume, de là cette lutte incessante et sournoise, menée vigoureusement, par les Intendants des Provinces contre le protestantisme pour aboutir à cette faute politique, la Révocation de l'Edit de Nantes, « cette inutile et suprême cruauté » comme l'a qualifié le grand écrivain catholique Georges Goyau.

Les conversions — sur la sincérité desquelles il y aurait à épiloguer à cause des circonstances exceptionnellement graves durant lesquelles elles eurent lieu — furent excessivement nombreuses à Ste-Foy et dans toute sa juridiction. Nous avons vu l'Intendant Faucon de Riis et l'évêque et Comte d'Agen Pierre Mascaron obtenir, en une seule journée à Ste-Foy, le record vraiment impressionnant de 253 abjurations solennelles.

A seule fin de parachever l'œuvre si fructueusement entreprise, Sa Majesté Louis XIV voulut bien accorder, en date de Décembre 1685, des lettres-patentes spéciales pour l'établissement à Ste-Foy d'un couvent de Dames de la Foi aux destinées duquel présiderait la supérieure Marie de Balhot de Lagadou.

Suit la teneur des dites lettres-patentes :

« Louis par la grâce de Dieu, Roy de France et de Navarre, à tous présents et à venir, salut.

Nostre aimé et féal conseiller en nos conseils, le sieur Mascaron, évêque d'Agen et notre prédicateur ordinaire, nous a fait représenter qu'il a remarqué dans le cours de plusieurs visites qu'il a faites à Ste-Foy, qu'il était important, pour l'avancement de la religion catholique, apostolique et romaine, à l'instruction des filles et femmes nouvellement converties, d'y établir une Communauté de filles de la Foi, et qu'il a été entièrement confirmé dans ce sentiment à la fin du mois d'août dernier, les habitants de cette ville faisant profession de la religion prétendue réformée, en ayant fait abjuration entre ses mains dans l'espace de trois jours ; et, ensuite, à l'exemple de tout le pays circonvoisin, reconnaissant qu'il est nécessaire d'un grand travail pour conduire un si grand ouvrage à sa perfection, à quoi une communauté des dites filles de la Foi pourrait beaucoup contribuer d'autant qu'elles tiendraient les écoles pour y enseigner les filles à lire, à écrire, et faire toutes sortes d'ouvrages convenables à leur sexe, à les instruire dans tous les devoirs de la véritable religion, et même formeraient des maîtresses d'école propres à instruire les filles dans les paroisses du diocèse d'Agen ; qu'elles recevraient dans leur maison les filles et femmes qui viendraient faire des retraites spirituelles ; auraient soin de visiter et consoler les malades de la ville de Ste-Foy, surtout ceux de l'hôpital et généralement s'employeraient à tous les devoirs de piété et de charité que le dit évêque d'Agen et ses successeurs jugeraient à propos.

Mais parce que les établissements les plus saints ne peuvent être fermes et solides, si nous ne les autorisons pas nos lettres patentes, nous nous trouvons excités de les accorder pour la gloire de Dieu, le solide établissement de la religion catholique, et *en actions de grâces de ce qu'il a plu à Dieu d'extirper l'hérésie de la dite ville et à son exemple dans toute la Basse-Guienne.* A ces causes, de l'avis de notre conseil, nous avons, de nos grâces spéciales, pleine jouissance et autorité royale, agréé, approuvé, et permis, agréons, approuvons et permettons l'établissement de la Communauté des dites filles et femmes réunies de la Foi, dans la dite ville de Ste-Foy, pour y vivre conformément aux statuts et règlements qui leur seront prescrits par le dit sieur Evêque d'Agen et ses successeurs, et sous la conduite de la supérieure qui y sera établie par le dit sieur Evêque.

Et pour cet effet sera prise, pour la première fois, de la Communauté des Filles de la Foi de Bergerac, damoiselle Marie de Balhot, veuve de feu Philippe de Bernard, sieur de Lagadou.

Voulons que les dites filles et femmes venues de la dite communauté, tiennent des écoles pour y enseigner les jeunes filles de la ville et du pays voisin, à lire, écrire et faire toutes sortes d'ouvrages convenables à leur sexe et les instruire dans tous les devoirs de la religion ; même que dans leurs écoles, elles forment des filles et femmes qu'on jugera propres à tenir des écoles dans les paroisses du diocèse d'Agen, suivant que le dit sieur Evêque et ses successeurs estimeront à propos. Voulons aussi qu'elles puissent recevoir dans leurs maisons les nouvelles converties et les filles et femme qui y viendront faire des retraites spirituelles pendant le temps nécessaire aux dits exercices; qu'elles instruisent les nouvelles converties à la religion catholique et prennent soin de l'éducation des orphelins, qu'elles aient soin de consoler et visiter les malades de la dite ville de Ste Foy et principalement ceux de l'hôpital ; généralement qu'elles s'emploieront à tous les exercices de piété, de charité que le dit sieur Evêque et ses successeurs leur prescriront, à condition **toutefois que la dite communauté ne puisse être** changée èn maison de profession religieuse, mais demeurera toujours en état séculier, permettant, à cet effet, aux personnes qui composeront la dite communauté d'accepter tous dons et legs par donation entre vifs, ou disposition testamentaire ou cause de mort, d'acquérir, tenir et posséder toutes terres, maisons, héritages et autres biens propres à ce dit établissement, que nous avons de notre même grâce, pleine puissance et autorité royale amorti et amortissons quant aux lieux seulement sur lesquels le fonds de la dite maison, chapelle, jardin et clôture, sont ou pourront être bâtis, sans pour raison de ce elles soient tenues de nous payer, ni à nos successeurs rois, aucune finance ni indemnité dont nous les tenons quittes et exempts, quittons et exemptons à quelque somme qu'elle puisse monter et lever, et avons fait et faisons don, à la charge de payer les indemnités, droits et devoirs dont les dites maisons, chapelle, jardin et clôture pourront être tenus avoir, que nous voulons que la dite maison jouisse des mêmes privilèges, immunités et prérogatives dont jouissent les autres maisons de fondation royale, la mettant sous notre protection et sauvegarde à la charge de faire chaque jour des prières à Dieu pour notre prospérité et celle de notre famille royale et de notre état.

Si donnons en mandement à nos aimés et féaux les gens notre cour du Parlement de Guienne, à tous nos justiciers... etc..., etc...

Donné à Versailles, au mois de Décembre, l'an de grâce 1685, signé Louis.

Par le Roi, Phélypeaux.

(Archives Municipales de Ste-Foy registre de 1681 à 1695 f° 160. E suppl. 4994. B. B. 8).

LE TEMPLE

Nous avons indiqué, dans un chapitre précédent, les difficultés que l'on éprouve à refaire l'histoire abrégée et rudimentaire de l'Eglise Notre-Dame de Ste-Foy.

Il nous a semblé indispensable de réserver, dans cet ouvrage, un paragraphe au Grand Temple de Ste-Foy. Nous avons réuni en une gerbe de peu d'importance — mais d'un très grand intérêt — la glane des documents que nous avons pu recueillir dans nos Archives Municipales.

Les excès calvinistes de 1561 anéantirent la religion catholique à Ste-Foy. Notre chère cité devint une sorte de « petite Genève » fréquentée par la noblesse protestante du pays, qui donnait le ton aux églises réformées de la Basse-Guienne. Des synodes y tinrent leurs assises, de notables personnages y passèrent, le Roi de Navarre et sa cour y séjournèrent. Bref, Ste-Foy capitale du pays de nouvelle conquête (1) acquit à la fin du XVI\ siècle une légitime renommée.

A cette époque, par délibérations successives, les Consuls de Ste-Foy décidèrent la construction d'un temple. C'est dans ce sens que furent prises à l'Hôtel-de-Ville, des décisions en date des 2 août 1581, 19 février 1582 et 24 février 1584.

Pour des raisons qui nous échappent, la construction du temple de Ste-Foy fut différée jusqu'en 1587.

Il est vrai de déclarer que la peste régnait en la ville depuis le 22 juillet de l'année précédente et que la famine y exerçait ses ravages. Enfin, en 1587, Messire Lambert, ministre de la parole de

---

(1) Ce pays ainsi nommé depuis 1453 comprenait la juridiction de Ste-Foy, Gardonne, Saussignac, Duras, Naujan, Pujols, Civrac, Ste-Radegonde, Blagnac, jusqu'au milieu de l'Engranne, Gensac, le Fleix, Lamothe Montravel, St-Antoine, Castillon, St-Pey-de-Castets, Ste-Bazeille, Ponchat, **Théobon.**

Dieu à Ste-Foy, s'occupa activement de la chose
et dès le 28e jour de Juin de l'an 1587, le temple
fut inauguré.

L'ancienne place du Temple est devenue la place du Marché. La tradition a pieusement conservé l'indication que le Temple de la fin du xvie
siècle s'élevait à proximité de la dite place, de là
son nom. Il est patent que l'immeuble qui fait le
coin de la place du Temple au Sud-Est compris
entre la maison de la famille Germain et l'immeuble de la Caisse d'Epargne s'élève sur l'emplacement de la construction inaugurée le 28 juin 1587
par le pasteur Lambert.

Pendant un siècle, les protestants y continuè-
rent les exercices de leur religion sans être aucu-
nement inquiétés. Mais, le 2 Juin 1683, le Parlement de Bordeaux séant à La Réole rendit un arrêt ordonnant la démolition du Temple protestant
de Ste-Foy. Cet arrêté fut exécuté un mois et
demi plus tard. Les 19, 20 et 21 juillet le pic des
démolisseurs anéantissait le Temple de Ste-Foy;
le 22 Juin 1683, le curé de la ville, Andrault,
plantait une croix sur les débris ruinés du Temple
alors que le Père Marcellin Desbois prononçait en
la chaire de Notre-Dame un sermon de circons-
tance.

Un siècle encore s'écoula sans que les protestants eussent un lieu spécial réservé à la célébra-
tion de leur culte. Vers 1783, 1784, ils commen-
cèrent à assister aux prêches dans des maisons
particulières dont l'une d'elles fut transformée en
temple provisoire.

En 1793, le temple fut profané et l'Eglise Notre-Dame convertie en Temple de la Raison. Catholiques et protestants y célébrèrent alternativement leur culte.

Napoléon Ier ayant rétabli la liberté des Cultes,
le consistoire protestant de Ste-Foy adressa un
placet à la Municipalité le 1er Mars 1806 lui demandant la cession de l'ancienne place du temple

pour en bâtir un nouveau. On le leur accorda plus tard, mais des événements empêchèrent alors l'exécution du projet, il fut repris en 1824 et le temple a été reconstruit, en 1827, aux frais des religionnaires dans un endroit — où il se trouve actuellement — différent de l'emplacement primitif.

*
* *

Jadis, il eût fallu la verve et le talent d'un Rabelais pour chanter, comme il eût convenu, l'excellence des produits du sol de notre chère région. Plus près de nous, avec une exquise volupté, un Brillat-Savarin eût vanté la richesse féconde de notre terre. Hier, Curnonsky, proclamé « prince des Gourmets » se fut installé sans déchoir à l'Hôtel Grenouilleau ; ses ministres fussent descendus à la Boule d'Or ; sa cour au Cheval Blanc ; et ses gens dans les auberges de la ville où « le bien manger est de règle et le mieux boire de rigueur », dans l'affabilité d'un accueil aimable et empressé.

Le 3 Mai 1760, détail d'une dépense de 105 livres 12 sols pour le repas de l'élection consulaire dont le menu est le suivant :
« Soupe, 3 livres.
Carpes en entrée, 8 livres.
Entrée de meulles, 5 livres.
Entrée oronge, 2 livres.
Entrée perche à la sauce blanche, 3 l. 10 sols.
Entrée brochets, 6 livres.
4 plats hors-d'œuvre, 2 livres 10 sols.
Entremets : 2 plats meulles, 6 livres.
Une omelette à la Noailles, 6 livres.
Une tourte de pêche, 5 livres 10 sols.
Deux plats de crême, 3 livres.
Quatre plats poisson en friture, 10 livres.
Deux plats oronge, 2 livres 10 sols.
Un plat à la sauce blanche, 1 livre 10 sols.

Deux plats aricots tendres, 2 livres 10 sols.

En date du 2 août 1777 dans un cahier contenant les mandements devant être acquittés par le trésorier de la Communauté, il est fait mention de la dépense de 270 livres à l'occasion du repas pour le Sacre du Roi auquel repas ont assisté les officiers municipaux, la jurade ordinaire, la noblesse de la ville et les officiers, tant des troupes bourgeoises que des bourgeois.

Payement le 8 août 1761, à un traiteur de la ville pour fourniture aux Récollets le jour de la représentation donnée par les écoliers du Collège de : 8 bouteilles vin de pays 3 livres, 4 sols. 4 bouteilles vin Muscat de Saragosse, 7 livres ; 30 maquerons, 3 livres.

Nous aurions pu multiplier à l'envie de semblables documents historiques et ...culinaires. Nous n'aurons par la cruauté de le faire, pour qu'à la lecture de ces substantiels et plantureux menus « *l'eau ne vienne à la bouche* » de mes chers concitoyens, en ces jours où la dévalorisation du franc impose à nos prudentes ménagères des chefs-d'œuvre de stratégie pécuniaire pour assurer le parfait équilibre du budget familial.

Néanmoins, nous avons tenu à exhumer de nos Archives Municipales ces précieuses indications qui montrent bien que nos ancêtres ne dédaignaient pas la bonne chère et que l'habitude des banquets n'est pas de date récente comme on a tort de le laisser entendre.

Tout à l'heure, quand nous vantions l'excellence de la cuisine locale, ce n'était pas par puéril et vain dilettantisme pédant et ombrageux, ce n'était pas, non plus, par gourmandise — quoique nous osions avouer que les bonnes choses sont faites pour être savourées.....

La cuisine foyenne — traditionnellement exquise — est à l'image de notre forte race : robuste et saine, comme les excellents produits qu'elle utilise; un tantinet frondeuse, par les ingrédients sel, poivre, thym, laurier, qu'elle y ajoute; aimablement gouailleuse, par les condiments — ail, échalotte, persil — dont elle use avec tact et mesure.

*
* *

Les Consuls de Ste-Foy-la-Grande au XVIIIe siècle avec leur date d'élection.....

Le 16 Septembre 1700. — Election des sieurs Jauge et Babot comme consuls.

En 1701. — En date du 1er mai, Lettre de provision de Conseiller du Roi, maire perpétuel de Ste-Foy, en faveur de Martin Pervieu, avocat à la Cour.

Le 15 Septembre. — Election des sieurs Mestre et Jagourd comme consuls.

En 1702. — Election des sieurs Bellet et Andrault.

En 1705. — Le 27 Septembre, élection des sieurs Babot et Jauge comme consuls.

En 1706. — Mathias Mestre et David Le François.

En 1707. — Mathias Fauveau et Jean Andrault.

En 1708. — Jean Jauge et Antoine Volk.

En 1709. — Election de Léonard Babot et Jean Jacques Troussilh comme consuls.

En 1710. — Jean de Guiraud, écuyer, sieur de Bonnières, et Simon Gorin.

En 1711. — Mathias Fauveau et Jean Andrault.

En 1712. — Le 18 Septembre, Election des sieurs Babot et Fabry comme consuls.

En 1713. — Pierre Cartier et Moïse Baysselance.

En 1714. — Gabriel Gaussen et David Le François.

En 1715. — A la date du 11 février : Prorogation des pouvoirs des sieurs Babot et Fabry comme consuls ; le sieur Gaussen, précédemment élu, qui est nouveau converti, n'ayant produit « le certifficat de son devoir de catholique de **M. le** Curé, légallizé par Monseigneur l'Évêque d'Agen ».

Election de Pierre Jauge et d'Antoine Volk comme consuls.

En 1716. — Election de Mathias Fauveau et Jean Gard.

En 1717. — Pierre Maubert et Mathias Mestre.

En 1718. — Jean-Jacques Troussilh et de Cabanac.

En 1719. — Election le 17 Septembre de Léonard Babot et Daniel Brun comme consuls.

En 1720. — Moïse Baysselance et Gard.

En 1721. — Election des sieurs Cartier et Volk.

En 1722. — Troussilh et Elie le François.

En 1723. — Brun et Bonneton.

En 1724. — Guilaume Fabry et Charles Peyreux.

En 1725. — Election le 19 Septembre des sieurs Cartier et Elie le François comme consuls.

En 1726. — Elisée Cabanac et François Babot.

En 1728. — Troussilh et Labernardie.

En 1729. — Cabanac et Jean Mestre.

En 1730. — Jauge et Bonneton.

En 1731. — Babot et Andrault.

En 1732. — Le 14 Septembre, Election des sieurs Troussilh et Labernardie comme consuls.

En 1733. — Elisée Cabanac et Jean Martin.

Les années 1737 et 1738 sont marquées par la démission du maire, le sieur Duval. A la date du 26 décembre 1737, il est fait mention de la « démission par le sieur Duval de ses fonctions de maire, en conséquence d'un édit portant révocation de la commission à lui accordée..... Il a corrigé plus d'abus et fait plus de bien à cette ville dans le peu de temps qu'il a exercé la mairie que tous les anciens maires en plusieurs années. »

Le 17 Janvier 1738. — Jean Duval est élu comme maire, « la dite élection est faite sous certaines conditions, attendu que c'est une nouveauté introduite dans le présent corps de ville contre ses statuts. »

La même année, à la date du 20 Septembre, les sieurs Jean Mestre et Etienne Andrault sont élus comme consuls.

En 1739. — Elie et François Le François.

En 1740. — Babot et Lajeunies.

En 1741. — Labernardie et Fabry.

Le 26 Juin 1748. — Réception de lettres de conseiller-maire, ancien mi-triennal, en faveur de Jean Duval, ancien maire.

Le 25 Novembre 1744. — Réception de Raymond Gaye comme consul.

En 1748. — Election du sieur Gorin de Jollivet comme maire alternatif, du sieur Brun procureur du Roi, et d'Elie Le François et Jean Bonnetau comme consuls.

En 1749. — Election des sieurs Prozet et Jagourd comme consuls et Lagarde comme Procureur du Roi.

En 1751. — Election de M. Gorin de Jollivet comme maire et des sieurs Brun et Gorin de Jollibois comme consuls.

En 1752. — Election des sieurs Lagarde et Guignard comme consuls et Prozet comme Procureur du Roy.

En 1765. — Cette année voit la gestion du sieur Duval, maire démissionnaire, en 1737-1738, passée au crible d'une critique sévère et d'un soigneux épluchage.

En date du 28 Mai 1765. — Délibération de la Jurade portant nomination par l'assemblée des principaux habitants de six commissaires chargés de l'examen et révision des comptes du sieur Duval. Sont élus : Messieurs de Gérault de Langalerie, écuyer, de Guiraud de Bonnière, écuyer, chevalier de St-Louis, Gaussen Dumineur, ancien capitaine. Brun vieux, Procureur, Mestre fils, avocat, Lejeunie-Jarnac, bourgeois.

Le 15 Septembre de la même année les sieurs Trigant de Geneste, avocat, et Brun jeune, notaire royal, sont élus consuls.

En 1766. — Le 15 Septembre, Election de Jean Gorin, notaire royal, et Jean-Pierre Raymond de Bernard comme consuls.

En 1767. — Election de Pierre Duval et Pierre Gerome Andrault, comme consuls.

L'année 1768 est fertile en décisions nouvelles. Le Procureur syndic Brun a soumis à M. Dudon, procureur général, un ensemble de questions litigieuses touchant l'administration de la ville de Ste-Foy.

Le 14 mars. — Assemblée générale des députés des dives ordres et corps de métier de la ville auxquels on donne connaissance des décisions de M. Dudon, procureur général. Huit députés professant la R. P. R. sont exclus de l'assemblée. Les corps qui les ont élus devront procéder à de nouvelles nominations. Il est décidé que le sieur Gratiolet, député ecclésiastique, ne sera pas convoqué « dès qu'il n'y a pas de corps ecclésiastique ». Lettre de M. Dudon concernant les députés de la R. P. R.

« Je vous avertis que pas un protestant ne peut être ni députté, ni notable, ni conseiller de ville, ni échevin. Je vous recommande à cet égard de tenir la main exactement à ce que les ordonnances du Royaume soient observées en ce qu'elles excluent les protestants de toutes fonctions civiles. »

Le 17 Mars. — Election des notables par les députés des divers corps.

Ont été élus Messieurs Léglize, curé de la ville, de Bonnière, écuyer, chevalier de St-Louis, ancien capitaine, Gorin, juge lieutenant, Bachon, et Lejeunie-St-Philippe, Cabrol, Bonny, Jagour, Chassaing et Elie Mayssonnet.

Le 18 Mars. — Election des officiers municipaux par les notables.

Le marquis de Rabar, gouverneur de la ville, de Filhol, écuyer, et Miramond, praticien « ont été portés et nommés pour maire »; Messieurs de Lescure, écuyer, Trigant de Geneste, avocat, échevins ; Brun, procureur syndic.

En 1770. — Le 15 Septembre, Election du sieur Lagarde comme échevin.

En 1771. — Election de M. de Bonnière, écuyer, comme échevin.

En 1773. — Le 29 Avril, ordonnance du Roi nommant le sieur Bellet, juge royal, comme maire ; les sieurs Sambelie, Bonneton, Andrault-Valet, et Guignard comme consuls.

En 1774. — Ordonnance du Roi nommant consuls les sieurs Bonneton, Guignard, Bachon et Lejeunie.

En 1783. — Ordonnance du Roi nommant les sieurs Babot, ancien professeur au Collège de la Madeleine, Lagarde, avocat, et Bonny, docteur en médecine, comme consuls.

*
* *

Depuis notre arrivée à Ste-Foy, il nous a été donné d'assister trois fois à la subite montée des eaux de la rivière. L'émoi de la population, en présence de ce fléau, a quelque chose d'atavique s'expliquant par les terribles inondations qui ravagèrent notre ville dans le passé. La plus formidable dont l'histoire ait conservé le souvenir est la suivante :

« Le 20ᵉ janvier de l'an 1728, la rivière a si fort grossi qu'elle a inondé presque toute la campagne et que les eaux allaient d'un tertre à l'autre en plusieurs endroits. Elles sont entrées par plusieurs portes de la ville. Premièrement par la *porte Fontaine* et sont venues découler par le grand canton et passer devant l'église paroissialle, et de là suivant les grandes boucheries. Les

bateaux passaient par-dessus les murs de la ville
à la *porte de la Fontaine* et venaient débarquer
au gand canton les gens ou bagages qu'ils tiraient
des maisons les plus voisines de cette porte. Les
mêmes bateaux allaient jusqu'aux auvents, proche la maison du sieur Viroleau. Les eaux sont
aussi entrées par la *porte des Frères* en si grande
abondance qu'elles ont passé par toutes les rues
qui descendent depuis la porte des Frères jusqu'à
la *Tour Carrade*, et venaient se joindre aux autres eaux de la rivière qui étaient entrées par le
bas de la ville, et sans les précautions que j'ai
eues de faire faire un bardeau au-devant de mon
portail où l'eau venait à pleine rue, ma maison
et plusieurs de celles de mes voisins auraient été
inondées. J'ai eu aussi la précaution de faire
faire un bardeau à la *Porte Perrine*, sans lequel
les eaux de la rivière seraient entrées, et, par là il
n'y aurait eu aucune des maisons les plus éle-
vées de la ville qui n'eût eu pour le moins quatre pieds d'eau dedans ; et comme nous vimes
que les eaux venaient à force tant par la *porte de
la Fontaine* que par *la porte des Frères*, et que
1/3 de notre ville allait être entièrement sub-
mergée du côté de la *tour de Couly*, nous fîmes
traîner par des bœufs et à force d'hommes, un
bateau d'Argental depuis la *porte du Cimetière*
jusque devant la maison de Pierre Baysselance
qui est vis-à-vis la petite rue qui va aux Grandes
Boucheries, où nous le fîmes mettre à l'eau pour
aller secourir un très grand nombre de gens dont
les maisons étaient déjà couvertes d'eau. Ce bateau pouvait porter quatre milliers de merrain,
et malgré sa grandeur, il venait porter les personnes et les meubles qu'on pouvait tirer de leurs
maisons jusque dans la rue qui va de la *Porte
Perrine* à celle de *la Fontaine* et cela à chaque
coin de rue. Il vint même plusieurs fois débarquer devant la porte du sieur Vidal dont la maison n'est séparée de la mienne que par un mur.

Ce bateau monta aussi presque dans le corps de garde de la *Porte Perrine* et proche du bardeau que j'avais fait faire. Quelle précaution que l'on aie pu prendre, on n'a pu empêcher que les caves ne se soient éboulées par la sape que l'eau a fait dans ces caves.

On peut dire que jamais on n'a vu pareille calamité.

L'eau commença à diminuer environ vers les 10 heures du soir et n'est rentrée dans son lit que le 27e de janvier. Cela peut persuader à la postérité combien les eaux étaient abondantes car elles diminuèrent avec rapidité. »

C'est en ces termes que Pierre de Cartier, seigneur de Cazenac, ancien garde du corps de Louis XIV, et consul de Ste-Foy, dépeint la terrible inondation de 1728 qui fut absolument formidable.

D'autres documents viennent confirmer les dires du Consul. En effet dans le registre des délibérations de la Jurade de 1721 à 1731, à l' (E suppl. 4996. B. B. 10), à l'année 1728 nous lisons l'intéressante relation de ce que « à la suite du débordement du mois de janvier dernier, les murailles de la ville du côté de la rivière, s'éboulèrent en plusieurs endroits, avec beaucoup de terre qui était entre les murailles et les maisons de la rue (de la Mer) ; en sorte qu'il est à craindre que, s'il arrivait un semblable débordement, les eaux ne fissent tomber toutes les maisons qui sont de ce côté-là, principalement s'il n'était pourvu à la sûreté du bastion qui est au bout de l'enclos des Pères Cordeliers dont une partie est déjà tombée. »

CHAPITRE XXI

Le conventionnel Lakanal et les Foyens

Le représentant du peuple en mission dans la Dordogne. — Les gigantesques projets de Lakanal. — Lakanal dans la commune des Lèves le 9 thermidor an II. — Le chateau de Duras. — Lakanal a Duras et les « dons volontaires » obtenus par le Représentant. — Le Maire et l'Agent national des Lèves sont emprisonnés. — Leur interrogatoire. — Lakanal et les Sans-Culottes de Sainte-Foy. — Conclusion.

Le 9 Thermidor an II (27 juillet 1793) par une splendide et radieuse après-midi d'été, le Conventionnel Lakanal, suivi de trois gendarmes à cheval, revenant d'une tournée d'inspection sur les rives du Dropt (qu'il avait imaginé de rendre navigable) suivait le grand chemin qui conduit à Ste-Foy-la-Grande.

Joseph Lakanal, — ancien vicaire épiscopal de Pamiers, député de l'Ariège à la Convention Naitonale — « *représentant du peuple, en mission dans le département de la Dordogne et autres environnants* » c'était son titre officiel, Joseph Lakanal jetait sur le riant paysage de cette agreste contrée des regards chargés de haine. Le front soucieux du Conventionnel annonçait de graves ennuis.......

Depuis bientôt dix mois en mission dans le Département de la Dordogne, Lakanal faisait, men-

talement, le bilan de son œuvre Révolutionnaire.
Un abîme séparait la réalité des grandioses projets qu'il avait caressés et qu'il avait pensé mener à bien en cinq mois de temps, seulement : La
construction des ponts de Bergerac et de Mussi-
dan ; l'extirpation du rocher de Gratusse, au
seuil de Lalinde ; la navigabilité de l'Isle ; la création des écluses sur le Dropt ; l'ouverture du
grand chemin de Marmande à Bergerac ; l'édification de la manufacture d'armes de Bergerac et
la fonderie de canons ; la réfection de toutes les
routes du département..... Tout avait été commencé sans ordre, sans esprit de suite ni de méthode et seule la volonté tenace du représentant
avait permis d'obtenir quelques minces résultats
que louangeaient, à l'envie, les thuriféraires du
puissant proconsul.

Toutefois, Lakanal, qui avait une indestructi-
ble et robuste foi en l'avenir, s'irritait, non pas
tant des retards apportés à la lente réalisation de
ses gigantesques projets, mais bien de la sourde
hostilité qui se manifestait contre sa personne. Sa
police politique et ses mouchards qui tâtaient ha-
bilement le pouls de l'opinion publique ne lui
laissaient pas ignorer cet état d'esprit frondeur
qui se gaussait de ses grandiloquents discours où
coulait à pleins bords la logomachie révolutionnaire émaillée de lieux communs et fleurie de
fautes de syntaxe. Ses appels à la vertu parais-
saient cyniques, après son détournement du droit
chemin de la citoyenne Dubocq, femme d'Ho-
noré Rolland, qui avait dressé contre lui toute la
population indépendante et saine de Bergerac.

Des impositions arbitraires, des taxes extraordinairement lourdes — prélevées avec une rigueur
et des moyens qui en faisaient de véritables ex-
torsions de fonds — réunissait, dans un même
sentiment de réprobation, l'unanimité des habitants des campagnes.....

« Je n'avais pas rêvé cela », maugréait Lakanal,

en labourant de furieux coups d'éperons les flancs
haletants de sa monture, dont la jolie robe, ale-
zan brûlé, trempée de sueur, se mouchetait de
blancs flocons d'écume souillés de poussière et de
sang.

C'est dans ce fâcheux état d'esprit que Lakanal « représentant du peuple en mission dans le
département de la Dordogne et autres environnants » chevauchait le grand chemin conduisant
à Ste-Foy-la-Grande par une chaude après-midi
d'été en ce jour du 9 Thermidor an II « jour si
« glorieux pour la Convention! Ce jour où se-
« couant le joug que lui avait imposé un lâche
« hypocrite, elle s'en délivra et avec elle la Répu-
« blique entière » (1).

*
* *

C'est un lieu commun d'écrire que pour suivre
les théoriciens et les Encyclopédistes du XVIIIe
siècle, la Révolution Française voulut « faire table rase du passé ». Fidèle à ce principe, la Cons-
tituante, la Législative, la Convention, le Comité
de Salut Public essayèrent, mais en vain, de
créer de toutes pièces une France nouvelle au
moyen de lois, de décrets, de mesures extraordinairement vexatoires et meurtrières.

Il serait vain de nier qu'à la faveur de ces tragiques circonstances où « l'on vit éclore dans l'hu-
mus révolutionnaire, grandir comme une plante
vénéneuse et étendre sur les cités l'ombre épaisse
de la terreur et de la haine » la physionomie de la
« doulce France » n'en fut pas quelque peu alté-
rée.....

Mais le clair et radieux visage de la France
immortelle reprit bientôt sa lumineuse et sereine
beauté.

---

(1) C'est en ces termes qu'écrit le secrétaire de la Société
populaire de Ste-Foy.

Le génie de notre race — épris de liberté — fait d'ordre et de mesure dans le progrès, peut impunément troquer comme emblème le sanglant bonnet phrygien contre les pâles fleurs de lys ou les abeilles impériales ; dans son apparente diversité, il n'en demeure pas moins toujours pareil à lui-même, en tête de l'humanité en marche vers une plus grande justice dans une plus grande liberté.

C'était mal connaître les lois imprescriptibles qui règlent l'évolution des nationalités, de croire possible de rayer — d'un coup — de la mémoire des Français le souvenir d'un passé prestigieux, jusque dans ses plus tristes vicissitudes, qui formait avec son cortège de gloires et de défaites, de victoires et de deuils, de tristesses et de joies, le patrimoine commun des générations passées et futures.

Les Français, légers et frondeurs, ainsi que le veulent — ou plus exactement, que le disent — les étrangers, mais ardents traditionalistes, puisent dans l'attachement au sol qui les a vu naître, l'ardent amour de la Patrie. Et c'est, parce que depuis des millénaires, courbés sur la glèbe où les sillons, leurs ascendants ont journellement lutté, peiné, travaillé pour le mieux-être de leur famille et la grandeur du pays, que les Français, à l'heure mortelle du danger national savent trouver au fond de leur être des énergies insoupçonnées et un courage surhumain qui les transportent aux sommets radieux de l'héroïsme, du courage, de l'abnégation et du sacrifice pour en faire, s'il le faut, des Héros ou des Saints.

*
* *

Le nonidi Thermidor an II, aux heures chaudes du tantôt, l'agreste et bucolique vallon au fond duquel sont paisiblement groupées les quelques maisons formant l'agglomération principale de la

Commune des Lèves et Thoumeyragues, présentait une animation inaccoutumée en ces jours de désespérance et de misère. Sur le pas des portes, quelques vieillards chenus, le chef branlant, échangeaient, à mi-voix, de plaintives confidences dont les terribles événements, qui se déroulaient depuis cinq ans, formaient l'inépuisable canevas. Les diligentes ménagères s'affairaient, maugréant, autour de l'âtre où se préparait, déjà, le repas du soir.....

Le misérable repas du soir! Les réquisitions qui enlevaient, journellement, avec les denrées, la main-d'œuvre et les animaux indispensables aux travaux des champs — joints à l'inclémence de la température — avaient gravement compromis les récoltes de céréales. La vigne, elle-même, séchait sur pied. Les greniers étaient vides et les celliers déserts; les terres à demi-cultivées, beaucoup de vignobles en friche et abandonnés. Les horreurs de la disette et de la famine s'étendaient sur la contrée où, *depuis plus de deux mois*, exténués, trompés par une récolte qui ne répondait pas à leur travail et à leurs légitimes espérances, *les habitants vivaient d'herbe des champs* (1).....

La jeunesse, avec une joviale insouciance, se livrait à la joie, sans contrainte, mais avec mesure !

Depuis des temps immémoriaux la fête de la Commune des Lèves-et-Thoumeyragues avait lieu le dernier dimanche de juillet. Le 9 Thermidor an II du calendrier révolutionnaire n'était autre que le dimanche 27 juillet 1793 du calendrier proscrit comme « vieux style ».

En vertu d'affinités profondes et obscures qui tiennent à la force de l'habitude et à la pérennité de la tradition, rien au monde, n'aurait pu obliger les habitants des Lèves à travailler ce jour-là.

De plus, sans s'être préalablement concertés,

____

(1) Historique.

mais comme mûs par un secret instinct, les paysans des hameaux les plus éloignés et ceux des communes voisines se rendirent, le tantôt, aux Lèves « comme jadis ». Les garçons lutinaient les filles dont la joie et la chaleur empourpraient les pommettes. Des tonneaux furent poussés dans un pré que bordait, au fond du vallon, le courant murmurant d'un clair et limpide ruisseau, une estrade fut vite improvisée, et, aux flons flons d'un violon, un bal champêtre s'organisa.....

Les vieillards s'arrêtèrent de maugréer, les ménagères abandonnèrent leurs fournaux et leurs maigres cuisines pour venir contempler les ébats d'une jeunesse heureuse et endiablée.....

Les angoisses et la tristesse du temps présent s'évanouirent au souvenir des jours heureux d'autrefois.

En cette radieuse après-midi d'été du 27 juillet 1793, dans la petite commune des Lèves-et-Thoumeyragues, tout respirait la joie et la gaieté.

*
* *

« Arrivant dans la commune des Lèves, au retour d'une tournée d'inspection sur les rives du Dropt, le Conventionnel Lakanal, suivi de trois gendarmes à cheval, aperçoit quelques cultivateurs paisiblement rassemblés devant la porte d'un cabaret. Il court sur eux en les traitant d'aristocrates et de fanatiques.

« Il en voit d'autres, qui, se retirant, suivaient le grand chemin ; il court à eux et interpelle, durement, l'un d'eux : celui-ci répond en le qualifiant, respectueusement de Monsieur...

« B... d'aristocrate, lui crie Lakanal, tu m'insultes ! » Le bonhomme veut s'excuser et répète, étourdiment, le qualificatif de « Monsieur ».....

« Comment B..... tu m'insultes encore, hurle Lakanal, et le saisissant au col : « Allons B..... marche en prison.

« Où faut-il aller ? dit le pauvre homme. Lakanal lui indique la maison du citoyen *Rigaud*, qui était celle qui avait le plus d'apparence.....

Rigaud, agriculteur, âgé de 75 ans, vieillard vénérable, se présente.

— Qui est-tu ? s'écrie Lakanal.

— Je suis Rigaud.

— Où est ta maison ?

— Là !

— Allons B..... prends-moi cet homme-là et **ta** tête m'en répond.....

La lenteur de ce vieillard tremblant irrite Lakanal. Il tire son sabre et le levant sur Rigaud :

« Allons donc, vieux B... vieille perruque aris-
« tocrate, je te mettrai à la raison et me souvien-
« drai de ton nom Rigaud »...

Rigaud (1), sans répliquer amène son prisonnier. Lakanal, ivre de fureur, revient sur les citoyens assemblés et s'adressant à *Chavier* :

« Qu'est-ce que tu fais là B... d'aristocrate fanatique ? »

Chavier répond : « Citoyen, je n'ai rien fait ni dit contre vous... mais j'irai où vous voudrez. »

Lakanal lui dit son nom et sa qualité puis, le prenant au collet, il le couche sur le col de son cheval et le frappe de son sabre sur les épaules et sur les bras. Il ordonne à un de ses gendarmes de conduire ce B... là à la maison (de Rigaud). Le gendarme l'y conduit le sabre nu et levé et l'en frappant.

Arrivé dans la cour de la maison de Rigaud, il y rencontre sa fille.....

— Où est Rigaud ? dit-il.

— C'est mon père, répond cette femme éplorée.

— Je ne te demande pas cela, mais Rigaud. Celui-ci se présente et on lui remet ce nouveau prisonnier, sous la même responsabilité.....

---

(1) Ce vieillard mourut quelques jours plus tard des suites de la frayeur qu'il éprouva ce jour-là. (Historique).

« Quels étaient les motifs de tant de rigueur
de trouble et de terreur jetés dans toute cette
contrée ? Le 9 thermidor était un ci-devant dimanche, et c'était, d'ailleurs, la foire du lieu,
jour marqué dans l'année pour le rassemblement,
des danses et autres amusements rustiques. Lakanal fut irrité de voir ces gens-là consacrer encore ce jour au repos et au délassement des travaux des jours précédents. Mais cette pratique
routinière devait-elle exciter sa fureur ? ne mé-
ritait-elle pas plutôt son indulgence ? Pense-t-il
que des habitants de la campagne, gens ingorants
et sans lettres (sic) changent leurs anciennes ha-
bitudes et quittent les couleurs dont l'imposture
les a abreuvés — depuis leur enfance — avec autant de facilité qu'en a l'imposteur à retourner
son habit et à changer de ton et de grimace ?...
Un paysan n'est ni un prêtre ni un théologien
— « Lakanal part, laissant dans cette contrée
la terreur et la consternation qui, heureusement
n'atteignirent pas les officiers de la Municipalité
des Lèves ; instruits des faits, ceux-ci s'assemblent deux jours après ; ils les constatent par une
enquête et ne connaissant à aucun de ces traits,
un Représentant du Peuple, ils rendent, provisoi-
rement et sous caution, la liberté aux deux prisonniers.

— En effet, est-il possible de concevoir un
représentant du peuple arrêtant de ses propres mains, en présence des gendarmes, deux citoyens, les incarcérant dans une maison privée,
consignant ces deux hommes à un vieillard de
75 ans, sous la responsabilité de sa tête, les laissant là aux oubliettes, sans avoir donné aucun
ordre, sans aucun écrit.

« Ces officiers ne purent voir en celà un acte
de la Représentation Nationale ; ils durent croire
que c'était une dérision, une espièglerie exercée
sous le nom de Lakanal ».

L'incident des Lèves devait avoir, peu de jours après, un curieux dénouement. Le maire et l'agent national de la commune, sommés de comparaître à Duras devant Lakanal, étaient, après un rude interrogatoire où ils furent menacés de la guillotine et de la prison, jetés au cachot où ils demeurèrent plus d'une semaine.

Ce fut le dernier exploit de Lakanal dans la région.

Il est bon de remarquer que c'est ce banal et futile incident des Lèves qui mit le comble à l'exaspération des « *purs* » de la Société Populaire de Ste-Foy et fut la cause efficiente de la dénonciation de Lakanal à la Convention par les rigides sans-culottes de Ste-Foy-la-Grande. — C'est là un point d'histoire locale, d'un vif intérêt, qu'il était utile de faire connaître à nos concitoyens que passionnent les souvenirs du passé de leur chère cité.

* * *

La plupart de nos concitoyens connaissent la coquette bourgade de Duras, pittoresquement juchée sur un coteau, planté de vignes et de pruniers, dominant de haut la fertile plaine du Dropt. Les Foyens, que le charme d'une délicieuse route pittoresque et ombragée par la Roquille, Riocaud, Savignac, conduit à Duras, ou qu'attirent périodiquement d'importantes foires et de gros marchés dans cet heureux pays où se pratiquent avec le même bonheur la chasse et la pêche ; où les hôtels dispensent aux gourmets une chère exquise et parfumée, les Foyens ne manquent pas de visiter le château de Duras qui, après celui de Bonaguil est, sans conteste, le plus beau du Lot-et-Garonne.

La massive silhouette médiévale du château de Duras qui semble écraser la petite ville, craintivement groupée à l'un de ses flancs, s'allège de constructions de style renaissance et se fleurit de balustres de pierre Louis XIV. Cet ensemble majestueux, imposant, qui emprunte à la magnifique position où il est élevé un splendide cachet de force non dépourvu de grâce et d'harmonie, semble la synthèse vivante du caractère de ses divers propriétaires dans la suite des temps. Dans le fier château de Duras se retrouvent la force de la famille des Goth et l'élégance des Lauzun.

La visite détaillée du château de Duras laisse dans l'âme une désolante impression de tristesse et d'abandon. L'herbe croît entre les pavés et les dalles de la grande cour d'honneur ; la pluie, le vent pénètrent à l'envie dans les appartements dépourvus de fenêtres et de vantaux ; la salle des trois maréchaux dépouillée de ses cheminées en marbre et de son formidable plancher à poutrelles apparentes, ressemble à une immense nef d'église, morne et délabrée ; la chambre de la duchesse voit son magnifique lambrissage s'en aller jour par jour ; les sous-sols immenses, vastes et aérés, où s'agitaient jadis une armée de cuisiniers, de domestiques et de valetaille sont froids, déserts, abandonnés...

Il s'en dégage le « sunt lacrymæ rerum » du poète !

Le temps et la main des hommes ont, semble-t-il, conjugué leurs efforts pour ruiner cette magnifique demeure dont le Roi Soleil eut, un moment, le désir de faire un deuxième Versailles.

Nous n'osons croire que ce soient les palpitants souvenirs du passé qui aient conduit Lakanal à Duras. Mais, comme la flamme attire le papillon, les splendides châteaux attiraient la tendre sollicitude du « représentant en mission ». Il éprouvait une joie sadique à porter la pioche du démolisseur dans ce qu'il appelait avec emphase : « des repaires de tyrans ». Le château de Théobon, rasé par ses ordres, vit ses matériaux servir à l'édification de la Manufacture d'armes de Bergerac. Le château de Duras n'échappa au « nivellement égalitaire » que parce que Lakanal, dès le 16 thermidor an II, dut s'empresser de quitter « ses frères » pour retourner à Paris où une dénonciation des Sans-Culottes de Ste-Foy-la-Grande l'avait précédé.

Quoiqu'il en soit, le Château de Duras, déjà maltraité par la colère des habitants en juillet-août 1789, fut littéralement pillé par les ordres de Lakanal, ravi d'avoir ainsi, à pied-d'œuvre, des matériaux pour l'édification des 17 écluses qui, d'après ses gigantesques projets, devaient rendre navigable le Dropt. Les 40 à 50.000 arbres qu'il avait fait couper dans le département de la Dordogne ne suffisant pas, on s'attaqua aux planchers et aux plafonds de la grande salle d'honneur ; les tours découronnées de leurs créneaux, rasées, fournirent de la pierre en abondance.

C'est ce qui explique pourquoi Duras eût la « faveur » de nombreuses visites du Conventionnel.

C'est à Duras qu'eût lieu, en présence de Lakanal, l'épilogue de l'affaire des Lèves et Thoumeyragues que nous avons relaté plus haut et qui se termine par l'emprisonnement de Durège et Drilhole, maire et agent national de la commune des Lèves et Thoumeyragues.

C'est au registre des délibérations de la Société Populaire de Ste-Foy et au Mémoire énonciatif des faits contenus dans la dénonciation faite contre Lakanal par la Société populaire de Ste-Foy (ce dernier absolument inédit) que nous empruntons les pages qui suivent et qui nous éclaireront sur « les dons et souscriptions volontaires » recueillis par Lakanal, ce « missionnaire de Justice « et de Fraternité, apôtre de la Révolution à la

« poursuite de son idéal vers une autre vallée de
« Tempé », ainsi que le qualifie un de ses histo-
riographes.

*
* *

Lakanal se transporte à Duras le 10 thermidor.
Il annonce que celui qui aurait une fortune de
cent mille écus, verserait cent mille livres dans
ses mains..... « J'irai les visiter, ces messieurs,
disait-il, je serai accompagné de mes gendarmes.
Je leur imprimerai sur le front, avec un fer rouge, le nom de Lakanal qui ne s'effacera jamais. »
Le maire de Duras lui observe qu'ils sont tous
à sa suite ; mais Lakanal l'apostrophe : « Tais-
toi, Monsieur le Maire à cent mille écus ; tu ne
dois pas les soutenir. Ils seront, comme toi, sai-
gnés et resaignés jusqu'au blanc, s'ils ne se sai-
gnent eux-mêmes aux quatre membres ». Sur ces
fortes paroles, Lakanal part pour Monségur.
De retour à Duras, le 14 thermidor, il y annonce son séjour. Il mande l'agent national de la
commune et lui ordonne de requérir, en son nom,
chez les particuliers aisés de quoi lui monter une
maison. A l'instant, douze lits, des meubles de
toute espèce, linge, lard, graisse, volaille, etc...,
etc...
Le même jour, à minuit, Lakanal mande le
Comité de surveillance. L'alarme se répand dans
la ville, on court de toutes parts ; tout est dans
l'agitation, le trouble et la terreur. Les membres
du Comité arrivent essoufflés. C'est à qui entrera
le premier ; personne n'ose... Enfin le président
entre, les autres le suivent ; ils parviennent auprès
de Lakanal entre deux haies de gendarmes armés,
la baïonnette au bout du fusil. Lakanal écrivait
éclairé par quatre flambeaux et ayant à ses côtés
deux pistolets à deux coups, un sabre, un fusil,
et sa décoration de représentant délégué dans les
départements.....

« Ah ! ah ! vous voilà — leur dit-il d'un ton éclatant — prêtez la plus grande attention aux questions que je vais vous faire, et répondez catégoriquement... Sans quoi, je ferai dresser une guillotine. Elle sera permanente et vos têtes rouleront. »

Puis, s'adressant au Président :

« Qu'as-tu fait depuis la Révolution ?

« Citoyen Représentant, j'ai contribué de tous mes moyens à l'affermissement de la Constitution. J'ai mérité la confiance de mes concitoyens et j'ai été appelé aux charges depuis 89. J'ai souscrit, maintes fois, pour le soulagement des pauvres. J'ai combattu d'opinion contre ceux qui ne pensaient pas comme moi.....

Nomme-les ?

« Citoyen représentant, tu m'embarrasses.....

« Gardes ! hurle Lakanal, qu'on l'entraîne au cachot (1).

Lakanal fait diverses questions aux autres membres présents et les renvoye en leur disant qu'il les saignera, eux et leurs concitoyens.

Le lendemain, 15 thermidor, commencent les saignées. Il en ordonne à l'un de 4.000 livres ; à d'autres de 6.000 ; à d'autres de 8.000 ; à un autre de 10.000 et enfin jusqu'à 25.000 ; il est vrai que celle-ci fut modérée par composition et gradation à 12.000.

Voici comment un citoyen fut invité à payer sa taxe par un des agents de Lakanal..... (Un billet conçu en ces termes) : « Partez sitôt la présente reçue, citoyen, le représentant vient d'arriver et va, sans doute, demander si l'on a payé. Vous êtes le seul qui n'ayez pas satisfait. Croyez-moi, portez les 12.000 livres si vous ne voulez encourir la disgrâce du représentant. — Signé : Montigni, maréchal-des-logis. »

Toutes ces taxes étaient payables le lendemain

____

(1) Il y fut conduit et y demeura 15 jours.

à midi pour tout délai. Et observons qu'il n'y a point de commerce à Duras, qu'il n'y a proprement pas de gens riches, mais quelques citoyens aisés, dont l'aisance est fondée sur les travaux et l'économie rustique... Voilà comment Lakanal sollicite les contributions volontaires et y invite les citoyens...

On voyait les hauts taxés de Duras, d'ailleurs, courir dans les villes voisines et heurter aux portes de gens à portefeuille : de sorte que leur détresse tournait au profit des agioteurs.

*

* *

C'est à cette même époque, le 15 thermidor an II, que les citoyens Durège, maire, et Drilhole, agent municipal de la commune des Lèves, furent mandés à Duras par le citoyen Lakanal, « représentant du peuple en mission dans le département de la Dordogne et environnants ». Une foule de gendarmes entourait le Conventionnel contre qui la sourde hostilité de la population ne cessait de grandir.

Interrogatoire de Drilhole.

Lakanal. — Je te préviens que tu n'as le droit de répondre que par oui et par non.

Quelle était ta profession depuis 89 ?

Drilhole. — Cultivateur.

Lakanal. — Ta fortune ?

Drilhole. — 85.000 livres à partager avec.....

Lakanal. — Tais-toi.

Drilhole. — .....ma mère.

Lakanal. — Tais-toi. Sans quoi je te ferai mettre aux fers. Gendarmes, gendarmes !

Est-il vrai que tu as été le porteur à la Société populaire de Ste-Foy, d'un procès-verbal en plainte contre moi ?

Drilhole. — Oui, Représentant.

Lakanal. — Ecrivez. Ah ! tu m'as dénoncé !

Drilhole. — Non.

Lakanal. — Tais-toi, ou je vais te faire mettre aux fers !

Drilhole. — Je n'ai fait...

Lakanal. — Tais-toi. Sais-tu dans quel cas tu t'es mis ?

Drilhole. — Je pense avoir fait.....

Lakanal. — Tais-toi !

Drilhole. — .....mon devoir.

Lakanal. — Tais-toi (d'une voix encore plus perçante). Pour m'avoir dénoncé à un tribunal inférieur au mien, tu es hors-la-loi, et si mon collègue Garnier n'avait pas une guillotine à Bordeaux, j'en ferai faire une ici, et dans deux jours, ta tête roulerait.

Drilhole. — Si je l'ai mérité...

Lakanal. — Tais-toi. Dis-moi combien t'a-t-on donné pour m'avoir dénoncé ?

Drilhole. — Rien.

Lakanal. — C'est ainsi que mes ennemis n'osant m'attaquer de front, se servent de dénonciations aux Sociétés Populaires pour arrêter mes travaux révolutionnaires. Sais-tu que ta dénonciation n'est pas seule ? Que le district de Lauzun m'a aussi dénoncé avec deux autres ?

Drilhole. — Je l'ignore.

Lakanal. — Tais-toi. Tu m'as donc dénoncé au Comité de surveillance de Ste-Foy (avec un ton de mépris). Eh bien, moi, je te ferai conduire à la Commission Militaire de Bordeaux (1) et j'irai t'accuser.

Drilhole. — Si je suis coupable...

Lakanal. — Tais-toi. Je te ferai mettre aux fers. Gendarmes !... Tu viens de dénoncer Lakanal, lui, qui le premier, a voté la mort du tyran, le défenseur de Marat, etc..., etc...

Drilhole. — Je ne pouvais pas penser te dénon-

---

(1) Présidée par le fameux et tristement célèbre Lacombe, ancien maître d'école à Ste-Foy-la-Grande qui s'illustra — si l'on peut dire — par sa férocité sanguinaire.

cer. Pouvais-je croire qu'un Représentant.....

Lakanal. — Tais-toi. Tu n'as pas le droit de parler.

Drilhole. — ...se permit de frapper un citoyen.

Lakanal. — Tu en as menti. Je ne le frappai pas.

Drilhole. — Ce n'est pas moi qui ai menti.

Lakanal. — Tais-toi. Gendarmes !

Drilhole. — C'est quatorze témoins qui ont signé.....

Lakanal. — Mes ennemis sont si lâches qu'ils ont voulu m'assassiner. On a trouvé des lettres anonymes entre Ste-Foy et Bergerac qui l'annonçaient. Je ne doute pas que tu ne sois un de ces hommes.

Drilhole (avec indignation). — Non.

Lakanal. — Gendarmes, emmenez-moi cet homme et le gardez à vue...

Interrogatoire de Durège.

Lakanal s'est installé dans un vaste fauteuil, et d'un ton le plus impérieux et le plus méprisant, il s'adresse à Durège :

— Je te préviens et ordonnes de répondre le plus brièvement possible aux questions que je vais te faire pour que ton haleine impure et aristocratique n'infecte pas les lieux où réside un montagnard tel que Lakanal. Ton nom ?

Durège. — Louis Durège.

Lakanal. — Ecrivez. Que faisais-tu en 1789 ?

Durège. — Habitant à St-Domingue.

Lakanal (avec un mouvement convulsif). — Ah ! ah ! voici un émissaire, un agent de Pitt. Un de ces aristocrates, de ces traîtres qui ont vendu St-Domingue aux Anglais.

Durège. — J'étais en France depuis.....

Lakanal (d'un ton menaçant et éclatant). — Tais-toi !

Durège. — .....la fin de 1790.....

Lakanal. — Tais-toi. Je te ferai mettre aux fers.

Durège. — .....envoyé comme commissaire auprès de l'Assemblée nationale.....

Lakanal. — Tais-toi.

Durège. — .....par le parti patriote contre le Gouvernement.

Lakanal. — Quelle est ta fortune ?

Durège. — Elle est à St-Domingue.

Lakanal. — N'as-tu rien en France ?

Durège. — J'y ai acheté un bien 50.000 écus sur lequel.....

Lakanal. — Tais-toi. Ecrivez.

Ah ! ah ! égoïste, aristocrate, marchand de colonies. Tu ne m'aurais point fait l'aveu de ta fortune si je ne t'avais mandé, par crainte de la taxe, et d'en donner une partie. Mais ta tête, roulant dans la poussière, la totalité entrera dans les coffres de la Nation.

Durège. — Si ma tête est coupable.....

Lakanal. — Tais-toi, je te ferai enchaîner.

Durège. — .....les juges la feront tomber.

Lakanal. — Tais-toi. As-tu signé un procès-verbal qui me dénonce et fait sur le réquisitoire du Coblencier ?

Durège. — Oui.

Lakanal. — Ecrivez.

Durège. — J'ai signé un procès-verbal qui ne te dénonce point mais.....

Lakanal. — Tais-toi.

Durège. — .....qui porte qu'il en sera.....

Lakanal. — Tais-toi.

Durège. — .....envoyé copie au Comité de surveillance de Ste-Foy.

Lakanal (de l'air et du ton le plus ironique). — Lakanal dénoncé par une petite municipalité de campagne ! Et à qui ?... à ce petit comité de surveillance de Ste-Foy !... de Ste-Foy ! Les deux hommes que j'ai fait arrêter ; à qui je recommandais, comme Représentant du Peuple, qu'il fallait travailler le dimanche, me répondirent qu'ils se f..... de la représentation nationale. Des administrateurs qui étaient avec moi en furent témoins. Et voilà les hommes qui trouvent des défenseurs contre Lakanal.

Durège. — Quatorze témoins.....

Lakanal. — Tais-toi.

Durège. — .....ont déposé.....

Lakanal. — Tais-toi. Je te ferai mettre aux fers.

Durège. — .....aucun n'a parlé de ces faits.

Lakanal. — Tais-toi. Tais-toi. (Et s'adressant au brigadier de gendarmerie). Conduis cet homme en prison. Ta tête me répond de la sienne. »

Durège et Drilhole furent conduits au cachot où ils demeurèrent 9 jours. Ils en furent extraits après le départ — en toute hâte — de Lakanal pour Paris, par une décision de Garnier de Xantes, en mission à Bordeaux.

*
* *

Nous avions — primitivement — mis dans nos projets d'arrêter ces notes historiques sur Ste-Foy-la-Grande à l'aube de la Révolution. Le chapitre « *La grande peur à Ste-Foy en 1789* » eût dû, ainsi, terminer notre ouvrage.

Les renseignements sur « *Lakanal et les Foyens* » eussent fait partie du prochain volume que nous pensons consacrer à SAINTE-FOY SOUS LA RÉVOLUTION en puisant dans les Archives Municipales et les documents rarissimes que possède l'aimable et savant bibliophile Libournais M. U. Bigot, qui nous a fort aimablement promis de les mettre à notre disposition.

Le hasard d'une conversation nous a permis de découvrir une pièce absolument inédite du plus puissant intérêt. C'est le « Mémoire énonciatif des faits contenus dans la dénonciation faite par la Société Populaire de Ste-Foy à la Convention du Représentant du Peuple Lakanal » que Mlle Jay — descendante du Conventionnel du même nom — a bien voulu nous confier.

C'est dans ce cahier manuscrit de 38 pages que nous avons pris les éléments de notre actuel chapitre qui nous montre Lakanal sous un aspect peu flatteur, bien différent de celui sous lequel les historiens et ses panégyristes nous l'ont présenté.

Le texte exact de la dénonciation de Lakanal — certifié par les signatures de Beylard, président; Marche et Miramond, secrétaires de la Société Populaire de Ste-Foy — que personne n'avait encore découvert, outre son incontestable valeur historique et documentaire, présente pour nous cet intérêt capital qu'il donne à l'incident des Lèves-et-Thoumeyragues — absolument ignoré — des développements considérables.

De plus, les larges extraits que nous en donnons nous permettent de laver nos concitoyens d'une accusation que n'a pas manqué de leur imputer un des panégyristes du fameux Conventionnel « en mission dans la Dordogne et autres Départements environnants ».

C'est pour se venger de Lakanal que les Foyens le dénoncèrent à la Convention. Le Dropt navigable eût drainé sur la vallée de la Garonne — au détriment du fleuve de Dordogne — les produits du Haut-Pays au grand dommage de la capitale de l'ancien Pays de Nouvelle Conquête.....

C'est là un argument d'une misérable insuffisance. Aucune des 17 écluses prévues, pour rendre le Dropt navigable, n'était achevée lors du départ précipité — nous devrions écrire, de la fuite — de Lakanal en Thermidor an II.

Ce n'est pas une mesquine question de gros sous, une ridicule préoccupation d'intérêt pécuniaire qui fit agir la Société Populaire de Sainte-Foy-la-Grande, mais bien un sentiment altruiste éminemment respectable.

Les farouches et rigides Sans-Culottes Foyens, fidèles adeptes de la tradition Révolutionnaire et sévères gardiens du pur esprit Montagnard — ils furent les seuls qui aux beaux jours du *fédéralisme girondin*, ou mieux du *girondinisme* demeurèrent obstinément fidèles à la Convention — dénoncèrent Lakanal aux Comités de Salut Public et de Sûreté Générale pour lui donner en même temps qu'une leçon de haute moralité politique une élémentaire leçon de probité civique.

La Convention donna raison à nos concitoyens.

Il ne nous déplaît pas de souligner ce beau geste et de proclamer que ce sont les Foyens qui « ont eu » Lakanal.

OUVRAGES DU MEME AUTEUR

St-Émilion à travers les âges — Monographie illustrée. Edité chez Féret et Fils, 15, cours de l'Intendance, Bordeaux (épuisé).

La Révolution à St-Émilion — Histoire anecdotique et documentaire d'après les Livres Consulaires et les Registres de Police et d'Ordre de la Municipalité de St-Emilion (du 24 juin 1788 au 26 pluviose, an III). Edité chez G. Maleville, 20, rue Montesquieu, Libourne.

* **La Fin des Girondins** — Histoire des Derniers Girondins après leur proscription dans la Gironde (septembre 1793-juin 1794) (epuisé). Edité chez Féret et Fils, 15. c. de l'Intendance, Bordeaux.

Les Caractères anthropologiques des races humaines et le Problème de la Colonisation. Imp. de l'Université, 3, place de la Victoire, Bordeaux.

Le Problème de la Colonisation devant l'Hygiène — Thèse pour le Doctorat en médecine, Faculté de Bordeaux. Imp. de l'Université, 3, place de la Victoire, Bordeaux.

* **St-Émilion, son histoire, ses monuments, ses grands vins, ses macarons** (50 clichés en photogravure). Edité par l'Imprimerie Libournaise, 68, rue Président-Carnot et 27, rue Orbe, Libourne.

* **Vieux Papiers St-Émilionnais.** — D'après le sommaire analytique des Registres de Jurade de la Municipalité de St-Emilion du xvᵉ au xviiiᵉ siècle. Edité par l'Imprimerie Libournaise, 68, rue Président-Carnot et 27, rue Orbe, Libourne (épuisé).

La Tragique odyssée du Girondin J.-B. Salle sous la Terreur à St-Emilion. Edité par l'Imprimerie Libournaise, 68, rue Président-Carnot et 27, rue Orbe, Libourne.

Pour paraître prochainement :

Dans les Nuits radieuses du Hedjaz : Aïcha — Roman de mœurs en Arabie pendant la grande guerre.

Esquisses palestiniennes — Impressions et souvenirs de guerre dans le Proche-Orient (Judée, Galilée, Samarie).

En préparation :

Au pays des aveugles — Histoire anecdotique et critique de missions militaires françaises en Egypte, Arabie, Palestine et Syrie (1916-1918).

Ste-Foy-la-Grande sous la Révolution.

---

* Ces ouvrages, couronnés par l'Académie Nationale des Sciences, Belles-Lettres et Arts de Bordeaux, ont obtenu une médaille de bronze.

www.ingramcontent.com/pod-product-compliance
Lightning Source LLC
LaVergne TN
LVHW021129050726
842519LV00002B/362